谨以此丛书献给万德珍女士：

感谢她为此生在理性存在之间

付出一生，

陪伴一生，

唱和一生！

四川师范大学重大成果孵化资助项目

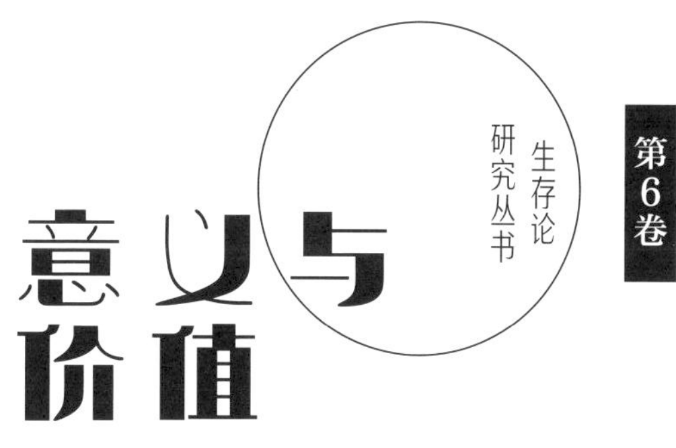

唐代兴 著

中国社会科学出版社

图书在版编目(CIP)数据

意义与价值 / 唐代兴著. — 北京 : 中国社会科学出版社, 2024.4
(生存论研究丛书)
ISBN 978-7-5227-3238-1

Ⅰ.①意… Ⅱ.①唐… Ⅲ.①哲学—研究 Ⅳ.①B0

中国国家版本馆 CIP 数据核字(2024)第 049740 号

出 版 人 赵剑英
责任编辑 刘亚楠
责任校对 张爱华
责任印制 张雪娇

出　　版 中国社会科学出版社
社　　址 北京鼓楼西大街甲 158 号
邮　　编 100720
网　　址 http://www.csspw.cn
发 行 部 010-84083685
门 市 部 010-84029450
经　　销 新华书店及其他书店

印刷装订 北京市十月印刷有限公司
版　　次 2024 年 4 月第 1 版
印　　次 2024 年 4 月第 1 次印刷

开　　本 710×1000 1/16
印　　张 18.75
插　　页 2
字　　数 296 千字
定　　价 118.00 元

总　序

世界自在，而人立其中。其存在，须臾不离阳光、空气、气候、水、土地；其生存，总要努力于技术、科学、经济、政治、教育、艺术、宗教的武装，既丰富内涵，更挑战极限：

技术，创造生存工具，持续地挑战安全的极限；

科学，开拓存在疆界，持续地挑战经验的极限；

经济，增长物质财富，持续地挑战富裕的极限；

政治，平衡公私利欲，持续地挑战权利的极限；

教育，开发生命潜能，持续地挑战智力的极限；

艺术，追求生活善美，持续地挑战自由的极限；

宗教，赋予存在信仰，持续地挑战心灵的极限。

所有一切都有正反实用，惟有哲学，历来被视为无用之学。然而，无论技术、科学，或经济、政治、教育，甚至艺术或宗教，其正反实用达于极限状态，往往演化出绝望，因为绝望之于希望，才走向哲学，开出“存在之间”的新生之道。

一　哲学发问存在的当世取向

哲学在无用中创造大用，本原于它专注于存在及其敞开，并从发问存在出发，开出存在之思而继续向前，始终行进于存在之间的当世之途，这构成哲学不同于哲学研究的根本性质定位和功能定位。

1. 哲学的自身定位

哲学乃存在之问，偏离存在之问，遗忘或丧失存在之问，哲学必然消隐。哲学一旦消隐，存在世界因丧失思想的光芒而沦为荒原，人必自得其乐于物质主义的愚昧进而沦为暴虐主义的耗材。这是因为哲学始终是当世的，以存在之问为基业的当世哲学，直接地源于人类的存在困境和生存危机。人类的存在困境和生存危机永远属当世，是当世的必然**制造**：人类的每一个当世存在必然演绎出只属于此“在世之中”的存在困境和生存危机，哲学的存在之问就是直面人类的当世存在困境和生存危机而展开，以探求其根本的解救之道，这一根本的解救之道构成武装当世政治、经济、文化、教育、科学、技术的根本智慧、最高知识和统领性方法。这是哲学的当世消隐必然带来存在荒原和非人深渊的根本原因，这也是它与哲学研究根本不同的所在。

哲学是当世的，哲学研究是历史的。

哲学的当世取向及其努力，源于它对“在世之中”的人类发出存在之问，以探求其存在困境和生存危机的根本解救之道；哲学研究的历史取向及其努力，在于它只关注**已成的**哲学思想、知识、方法的历史及其具体内容的哲学著作，哲学理论，哲学思想、知识、方法体系，或与此关联的哲学思潮、哲学运动和哲学家。

所以，哲学关注的对象是人类的当世存在，具体地讲是人类当世的存在困境和生存危机；哲学研究关注的对象是已有的哲学成就，这些成就包括已经功成名就的哲学家，和这些功成名就的哲学家创造出来的哲学思想、哲学知识、哲学方法、哲学理论、哲学体系、哲学著作和由他们涌动生成的哲学思潮、哲学运动、哲学流派、哲学传统。

哲学研究追求严肃、严谨、庄重；哲学却崇尚使命和责任。

哲学研究**可能**成为事业，但对于更多的人或者大多数人来讲**只是**一种职业，所以哲学研究可以会聚形成庞大的群体，庞大的职业圈，庞大的师门承传，甚而至于可以汇聚成为课题、项目、获奖的江湖，或可曰：哲学研究可成为甚至往往成为敲门砖、工具、手段。哲学研究所拥有的这些都与哲学无缘：哲学作为对当世的存在之问的根本方式，不能成为职业，只能成为事业，所以哲学在任何时代都只是极少极少的人所能并眷顾。因为，哲学之为哲学的基本标志，是存在之问；哲学研究之为哲学研究的基本标志，是对哲学家的哲学成果（认知、思想、知识、方法、著作、体系）之问。

哲学研究可类分出东方或西方，也可类分出古代、近代或现代，更可类分出国度与种族，还可类分出思潮和流派、著作与人，以及阶级和门派。哲学却全然与这些无缘、无关，因为哲学**不仅是当世的，更是世界的**，它就是立足当世而开辟人类存在之问的**世界性**道路。

要言之，哲学研究是人类根本思想、根本知识、根本方法的历史学，或**历史阐释学**；哲学却是人类根本思想、根本知识、根本方法的当代学，或**当代创造学**。

2. 哲学的当世努力

哲学研究的对象产生于历史，哲学及其创造源于当世的存在困境和生存危机，这就是自古磨难出英雄，从来动荡激哲思。古希腊哲学诞生于存在的自然之问，并朝存在之伦理和政治哲学方向发展，前者不仅因为存在世界引发出惊诧和好奇，更是突破大海束缚开拓存在空间的激励；后者源于突围战乱的绝境而探求人性再造的生存反思。春秋战国之世，如果没有“天子失官，学在四夷”的存在困境和“道术将为天下裂”的生存危机，则不可能有探求如何解救时世的思想方案的诸子盛世的产生。

存在的困境，创造思想盛宴；生存的危机，孕育哲学盛世。

以直面存在困境和追问生存危机的方式彰显自身的哲学，始终是当世的。唯物质主义存在和祛魅化生存，基因工程和人工智能开启生物人种学忧惧，后环境风险带动地球生物危机，极端气候失律推动灾害世界化，加速迭代变异的病毒正以肆虐全人类的方式全面改写着人类的历史，而更新的殖民主义浪潮推动全球化的空间争夺、价值对决、军备竞赛、武器至上等会聚生成、运演出风云突变的当世存在，构筑起后人口、后环境、后技术化存在、后疫－灾、后经济－政治为基本向度的**后世界风险社会**陷阱，必然激发哲学追问以拆除学科藩篱、突破科学主义，摒弃细节迷恋，走向生态整体，以关注存在本体的方式入场，开启哲学的当代道路，探索哲学的当世重建。

哲学的当代道路，即是沿着经验理性向观念理性再向科学理性方向前进

而必然开出生存理性（或生态理性）的道路①，因而，生存理性哲学，应该成为解救当世存在的根本困境和危机的根本之道的哲学。

哲学展开存在之间的方式，就是理性。哲学以理性方式敞开存在之间有多种形式，具体地讲，以理性方式敞开存在的经验之间，即是经验理性哲学；以理性方式敞开存在的观念之间，就是观念理性哲学；以理性方式敞开存在的科学（或曰方法）之间，就是科学理性（或曰“工具理性”）哲学；以理性方式敞开存在的生存之间，就是生存理性哲学。由于**存在敞开生存**始终呈自身的位态，所以生存理性哲学亦可称之为**生态理性**哲学。因为“生态”概念的本义是生命存在的固有姿态，当生命存在敞开生存时，其固有的姿态也随之呈现其存在敞开的原本性位态，这一本原性位态即是存在以自身方式敞开的生存朝向（详述参见“生存论研究”卷3《生成涌现时间》第1章第四部分），所以，生存理性哲学也就是生态理性哲学。

二　生态理性之思敞开的初步

生态理性哲学的基本主题是“当代人类理性存在何以可能”？它落实在生存上，则突显出四个有待追问的基本问题：

一、人善待个人何以可能？

二、人善待环境何以可能？

三、人善待文明何以可能？

四、人善待历史何以可能？

生态理性哲学直面当世存在困境和生存危机而发问，探求其解决的根本之道，就是为人善待个人、人善待环境、人善待文明、人善待历史提供可能性，包括认知、思想、知识、方法及其生态整体路径等方面的可能性。因而，发问当世存在困境和生存危机，探索和创建生态理性哲学，不仅是当世哲学家的事业，也是当世文学家、科学家以及其他当世思想家的共同事业。

1. 生态理性哲学的形上视域

基于如上基本定位，生态理性哲学的认知起步，是重新思考人类书写，

---

① 参见唐代兴《生态理性哲学导论》，北京大学出版社2005年版。

考察人类书写事业的主体构成，由是于1987年、1988年先后完成《书写哲学的生成》和《人类书写论》（1991年）两本小册子。以此为起步，尝试思考生态理性的本体论和形而上学问题，于1989年完成生态理性本体论《语义场导论：人类行为动力研究》（1998年初版，十五年后修订增加了15万字，于2015年以《语义场：生存的本体论诠释》再版），1990年完成生态理性形而上学《生态理性哲学导论》（2005），1991年完成生态理性本体论美学《语义美学论纲：人类行为意义研究（1）》（2001年初版，一年后市场上出版盗版本，2003年重印）；1992年完成生态理性政治哲学《语言政治学：人类行为意义研究（3）》（至今未出版）；1993年完成生态理性美学《形式语义美学论纲：人类行为意义研究（2）》（因2001年家被盗，电脑被偷，此书稿因无纸质本而丢失）。继而尝试思考生态理性哲学方法问题，先后形成《思维方法的生态化综合》（1990年2月）、《再论生态化综合》（1991年3月）、《生态化综合：全球化语境下的文艺学方法》（1992年4月）等论文，其后予以系统思考，于2000年完成《生态化综合：一种新的世界观》（2015）。

依照哲学传统，哲学应包括三部分内容，即形而上学、本体论，认识论和实践哲学。认识论是形而上学、本体论指向实践哲学的中介，实践哲学应该成为形而上学、本体论达于生活世界指导人生和引导社会的方法论。实践哲学，在经典的意义上是伦理学（或道德哲学）和政治学（或政治哲学）（比如亚里士多德就是如此定位实践哲学，笛卡儿在此基础上增加了医学和力学，黑格尔却以法哲学的方式将伦理学和政治哲学统合起来），但在完整的意义上，实践哲学的基本部分应包括伦理学、政治哲学、教育哲学和美学（或曰“美的哲学”）四个方面：伦理学，是哲学走向实践引导人如何善待人的根本方法和普遍智慧，或可说伦理学是哲学引导人如何与人“生活在一起”的根本方法和普遍智慧；政治哲学，是哲学走向实践引导社会如何善待人的根本方法和普遍智慧，或可说政治哲学是哲学引导社会如何与人人“生活在一起”的根本方法和普遍智慧；教育哲学，是哲学走向实践引导人如何成己成人立世的根本方法和普遍智慧，或可说教育哲学是哲学引导人如何从动物存在走向人文存在而成为人和进而成为大人的根本方法和普遍智慧；美学（有别于审美学）或曰“美的哲学”，是哲学走向实践引导人如何善待自己的根本

方法和普遍智慧，或可说美学是哲学引导人如何**悦纳**内在的自己而自由地存在、生活和创造的根本方法与普遍智慧。生态理性哲学的当世探索与创建，就是如上全境视域的。

2. 生态理性思想的伦理建构

从2001年始，生态理性哲学的探索性创建就从其基本问题转向生态理性的实践问题。实践哲学虽然主要由伦理学、政治哲学、教育哲学和美学构成，但此四者中，伦理问题却成为实践哲学的基础性问题。

伦理问题之所以构成实践哲学的基础性问题，是因为如斯宾诺莎和黑格尔所说，伦理是一种存在的精神实体。在西语中，ethics 源于古希腊语 ëthos（ηθoς），意为气禀和品性；但与 ëthos 关系密切的词是 ethos（εθoς），意思是风俗、习惯。所以，气禀、品性、习惯、风俗构成 ethics 的基本语义。相对人而言，气禀和品性属内在的东西，构成**个体**的内在精神规范；习惯和风俗却是外在的东西，构成**社会共同体**对个体的外在规范：这种外在规范的个体化呈现，就是习惯；这种外在规范的群体性呈现，就是风俗。或者，习惯表述气禀和品性向外释放形成的个体行为约束方式，当这种行为约束方式因**共同行动的便利而约定俗成为主体间性的**行动自觉，就成为风俗。风俗是超越个体行为习惯的一种普遍性体认方式、行为模式、精神结构。

伦理作为一种存在的精神实体，是从个体出发，以个性精神为动力，以个体行为方式的**群体性扩散**所构筑起来的**伦理地存在**的**普世性**体认方式、行为模式和精神结构。伦理地存在，是指以个体为主体的体现普世性体认方式、行为模式和精神结构的存在方式。这种体认方式、行为模式、精神结构的内在规定性及基本诉求是什么呢？ethics 没有提供这方面的信息，但汉语“伦理”概念却为之提供了这方面的解释性依据。在汉语中，“伦理”之“伦，辈也”（《说文》），揭明“伦”的本义是**辈分**，辈分的本质是**血缘**。血缘和辈分既将人先天地安排在**各自该居**的关系位置上使之获得等级性，也规定了人与人界线分明的**类聚**关系，即血缘之内一类，血缘之外另一类。血缘、辈分、类聚，此三者生成性建构起人间之“伦”，简称人伦。人伦作为一种基本的人道，却是自然使然，因为血缘、辈分、类聚，都源自自然，因而都是自然的：血缘不由人选择，辈分也是天赋于人，当一个生命种子在母体中播下，辈分就产生了；原初意义的类聚是由血缘和辈分生成，比如，你生而为女人或生而为男人，以及你生而为丑女人或美女人、矮男人或高男人，或者生于富贵之家还是贫贱之家，均不由你选择，它对你来讲，是自然地生成，自然地带来，并自然地将你带进矮或高、丑或美、贫穷或富贵之“类”中，并且是强迫性地使之成为种种“类”的符号、代码，比如生于贫穷地域的贫穷人家，你就成为“穷人”一类中的“穷人”代码。从根本讲，血缘体现**自然生育法则**，辈分和类聚蕴含大千世界存在物如何**存在的天理**（即“自然之理”的简便说法）。遵循血缘这一自然生育法则和辈分、类聚这一存在天理向外拓展，就形成民族，建立国家，产生国家社会的人伦关系形态。亚里士多德在《政治学》中指出，人单独不能存在，更不能延续种类，相互依存的男女因为生理的成熟而结合，所以配偶出于生理的自然产生两种结果，一是男女出于生理的自然而结合组成家庭；二是男女因为生理的自然结合产生生育，所以生育亦是生理的自然。生育的繁衍，使家庭扩展成为村坊，村坊的横向联合，产生城邦。① 这一生成敞开进程，既遵循了自然生育法则，也发挥了辈分和类聚这一存在天理的功能。“伦”字所蕴含的这一双重之“理”，使它有资格与“理”字结合而构成“伦理”：《说文》释伦理之“理，治玉也”，意指“理”的本义为璞石之纹路，按照璞石的天然纹路将其打造成美玉的方式，就是“治玉”。所以“理”蕴含了自然形成、人力创造和改造自然事实的预设模式与蓝图这样三重事实。整体观之，“伦理”既指一种**自然存在事实**，也指一种**理想存在事实**，既蕴含自然之理，也彰显人为之道。因为“伦理”既是由“伦”生“理”，也是由“理”生“道”，这一双重的“生”机和“生”意的本质却是“信任”。作为源自自然而生成社会基本结构的伦理达于个体化的人与人“生活在一起”的道德的主体性桥梁，即是信任。（见下页“总图 1”）

伦理作为一种存在事实，既是自然存在事实，也是人为存在事实。而凡存在事实，无论从形态学观还是从本体论讲，都具有内在关联性并呈现开放性生成的关系。所以，统合其自然存在事实和人为存在事实，伦理实是一种**人际存在关系**，简称为人际关系，它敞开人与人、人与群（社会）、人与物、

① ［古希腊］亚里士多德：《政治学》，吴寿彭译，商务印书馆 1983 年版，第 5—6 页。

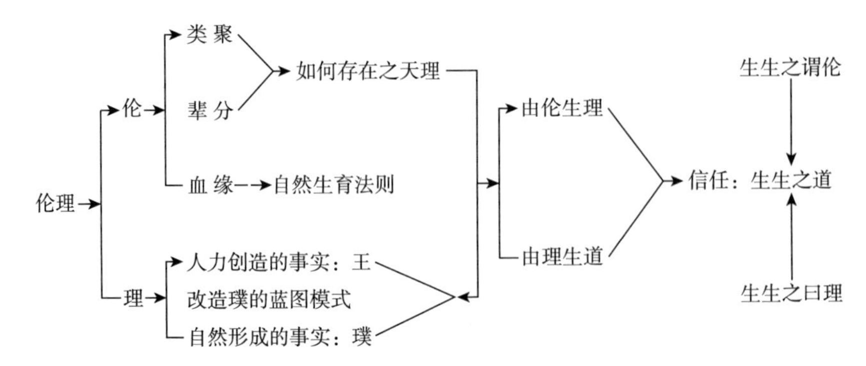

［总图 1：汉语“伦理”蕴含自然 – 种族 – 社会三维精神结构］

人与环境（自然）诸多维度，形成一种**四面八方和四通八达**的开放性取向、态势或诉求。由于人是以个体生命的方式存在，并且其个体生命需要资源滋养才可继续存在，滋养个体生命的所有资源都没有现成，都必须要通过劳动付出甚至以生命为代价方可获得。人的存在之生，需要利的滋养，因为利而生发争夺，产生权利与权力的对抗、博弈或妥协，更因为利的得失而必生爱恨。所以，伦理本质上是一种**充满利害取向**的人际关系，或可说是一种充满利害选择与权衡的人际关系，蕴含生、利、爱、群——即生己或生他、利己或利他、爱己或爱他、群己与群他——的对立统一朝向，这种对立统一朝向落实在个人存在敞开生存的日常行为中，就表现为其利害选择与权衡的德或非德，或德或反德。这一对立统一朝向落实到社会共同体的秩序构建上，就是善恶机制、价值坐标、社会方式的建立，并以此善恶机制、价值坐标、社会方式为依据，选择政体，形塑制度，建立边界和限度的法律体系。

从根本言，实践哲学的探讨，无论是政治哲学探讨，还是教育哲学探讨，或者美学探讨，其背后都伫立着一个**伦理坐标**，忽视这个伦理坐标，其探讨无论怎样深入，都会产生**不得其中**的局限。正是基于此，当运用初步形成的生态理性思想和方法来重构实践哲学时，首要工作就是做**伦理检讨**。

无论中西，伦理学既是最古老的学问，也是与世常青的学问。古老的伦理学发展到今天，存在许多最为根本的和基础的问题，这些问题集中表现在伦理学、道德学、道德哲学的混同、伦理的基础理论与方法的等同，道德与美德不分、功利与道义对立、责任与义务混淆，等等。但其症结却是对伦理学的性质定位错位，这即是人们总是擅长或者说喜欢从价值入手来定位伦理学，并以价值为依据、尺度、准则来考察伦理问题，由此很自然地忽视了**人性**问题和**利益**问题。更准确地讲，这种做法是无视人的他者性存在处境和生存状况而将伦理想象地观念化。从根本讲，伦理学**不是**价值的科学，而是**人性塑造的学问**。人性不是价值事实，而是天赋的存在事实。人性的存在敞开呈现出来的首要问题、根本问题、本质问题，不是价值的问题，而是“因生而活，为活而生”且“生生不息”的问题，具体地讲即存在安全和生活保障的问题，这一存在和生存的根本问题所开出来的第一要义，是“利”，即人“因生而活”关联起利，人“为活而生”也关联起利，人生生不息地诉求“因生而活，为活而生”的劳作同样关联起利。从个人言，人与人之间的爱恨亲仇，均因为利，均以利为原发动力并以利为最终之行动目的；对社会言，人与群体、人与社会、人与政府等等之间的生存纽带，依然是利，政体的选择、制度的安排、法律的制定，都以利为原发机制和最终的校准器。伦理的价值主义，架空了人性和人性存在，这种架空人性和人性存在的做法无论是无意还是刻意，都是要洗白“因生而活，为活而生且生生不息”的“利”这一原发动力和原发机制，最终导致政体选择、制度形塑、法律制定丧失人性土壤和利益这块基石，而使野心家、阴谋家任性虚构存在，使地痞、流氓横行生活世界。

从生态理性思想出发并运用生态综合方法来检讨人类伦理，首先是走出伦理学的**科学主义和价值主义**怪圈，考察“利益”问题，于2001年完成《利益伦理》(2002)，然后以“利益”为校准器，检讨制度形塑与公正的问题，于2002年完成《公正伦理与制度道德》(2003)。以此为两维视野，探讨引导国家成为“善业”并使人人能够过上“优良的生活”[1] 的道德应该是什么道德，于2003年完成《优良道德体系论》(2004)。以“优良道德”为判据，检讨社会的政体选择的道德基础和个人生存诉求幸福的知识基础这两个有关于**道德社会**的基本问题，先后完成并出版《宪政建设的伦理基础与道德维度》(2008)和《生存与幸福：伦理构建的知识论原理》(2010)。

从整体讲，如上关于“利益”、“优良道德”、“公正与制度道德”、“伦理

---

① [古希腊]亚里士多德：《政治学》，吴寿彭译，商务印书馆1983年版，第7页。

价值构建与政体选择”、“生存与幸福”五个专题研究，仅仅是我为构建伦理学的生境体系所做的“**准备性研究**”。

我将贯通生态理性哲学思想和生态化综合哲学方法的伦理学生境体系，称之为生境伦理学。我所讨论的生境伦理，不是人们习惯性看待的“生态伦理”，而是指伦理学是引导个人和社会尽可能释放其有限理性，在境遇化生存中面对利害关系的选择与权衡时做到有边界和限度，既使自己生和生生不息，同时也使他者（他人、群体、自然物、生命、自然环境、存在世界）生和生生不息。从本质讲，伦理学是使人和人组构起来的共同体**共生存在**并生生不息的伦理知识、学问和方法，这种伦理知识、学问和方法成为引导和激励人**营造共生存在之生境的智慧**。我所致力于构建的生境伦理学体系，就是这种性质的知识、学问和方法体系，它由三联书店出版的伦理体系（共九卷）构成，包括导论《伦理学原理》（2018）和卷1《生境伦理的人性基石》（2013）、卷2《生境伦理的哲学基础》（2013）、卷3《生境伦理的知识论原理》（2013）、卷4《生境伦理的心理学原理》（2013）、卷5《生境伦理的规范原理》（2014）、卷6《生境伦理的实践方向》（原书稿名《生境伦理的宪政方向》）（2015）、卷7《生境伦理的制度规训》（2014）和卷8《生境伦理的教育道路》（2014）。

3. 生态理性思想和方法的验证性运用

生态理性的哲学方法是生态化综合，其所敞开的思维视野是**生态整体性**，诉求整体动力学与局部动力学的合生，具体地讲，就是在问题的拷问和理论的建构过程中，始终诉求整体动力向局部动力的实现和局部动力对整体动力的回归。仅就伦理思考及其理论建构言，即是将人性论、认知哲学、心理学、政治哲学、教育学统合起来予以有序探讨，并形成初步的成功。于是运用生态理性思想、方法和伦理学理论来做映证性研究，即检验生态理性思想、生态化综合方法和伦理学的生境理论是否具有可拓展运用的可能性。这种尝试研究主要从文化、环境和中国传统哲学三个方面展开。

第一个方面是运用生态理性思想、生态化综合方法和伦理学的生境理论来研究文化，并不是主动为之，而是应北京大学“软实力课题组”邀请，完成其“文化软实力”课题最终以《文化软实力战略研究》（2008）出版。这种对“文化软实力”的思考虽告一段落，却后来拓展到对一般文化的断断续续的思考，并于近年发表数篇文章并形成《文化创新文明论》（待出版）。

第二个方面是运用生态理性思想、生态化综合方法和伦理学的生境理论来检讨当世存在环境，追问环境伦理和环境哲学问题，却是源于主动为之，其契机是2008年汶川地震。在所有的宣传与说教中，地震是纯粹的自然现象，并且是无法预测。仅后者言，地震确实无法精确地预测准确爆发的时间和地点，但却能预测出爆发的大致时间域和范围域，旱震专家耿国庆的旱震理论及其被采用所产生的预测实绩无不表明这一点。就前者论，在人类的自然生存时代，具体地讲是在农牧时代，地震以及海啸、火山爆发、气候失律等自然灾变，都是纯粹的自然运动之呈现。但在人力改变地球状貌甚至地质结构的现代工业社会和后工业社会，气候极端失律、频发的海啸、地震等自然异动现象以及疫－灾，都渗透了人力因素，是人为破坏环境的负面影响层累性积聚突破自然生态容量极限时所爆发出来的**人为灾难**。科学研究发现，“过去几十年，地球快速变暖，并不是太阳能量释放发生变化所致”，而是人类无节制地向大气层排放温室气体所致。[①] 在深刻维度上，环境灾害却展露出人类存在危机和人类可持续生存危机。这一双重危机首先源于人类文明对自己的伤害，具体地讲，它“是人类决策和工业胜利造成的结果，是出于发展和控制文明社会的需求”[②]。所以历史学家池田大作和阿·汤因比才如是指出，“在现代，灭绝人类生存的不是天灾，而是人灾，这已经是昭然的事实。不，毋宁说科学能够发挥的力量变得如此巨大，以至不可能有不包含人灾因素的天灾。”[③] 我基于汶川地震背后的**人力性**因素[④]和**人为性**灾难[⑤]而展开环境伦理思考，于2010年完成《灾疫伦理学：通向生态文明的桥梁》（2011）。其后，继续运用生态理性思想、生态化综合方法和伦理学的生境理论思考现代环境

---

① ［美］安德鲁·德斯勒、爱德华·A. 帕尔森：《气候变化：科学还是政治?》，李淑琴等译，中国环境科学出版社2012年版，第80页。

② ［德］乌尔里希·贝克：《什么是全球化？全球主义的曲解：应对全球化》，常和芳译，华东师范大学出版社2008年版，第43页。

③ ［日］池田大作、［英］阿·汤因比：《展望21世纪》，荀春生译，国际文化出版公司1997年版，第37—38页。

④ 卢清国：《汶川地震与三峡库区蓄水的关系》，《北京工业大学学报》2009年第4期。

⑤ 范晓：《汶川大地震下的奥秘》，《中国国家地理》2008年第6期。

灾难频发的宇观因素，也即是气候极端失律的人力因素，完成环境哲学－伦理学研究四卷，即卷1《气候失律的伦理》（2017）、卷2《恢复气候的路径》（2017）、《环境悬崖上的中国》（未能出版）和卷4《环境治理学探索》（2017），与此同时发表了50余篇环境哲学－伦理方面的论文，重在于探讨环境**生境运动**的原发机制和环境**逆生态运动**的生变机制和原理，提炼出环境生态运动的场化原理和环境逆生态运动的层累原理、突变原理、边际效应原理，以及环境生态临界点和环境生态容量极限。对环境生态运动的系统性思考和理论建构，实已从环境伦理和环境哲学领域达于存在场域的自然哲学领域，为后续更为深入地和系统地展开生态理性本体问题的研究，打开了存在世界的自然之维。

环境问题，不仅是自然问题，更是社会问题，而且首先且最终是社会问题，所以，环境问题涉及自然环境和社会环境两个维度。就社会环境言，其整体的恶化态势主要由唯经济主义、唯技术主义和唯政治正确的集权主义、唯武器主义四者合生推动，最终将人类社会推进了后世界风险社会陷阱，近些年来，就唯技术主义以加速度方式造就整个人类的**技术化存在**现实，分别集中检讨了两个方面的问题，一是检讨以计算机为运演工具、以会聚技术为认知方法、以大数据为分析方法、以基因工程和人工智能为主要形态的生物工艺学技术给当前和未来人类带来的整体危害和毁灭性危机；二是检讨生物环境以及微生物环境的整体破坏和病毒实验带动的全球化彼起此伏的疫灾，如何从整体上改变了地球生态和人类生态而形成一种我们至今不愿正视的**疫灾化存在的生态场域**。[①] 对前者的思考所形成的文章陆续刊发出十来篇，对后者的思考所形成的系列论文却一篇都未刊发出来。在如上两个方面的尝试探讨基础上，完成了《后世界风险社会》（将由上海三联书店出版）。

第三个方面是运用生态理性思想、生态化综合方法和伦理学的生境理论来思考中国先秦的孔子哲学，具体讲就是以生态理性思想和伦理学的生境理论为指导，运用生态化综合哲学方法来尝试创建语境还原的方法和内证的方法来会通理解《论语》，抉发孔子哲学的思想生成逻辑和理论体系，完成并出

① 参见唐代兴《后疫病时代的环境生态场域变异及重构》（《鄱阳湖学刊》2023年第3期）和《疫灾生态场域的社会形成和人文审视》（《甘肃社会科学》2020年第6期）。

版了《〈论语〉思想学说导论》（2019）和《〈论语〉思想学说会通研究》（185 万字，2023），为抉发本土文化之大传统即诸子思想资源，以为当世文化重建打开一扇新的门窗。

三 生态理性之思的继步向前

以生态理性为志业，将其意愿生成为持存的思维、认知的土壤是逆生态化的环境（自然环境和社会环境）、被立体地扭曲的人性和被连根拔起的文化和传统，以及在整体上被运动主义和二元社会结构重塑的荒原般贫瘠的农村，其志业意愿、思维、认知受孕于早年的生活经历和阅历，尤其是十年农民生活。展开其志业之旅的书写尝试始于 1985 年，经历两年的文论思考之后于 1987 年开始转向对生态理性问题的意识性关注。2001 年将问题思考的重心从生态理性哲学的基本问题转向人类伦理的生境问题，既是思维运动中对问题关注重心的自然转移，但更是个人生存（工作和研究）环境因素的逼促和推动。2001—2020 年这 20 年间，从整体讲是围绕伦理问题展开，但具体言之，其关注重心也经历了从伦理基础理论的重建向环境哲学 - 伦理、技术哲学和中国传统哲学中孔子哲学诸领域之间的游弋，虽然其主题始终是生态理性的，但主要是对初建起来的生态理性思想和方法的运用，体现面的拓展，这种研究最终将存在之间的根本问题和基础问题又以更新的和更为深度的方式催发出来，吁求重新检视和拷问，由此转向“生存论研究”。

“生存论研究”的基本意向，是回到生态理性的基础认知和基本问题本身，对生态理性的源头问题、本原问题予以进一步澄清，在此基础上展开综合审问，由此敞开如下四个维度的“存在敞开生存”何以可能的再审问。

1. 生存论的形上认知

“生存论研究”关注的首要问题是生存的基础问题，分别从以下五个维度敞开其讨论。

第 1 卷《书写哲学的生成》讨论人类精神创造主体的书写哲学生成何以可能。

讨论一个一直被忽视的问题，这就是一个人成为一代伟大写作家的主体条件何以具备。这个问题被聚焦于书写哲学（或曰写作哲学），即一切伟大的

写作家创作文学、探索科学、创造哲学或建设思想体系的书写哲学何以生成的社会因素和个体条件。从思维方式观，人类伟大的写作家大致可以归为两种类型，一是擅长于运用**抽象性具象的**思维形式的文学家；二是擅长于运用**具象化抽象的**思维方式的科学家和哲学家、思想家。他们是运用语词语言或者是综合运用符号语言和语词语言从事存在书写的志业者。个体将自己成就为一代写作家的主体前提是具备个性人格化的书写哲学。写作家书写哲学的生成建构既以生存意向为基础，更以心灵意向为动力。前者由写作家之生活经历与人生阅历、生活变迁与自由阅读层累性生成，后者是写作家对天赋生命的意志因子、智慧因子、体质结构、气禀朝向的反身性体验、领悟和自为性觉解所生成，其原发动力是写作家的物种生命天性和人本存在天性，前者由物种本能、种族原型和个体性力构成原发性的生命意志机制，后者乃生存无意识的层累性积淀和成长无意识的创生性建构，其转换生成的必然方向是生命意志向生存意志的生成和生物无意识对文化无意识的激励，此二者有机整合生成性建构起写作家的书写哲学及精神意向。

第2卷《存在敞开的书写》讨论哲学展开存在之问并建构存在之思的本性、方式及面对后世界风险社会进程的生存理性消息。

哲学开启的存在之问，既牵涉存在**为何**存在之问，也带动存在**何以**存在之问。仅后者言，存在以敞开自身的方式存在。存在以敞开自身的方式存在，即是书写。而存在，既是存在世界的存在，也是人的世界的存在，并且，人总是以历史（自然史和人文史）性敞开的方式存在于存在世界中，而存在世界既自在，又存在于人的历史性敞开“过去→现在→未来”的不可逆进程中。哲学则屹立于过去走向未来的**当世交汇点**上展开世界性的存在之问并构建人的存在之思。无论存在世界或人，其存在始终敞开书写，并且，存在世界以自身方式敞开存在而书写着人，人既以自然存在的方式又以人文存在的方式敞开自身存在而书写着存在世界。所以，人与世界互为书写构成存在本身，哲学对人的世界与存在世界互为书写的存在之问构建存在之思的敞开过程，亦是存在书写。基此基本认知，首先梳理存在敞开书写的条件、源头方式及发展进程，然后从近代哲学向现代哲学方向演进切入，考察存在敞开书写的形式化道路呈现出来的时空视域与多元方式，揭示其存在敞开书写的自然之理以及整体动力向局部动力实现和局部动力向整体动力回归的认知方向。以此向前聚焦后世界风险社会的人类进程，探询存在书写运思的哲学方向，拷问人的世界性存在根基与存在世界存在的内在关联，报告**限度生存的**生态理性哲学消息。

第3卷《生成涌现时间》讨论生态理性哲学的场存在论和场本体论何以可能。

存在必然敞开自身。存在敞开自身既是存在的空间化铺开，更是时间的**生成性**涌现。《生成涌现时间》讨论的主题是存在敞开自身的空间化铺开如何以涌现方式生成时间。对此主题的讨论主要是梳理生态理性、共生存在、场态本体、生境逻辑这四个概念，通过这四个概念内涵及其关联生成的历史的梳理来呈现生态理性哲学之认知框架和思想体系构成的四个范畴。在发生学意义上，哲学的存在之问发生于生物存在的物向人文存在的人进发的转捩点上，或可说哲学发生于自然人类学向文化人类学的萌生进程，其萌生的方式是**心觉的，**继而开出**知觉的**方式。哲学发问存在的发生学向继生论方向敞开，自然形成从天启向人为的方向演进，使理性成为哲学发问存在的基本方式，哲学发问存在的这一理性方式获得了调和心觉和知觉的功能。人为的哲学的最初形态是经验理性，继而开出观念理性，观念理性对主体主义的认识论形而上学道路的开辟，必然结出科学理性（或曰工具理性）之果，推动理性回返生态理性（或曰生存理性）的本原性道路。所以，生态理性，既是生态理性哲学发问存在的思维方式，也是其发问存在的认知视域和存在姿态。从生态理性出发，生态理性哲学发问存在的主题，既不是经验存在，也不是观念存在，更不是工具存在，而是生存书写的生态存在；并且生态理性哲学发问存在的存在论，既不是“变中不变”的静持存在论，也不是“不变中变”的动变存在论，而是“变中不变”和“不变中变”**互为会通**的共生存在论。生态理性哲学的共生存在论打开场态本体论的全新视域，并获得生境逻辑的支撑。

从根本讲，卷三是通过对“生态理性”“共生存在”“场态本体”和“生境逻辑”四个概念范畴的内涵及其生成演化的逻辑推证，来重建早已被遗忘和抛弃了的存在本体论，这即是生态理性本体论，或可称之为场本体论。生态理性哲学的场本体论的内在规定是存在语义场的自生成、自凝聚、自存在、自持守。在存在场本体论中，存在语义场的自敞开的存在，即是生境存在。

生境逻辑的自身规定是生境。在存在语义场中，生境属于本体范畴，是其存在场本体论的本体，存在语义场本体的内在规定性是生境；生境的本质是生，生境的本性是生生。并且，生境作为存在场本体论的本体概念，蕴含三个方面的内涵，并为解决三个维度的根本问题提供了可能性。首先，生境蕴含场化的存在世界的本原状态；其次，生境蕴含场化的存在世界的生成动力；最后，生境蕴含场化存在的本质和本性。由此三个方面，生境敞开的逻辑，乃生境逻辑；生境敞开的方法，乃整体动力向局部动力实现和局部动力向整体动力回归的认知方法和思想方法。

第 4 卷《限度引导生存》讨论人与世界共生存在视域下限度生存的实然和应然问题。

此卷是在由生态理性、共生存在、场态本体、生境逻辑四个范畴建构起来的本体论框架和形而上学蓝图规范基础上讨论如下四个基本命题：

（1）心灵镜像视域的生成。

（2）人是世界性的存在者。

（3）自然为人立法，人为自然护法。

（4）限度生存的实然状态和必然方向。

世界原本是一个圆浑的存在整体，但因为人这种物种从自然人类学向文化人类学方向演化，原本动物存在的人踏上了人文存在的进化道路，于是世界的自身存在开出了一个人的存在，存在也因此呈现存在世界的存在和人的世界的存在。哲学的存在之问也就必然同时敞开存在世界的存在之问和人的世界的存在之问，哲学的存在之问所开辟出来的形而上学道路，同样有了人存在于其中的存在世界的本体论和存在世界存在于人的存在世界之中的本体论，卷三《生成涌现时间》，致力于讨论人存在于其中的**存在世界的本体论**，揭示人的存在和人的存在世界如何可能在存在世界中生成涌现，以及人的存在和人的存在世界得以生成涌现的根本标志或先决条件“时间”何以产生的原发机制和存在论动力。与此相对应，卷四《限度引导生存》则致力于讨论存在于其中的**人的存在世界的本体论**，即人的世界的存在本体何以生成建构。人从自然人类学向文化人类学方向演进，或者说人从动物存在向人文存在方向生成的人的存在和人的存在世界如何从存在世界中突显出来的前提性条件，是人的自然人类学的**动物心灵**向文化人类学的**人文心灵**的形塑，这就是**人的心灵镜像**的生成。人的心灵镜像一旦自为地生成，则必然构建起人的**心灵镜像视域**。人的心灵镜像视域无论之于个体还是之于人类整体，都是以历史化的此在的方式或者说以“在世之中”的方式不断生成拓展，或外向的生成拓展，或向内的生成拓展，而始终生生不息地自我发展其存在敞开生存的精神意向。

人真正从从动物存在的深渊中解脱出来成为世界性的人文存在者，始终行进在路上。这就是说，人作为世界性存在者并不是一种静持的存在状态，而是一个动变的生成性形塑的进程状态。在这一自我形塑的进程态中，人必须为走出其存在的实然而进入应然努力，不断地拓展其世界性存在的自然面向和社会面向，必须遵从和守护的自然律令，就是“自然为人立法，人为自然护法”。所以，“自然为人立法，人为自然护法”本身成为人的世界性存在的根本律令和法则，遵从和守护这一根本的律令和法则而存在于存在世界之中永相发展的基本方式，就是**限度生存**，这既是人的自然人类学的实然，也是其文化人类学的必然。

第5卷《律法规训逻辑》讨论宇宙创化的存在律法指南和规训人的智－力逻辑何以可能。

卷三是对存在世界的共生存在予以场态本体论拷问，从而建构起本体论形而上学；卷四是对人的世界性存在予以限度生存论的审查，以此建构起一种认识论的形而上学。从卷三的场本体论拷问到卷四的限度生存论构建，则铺开了人类作为一种自然人类学向文化人类学方向演化到底能走多远的张力问题。这一张力问题的实质即是共生存在的**本体的本体**，即其逻辑的体认和建构、遵从和运用的问题。

自然人类学向文化人类学进发的历史进程，使存在世界成为两分的世界，即自然存在的世界和人的存在世界，由此内在地呈现两分的逻辑，即存在世界的**存在逻辑**和人的世界的**人力逻辑**，可以将前者称之为存在世界的**存在律法**，将后者称之为人的世界的**智－力逻辑**。由于自然存在的世界和人的存在世界是互涵的，即人的存在世界存在于自然存在的世界之中，自然存在的世界亦部分地存在于人的存在世界之中，存在世界的存在律法与人的世界的智－力逻辑之间也就必然地出现合与分的问题，这种合与分的实质表述是：

到底是由人的智－力逻辑来统摄存在世界的存在律法，还是由存在律法来规训人的世界的智－力逻辑？这就涉及一个根本问题，即到底是存在世界创造、养育了人类物种，为人类物种从自然人类学向文化人类学方向持续进化提供了土壤、条件、智慧、方法？还是人的世界创造、养育了存在世界，为存在世界持续地存在敞开提供了土壤、条件、智慧和方法？这个问题答案显然是前者。因而，存在世界的存在律法构成人的世界的智－力逻辑的源泉、准则、规训、原则，也规定了人的智－力逻辑对人的存在世界和宇宙自然世界的运用范围。基于如此基本认知，卷五《律法规训逻辑》首先讨论了人类的智－力逻辑的来源及生成其建构和发展，具体分析知识探究（主要着眼于科学和哲学）的逻辑、思维规律的逻辑和生存规则的逻辑建构与发展的准则、原理、特征、功能、局限，以及无限度地运用智－力逻辑来服务人的存在所造成的根本局限和这种局限如何形成对人类存在歧路的开辟，对人类当代之根本存在困境和生存危机的制造。在此基础上讨论存在世界的存在律法，着重探讨存在世界的自然的律法、人文的律法、社会的律法，以及此三大律法的融贯与会通对智－力逻辑的引导和规训，如何可能引导人类重建继续安全存在的新文明。

2. 生存的人本条件

当展开存在世界的存在之间和人的世界的存在之间而建构起存在世界的本体论和人的世界的本体论之认知框架，才可正式进入的问题的检讨。使人的问题的检讨有依据。

第6卷《意义与价值》讨论人得以存在的本原意义及其价值生成。

从本质讲，意义和价值对于存在世界本身并不具有本原性，因为意义和价值并不是造物主创化世界所成，而是存在世界继创化的产物，即意义和价值是后来生成的。以此观之，存在世界即是存在世界本身，不存在意义和价值的生成问题；并且，人处于自然人类学状态，也不存在意义和价值的生成问题。只有当自然人类学的人获得文化人类学的趋向、态势、特征并进入持续演进的进程之中，意义和价值的生成才在世界中产生。所以，意义产生于人的自然人类学向文化人类学方向演化，具体地讲，意义产生于人的动物存在向人文存在的努力。但意义的源泉却是存在世界本身，是人的自然人类学本身。

以存在世界（包括人的自然人类学）为源泉，意义构建起人的世界蓝图的内在框架，意义也构建起人的世界的基本格局，而充盈这一内在框架并撑起这一基本格局的内容却是价值。价值是意义的实项内容，但意义却是价值的来源，没有意义，不可能有价值，所以，意义生成价值，价值呈现意义。将存在世界、意义、价值三者贯通形成存在之整体的却是**事实**本身，即人的存在世界这一存在事实和宇宙自然世界这一存在事实。

第7卷《善恶的病理问题》讨论人的存在信仰敞开或遮蔽如何生成其生存论的善恶朝向。

以存在世界为源泉，构建以事实为依据，以意义为框架和以价值为基本格局的人的蓝图，必然涉及信仰和善恶。人从自然人类学走向文化人类学而生成意义，意义的充盈形式和呈现形态是价值，价值的本质内涵也即是意义的本体，是信仰：赋予意义框架以实项内容的是信仰，信仰充实意义使意义成为意义，并赋予意义以**自持存在的**不变方向和坚韧气质。信仰的自为坚守，创造价值；信仰的自为极端、信仰的人为异化、信仰的自我迷失，此三者从不同扇面解构价值。因而，价值的守与失、正与邪，必生发出善恶。从表面讲，价值创造出善恶，善恶构成价值的表征；从本质论，信仰既生成价值，也生成善恶。因为信仰有正邪之分，守正的信仰创造正价值，敞开为善；邪恶的信仰创造负价值，敞开为恶。

从本质讲，善、恶既不构成一一对应的关系，也不构成必然的关系。**恶是善的意外，而非善的必然**。因为善守正的信仰是人对存在意义的张扬和对生存价值的实现，信仰的迷失和信仰的异化（信仰的绝对化、极端化是信仰异化的基本形态）才造成人的世界——包括个人存在和社会存在——的世界的**精神病理学**，人的存在及其敞开一旦形成精神病理学特质，必然丧失存在的人本意义而扭曲或歪曲价值，沦为恶报。以是观之，善恶之间虽然不构成一一对应的必然性，却潜伏着**相互转换**的或然性，即开出“由善而恶”或“因恶而善”的可能性。这种或然性或可能性均需要追溯到信仰本身，因为信仰的正邪，构筑起心灵与精神的分野：守正的信仰是心灵性质的，生成心灵之善；**失正从邪**的信仰是属于精神学的，生成病理之恶。从来源讲，病理之恶生发于两类情况，一类是由**信仰的迷失**造成，一类是由**信仰的邪恶**造成。病理之恶，既可以暴力方式呈现，比如政体、制度及其结构的暴力方式，武

装的暴力体系方式和语言的暴力方式；也可以非暴力方式呈现，平庸之恶、习俗之恶、传统之恶、社会风气之恶和善良意愿之恶等，构成非暴力之恶的主要方式。

从存在的在场性和存在的历史性两个方面拷问，信仰和价值的病理学方式造就了人间的暴力之恶和非暴力之恶。从本质言，无论是暴力之恶还是非暴力之恶，实是信仰和价值的**病毒**。信仰和价值的病毒一旦产生，就会传播，就会传染。病理之恶的传播和传染总是社会化的，这种社会化传播和传染的方式不仅腐蚀伦理，颠覆道德，而且可选择**邪恶**的政体，并通过构建邪恶的制度、法律、教育、市场和分配等社会机制而加速传播和传染其信仰和价值的病毒，最终将人沦为工具，进而将人作为**耗材**而任意处置，形成社会化的工具之恶和人的世界的耗材之恶。

第 8 卷以《论尊严》讨论人之尊严存在的生存论形塑及方法。

人从自然人类学向文化人类学进化，产生人的存在意义，必通过信仰、价值、善而获得书写，其书写过程的实质性努力，是既要避免信仰的异化和迷失，更要防范价值的失范或扭曲而陷入精神病理之恶的深渊。但仅就人的存在个体言，其意义的生成，信仰的确立和价值的构建要避免滑入病理之恶的深渊而持守人的存在，其基本努力就是创造和守护尊严，因为尊严构成形塑**人的存在**的根本方式。

人作为个体是渺小的，却是**神性的和神圣的**，因为人的生命得之于天，受之于地，承之于血脉而最终才形之为父母，所以人是天地神人共创的杰作。人无论出身贫富，都具有天赋的神性和神圣性，这是人以尊严的方式存在于世界之中的**根源**，也是人以尊严的方式存在于苍天之下和大地上的**底气**。不仅如此，人原本是物，属自然人类学，却自为地走出一条与众生命和万物根本不同的路，那就是以自然人类学为起步开出了文化人类学方向，使个体的人从动物存在持续地进化为人文存在。人的人文存在相对万物存在言，它**汇聚并会通**了造物主的神圣和存在世界的神性，而使自己成为神性的和神圣的存在。所以，人以尊严的方式存在，不仅拥有自然基础，更有人性依据，还有人自身的天赋条件。

天赋人尊严地存在的条件，就是人拥有生命并成为人的**个体权利**。

从根源、依据、条件三个方面讲，人从自然人类学走向文化人类学，从动物存在成为人文存在，应该完全拥有尊严而尊严地存在，但实际的存在并非如此，这源于人的先天的缺陷和后天的局限。人的先天的缺陷，体现在人是个体的、有死的而且是需要并非现成的资源滋养的生命存在，所以人是弱小的、有限的。人的后天的局限，体现在人永远不能真正解决存在安全和生活保障的问题。由此两个方面形成人必须互助智－力才求得生存，因而必须组建社会。人的社会的产生，源于人致力于解决存在安全和生活保障的努力，而这一努力的本身构筑起社会必然成为不平等的根源。由此，等级、强权、暴力伴随社会，由政治、财富、知识形塑的威权主义必然导致人的尊严失迷；更根本的是，由暴力生成的生物主义强权，往往造成人的尊严的全面沦陷。所以，人要能够形塑尊严的存在，必须从根本上解决**人的**生物主义和威权主义，恢复人能够从动物存在的深渊中走出成为人文存在的人的权利。

第 9 卷《平等保障生存》讨论尊严存在的人敞开生存、诉求自由和幸福的根本条件。

讨论人从动物存在的深渊中走出来成为人文存在的人，应该享有的根本的人的权利是什么。

从存在世界中开出的人的世界，实是自然人类学对文化人类学的开辟。自然人类学开辟出人文化人类学，就是人从动物存在的深渊中走出来成为人文存在的人。**人的人文存在必须用尊严来形塑**，这表明尊严虽有自然的依据、人性的依据和自身的条件，但它却不是天赋，而是后天**人为的努力**。尊严的后天人为性质和努力方式，将威权主义和生物主义突显了出来，突出人的存在权利的重要和根本。用人的存在权利来抵制生物主义和解构威权主义，构成尊严形塑人的存在的根本方法。

人的存在权利涉及方方面面，但根本的方面有二，一是平等，二是自由。相对而论，平等是自由的绝对前提，自由是平等的实现方式。其他所有的权利由此衍生出来并回归于此。

平等的问题发生于人的存在，属于人的存在世界问题，但平等的土壤、平等的根源、平等的依据却来源于造物主创化的存在世界：造物主创化的存在世界既向四面八方敞开，也涌向四通八达。存在世界的四面八方性和四通

八达性生成存在世界自身存在敞开的场化运动，存在世界存在敞开的动态化运动，构成平等的土壤；场化运动的存在世界的共生存在方式，构成平等的根源，存在世界自生生它的生生本质和生境逻辑，构成平等的依据。正是因为存在世界构成平等的土壤、根源、依据，平等之于人才获得了天赋性。

平等既是神圣的，这种神圣性注释了人的存在意义，并通过信仰来定型并以价值来显现。

平等又呈现永恒性，这种永恒性既有其自然的来源，更因为人的存在境况本身。这就是天赋的平等落实在人的文化人类学进程中，就是根本的不平等。这种根本的不平等不仅是生存论的，首先是存在论的。所以，从不平等的实然存在出发展开平等追求，客观地敞开存在论、生存论和实践论三个维度。

在存在论意义上，不平等来源于个体和社会两个方面：就个体言，不平等根源于出身、天资、环境、造诣四大因素。从社会讲，不平等构成社会的本质，也成为社会的本体结构，即社会是以不平等为准则构建起来，并以不平等为依据而运作。

存在论的不平等，必然落实在生存的方方面面而生成出生存论的不平等。生存论的不平等，既可是个人之为，更源于社会之为，并且主要来自于社会之为。具体地讲，社会形塑社会的生存不平等才造就出个人的生存不平等。社会形塑社会生存不平等和个人生存不平等的实质方式，是通过选择政体、生成制度，建构法律和编制规程体系并最终通过国家机器和语言两种基本工具来实现。在生存论的不平等框架下，才形成实践论的不平等。实践论的不平等的具体呈现，从个体言，就是出身、天资、环境、造诣的无限度张扬；从社会讲，就是来自四面八方和四通八达的被规定性和被规训化，包括教育、择业、劳动、分配、消费和言行等方面的被规定性和被规训化。

存在的不平等是宿命的。在不平等的存在宿命框架下，诉求平等构成人的存在的根本权利，这根本权利的享有通道，只能是生存论的构筑和实践论的形塑。这种构筑和形塑也潜伏着四面八方的或然性和四通八达的可能性，但它却集中集聚于诉求的六个基本方面，它以尊严地存在为目标，诉求人格平等、起点平等、机会平等、原则平等和构筑运作原则的机制平等，由此努力最终诉求尊严平等而实现尊严地自由存在。

第 10 卷《自由化育美生》讨论人的存在自由和自由存在的善美敞开。

如果说人格、尊严、起点、机会、原则和运作原则的机制平等，构成人人拥有天赋权利而生存的根本保障，那么自由权利的平等配享却是人人创造美化生存的保障。

在人的存在权利体系中，作为根本的存在权利之平等和自由，虽具有生成论的逻辑关联，但其之于个体之人和由个体之人缔造出来的社会而言，根本功能和作用是各有其别：**平等是保障生存的，自由是创造生活的**，具体地讲，自由是创造美的生活的根本权利。

自由之于人和社会，是最为古老而又常青的问题。但在过去，思想家们更多地将对自由的热情置于实践的论域，并更多地予以政治学的探讨，由此使自由问题成为生物主义和威权主义的最为敏感的问题，也成为病理学之恶得以泛滥之源，即生物主义和威权主义总是任性地自由，是从政治出发用强权来定义他们的自由和规训社会与众民的自由。但就其本身言，自由，既是一个存在论问题，也是一个生存论问题，最后才是一个实践论问题。实践论的自由问题，本应该以生存论的自由为指南并必以存在论的自由为依据；并且，实践论的自由，始终是政治学性质的。要使政治学性质的实践论的自由获得尊严、人格、起点、机会、原则和运作原则的社会机制等方面的人人平等的性质规定，并发挥其如此性质规定的创造美生的功能，必须先立其存在论的自由依据和生存论的自由界标。

自由和平等一样，在本原意义上不是由人来确定，而是由造物主的创造所书写，因为自由是属存在世界的，是存在世界的自身方式，也是存在敞开自身的具象方式。存在世界以自身方式敞开存在，即是自由。造物主创化存在世界以同样的方式赋予存在于存在世界中的存在者以自身方式敞开存在，所以，造物主的创造中，存在者同样享有存在的自由。人类物种是存在世界之一存在者，它以自然人类学的方式敞开存在，亦是自由地存在。在造物主的创造中，存在世界以自身方式敞开存在的自由，即是自身的本性使然，存在世界中的存在者以自身方式敞开存在的自由，同样是自身本性使然。自然人类学的人向文化人类学方向敞开，而使动物存在的自己从黑暗的深渊中走出来而显发为人文存在，同样是自身存在本性使然，这即是其自然人类学的

存在本性向文化人类学的存在本性生成使然。作为文化人类学的人的存在本性，就是意识地觉醒自身存在的他者性中“**有权如此**”地存在，这种“有权如此”地存在的自由即是绝对自由。“有权如此”地存在就是人从自然人类学向文化文类学方向进发的存在自由。

人的存在自由源于天赋，是天赋的人权。天赋人权的存在自由之于自然人类学的人，是与所有存在者一样遵循造物主的创造本性而一体的地存在，自然不会产生存在自由的**裂痕**，更不会出现其存在自由的**破碎**。人的存在自由生发出问题，出现裂痕并敞开破碎，完全在于人从自然人类学向文化人类学方向进发途中所生发出来的意识将以自身方式存在的本性膨胀，使其“有权如此”地存在突破了**他者性**的存在边界，为解决这一存在意义上的裂痕和破碎，只能抑制意识对本性的膨胀而诉求其存在敞开“**只能如此**”地生存。人的存在敞开只能如此地生存的自由，就是生存论的自由。人的生存论的自由，就是**以他者性为界**（他人、他物、他事以及他种存在环境）的自由，这种以他者性为界的自由，就是相对自由的**己他权界**的自由和**群己权界**的自由。这种以他者性为界的己他权界的自由和群己权界的自由落实在生活运动中——更具体地讲，落实在人与人生活在一起的言行中——就是**权责对等**的自由和**公私分明**的自由。

以他者性为界的生存论自由，从人与人和人与群（群体、社会）两个维度规定实践论的自由，落实在个体（个人、群体、权力组织、政府）的实践运动中，就是**生活的自由**。生活的自由，不仅是相对的自由，而且是内涵清晰、边界明确的自由，这即是**有责务的**自由和**有节制的**自由。这种以责务和节制为本质规定的生活的自由，一旦忽视、遗忘或强行拆除了权责对等的责务和公私分明的节制，就会滑向“有权如此”地存在的绝对自由。在生活世界里，能够独享“有权如此”地存在的绝对自由的人，只能是少数人，但它必然是以绝大多数人丧失相对自由的权利为前提条件。所以，在生活世界里，当“有权如此”地存在的绝对自由得到表彰性认同或成为“合法”的时，则是生活大众的“只能如此”地生活的相对自由也即是有责务和节制的自由全面丧失的体现。这种人为地丧失其以责务和节制为本质规定的相对自由的基本环境，总是通过政体选择、制度生成和法律构建来呈现，来保障，来实现。

因而，在生活世界里，人若要能获得平等的保障而创造美生的存在自由，却需要通过人权民主的政体、制度、法律来奠基。所以，在以他者性为界的生活世界要开辟美生存在的自由生活，不是个人所能做到的，需要“众人拾材”的努力共同构筑权利民主的认知方式、价值体系和行动方法来全面清算生物主义和威权主义，前提是人人自觉地**自我医治**病理学的精神，诚心诚意地抛弃平庸之恶。因为生物主义和威权主义生产的精神病理学，总是传播垄断和谎言的病毒并传染平庸之恶。

3. 生存论的善业基础

第 11 卷《自然的善业》讨论自然生成的国家为何是善业和国家回归善业本原何以可能。

有关于“国家”，有两种定义，一是亚里士多德的定义，他在《政治学》中明确定义城邦（即国家）是一种善业，指出人们创建城邦（国家）的目的就是促使人人能过上“优良的生活”。二是马克思主义将国家定义为“暴力工具”和“压迫机器”。若对这两种“国家”定义予以选择，或许其民生者会取前者，威权者会取后者。但无论取向前者还是取向后者，都将如下基本问题突显了出来：

第一，何为国家？或曰：国家是做什么的？

第二，国家何由产生？或曰：谁缔造了国家？

第三，国家得以缔造的依据何在？本体何在？本质何在？

第四，谁可以支配国家？或曰：谁才是国家的主人？进而，谁有权代表国家？

第五，何为正常的国家？或曰：正常国家的构成条件有哪些？

第六，如何使国家正常？进而，怎样使国家始终保持正常状态？

第七，在自然生成并遵从自然的法理的正常国家里，经济权、知识权、教育权、政治权（包括立法权、行政权、司法权）、媒体权如何有限度和有边界地配置，实现高效率地运作以保障人人存在安全、人人平等生存、人人生活自由和幸福。

如上构成第 11 卷所讨论的基本问题，并以期通过对如上基本问题的严肃讨论而可清晰地呈现以存在律法（自然的律法、人文的律法、社会的律法）

为依据、以天赋的人性为准则、以人类文明为指南、以“生存、自由和幸福”为目的善业国家样态及其回归之道。

第 12 卷以“文明牵引文化何以可能?”为主题讨论文明对文化的牵引和文化对文明的进阶何以可能。

在习惯性的和感觉经验性质的认知传统中，文化和文明是等义与互用的，但实际上，文化与文明有根本区别：

文化，是人的自然人类学向文化文类学方向演化的成果，这种成果可能是形态学的，也可能是本质论和本体论的。英语 culture 源自拉丁文 cultura，而 cultura 却从其词干 col 而来，col 的希腊文是 con，表农夫、农业、居住等义。所以 culture 一词指农夫对土地的耕作，并因其耕作土地而定居生活，亦有培育、训练以及注意、敬神等含义，后来引申出对人的培养、教化、发展等内涵。归纳如上繁复的内容，“文化”概念的原初语义有二，一是指人力作用于自然界（具体地讲土地），对自然事物进行加工、改造（具体地讲是耕作土地，种植并培育庄稼），使之适用于自己（具体地讲是生产出粮食以养活自己）。二是指人通过以己之力（比如耕作土地培育庄稼、饲养家禽并驯化动物）作用于自然界或自然事物的行动同时实现了对自身的训练，使自己获得智力发展并懂得其存在法则（比如自然法则）和掌握生存规律（比如人互借智－力地劳动和平等分享劳动成果等）地谋求生存、创造生活。要言之，文化即是**改变**（对象或自己）的成果，它可能是好，也可能不好，更可能成为坏。“五毛”们所从事的文字书写工作，却每天都在实实在在地创造着文化，但其创造出来的文化，不仅不是好的，而且还是坏的。不好的文化，不是文明；坏的文化，更远离文明。只有蕴含文明内容和张力的文化，才是好的文化。

所以，**文化不等于文明，文明只是文化的进步状态**，只有蕴含一种进步状态和进步张力的文化，才是文明。

并且，**文化史也不等于文明史**。在存在世界里，只要人类存在，只要民族存在，其文化就不会中断而天天创新。文化创新是文化的本性，只要文化存在，只要活着的人还运用文化，文化就无时不在创新。但文化并不能保证文明，文化创新也不保证其有文明的诉求和文明的内涵，所以，**文化不会中断，但文明却可能中断，甚至常常中断**。这种现象在人类文化史和民族文化史中比比皆是。

文明，是文化的进步状态。从文化到文明，其根本区别不在“文”，而在于**由“化”而“明”**。“明”的甲骨形式、、、，“从日，从月，象意字，日月为明。本义是光明。”卜辞义为“天明意。‘其明雨，不其明雨’。”[①] 所以，《说文》释“明，照也。从月从囧，古文明从日。”无论甲骨文，还是《说文》，“明”字均表示自身乃日月所成。日月乃天之具体表征：天者，宇宙、自然、存在，相对人、人类言，它是存在于人和人类之外并且使人和人类必须伫立其中的存在世界。所以，“明”作为“天明意”，是指宇宙、自然、存在世界通过日月照亮，并以“明”的方式彰显天的意志、宇宙的力量和自然的法则，指引人和人类按照天意的方式存在。《尚书·舜典》“濬哲文明，温恭允塞。”孔颖达疏：“经天纬地曰文，照临四方曰明。”[②] 其后，《易传·干·文言》曰“见龙在田，天下文明。”孔颖达疏“天下文明者，阳气在田，始生万物，故天下有文章而光明也”。《舜典》和《易传》关于“文明”的这两段文字可为互文，从四个不同的方面定义了何为“文明”。首先，文明是**对人的教行**。人（从动物到人）的本质（而不是形态、形式）的和本体的改变，是通过教行来实现。其次，文明以律法为本质规定，并以律法为指南。具体地讲，文明作为以教行改变人的根本方式，其最终依据是宇宙律令，自然法则和万物生长的原理，这就是“经天纬地曰文，照临四方曰明”的理由和“天下文明者，阳气在田，始生万物，故天下文章而光明也”的原因。其三，文明需要先行者，即以宇宙律令、自然法则和万物生长的原理为依据对人施以教行，使之成为人的前提，是必须“天明意”，即使自己明天意：**只有明其天意的人，才可施教行**。用宗教语言表述：文明需要天启者；用现代语言表述：文明需要先行者，文明始终是先行者的事业。其四，文明构成文化的指南的具体方式，就是文明先行者指引人的存在明天意、人的生存守律法，人的生活有边界，人的行为有限度。

以此观之，人的存在世界更需要的是文明，而不是文化。因为野蛮也可

---

① 马如森：《殷墟甲骨文实用词典》，上海大学出版社2008年版，第165页。

② 阮元校刻：《十三经注疏》，中华书局2008年版，第125页。

能创造文化，流氓同样可以创造文化，愚昧更可以创造出文化来，而**文明总是抵抗野蛮、消灭流氓、解构愚昧的社会方式和人类方法**。

第13卷以“教育与律法、人性和文明”为主题讨论教育何为和何为教育及形塑人性的可能性条件。

比较而言，文化的创造更多地充盈功利、实利甚至势利，并有可能呈非人性、反道德取向；与此不同，文明的建设，始终需要祛功利、实利、势利。文明是人性的光华，呈道德和美德的光辉，它需要教育的入场。

教育历来被定义为“传道，授业，解惑”，这一教育观念在近代得到了全面的确立，那是因为近代以来的教育更加宣扬**知识的**教化和**技能的**训练。其实，如此定义和规训教育，已从根本上解构了教育本身，使教育丧失了它自身的本性。因为这种性质的教育全面贯通了实利主义甚至势利主义，并且是以文化知识为根本资源。

真实的和真正体现其自身本性的教育，只能是以存在世界为源泉，以存在律法为依据、以人性为准则，以**文明知识**为根本资源。要言之，教育的自身本性有三：一是**律法主义**；二是**人性主义**；三是**文明主义**。由此，对教育的理解和界定，既可以从遵从律法角度来定义，揭示教育就是引导人学会遵从律法而存在；也可以从人性再造角度来定义，突出教育就是训练人进行人性再造而共谋生存；还可以从会通文明知识角度来定义，强调教育就是激励人会通文明知识而服务生活。但无论从哪个方面切入来定义教育，都是实现使人成为人而**有人性地生活**和使人成为大人而**有神性的存在**。为此，讨论教育和探索实施教育，其首要前提是澄清如下四个基本问题：

（1）何为教育？这个问题涉及世界存在与人的存在问题，具体而言，涉及自然人类学与文化人类学的问题。

（2）为何教育？这个问题涉及人的动物存在与人文存在的问题。

（3）如何设定教育的目的？这个问题涉及人的存在本体论和生存论。具体地讲，首先涉及人在宇宙中的地位，人的神性存在；其次涉及人为何需要尊严地存在；最后涉及人在不平等的存在世界里诉求平等和自由的美好生活如何可能的问题。

（4）教育的正常展开需要哪些基本条件？这个问题首先涉及教育的本性

和教育的异化；其次涉及国家的定义和定位；最后涉及文明的建设和文明如何可能形成对文化创造的引导与净化。

第 14 卷以“知识分子的形塑”为主题讨论技术化存在和实利主义生存场域中知识分子形塑何以可能。

知识分子的形塑问题实由两个具体的方面构成，即知识分子的自我形塑和知识分子的社会形塑。对这两个问题的澄清，涉及一个前提性问题，那就是国家社会和人类社会为何需要知识分子？这个问题总是被另一个问题缠绕和困惑，那就是谁是历史的创造者？或者（1）谁是文明的创造者？和（2）谁引领或推动了历史的进步和文明的前进？

如果民众可以创造历史，或者民众有能力推动历史的进步和文明的前进，实是可以不需要知识分子，或者知识分子可有可无，所以，采取威权主义和生物主义的双重方式来解构性矮小、软骨性诬化甚至从肉体到精神灭绝知识分子，是完全可行的，也是必要的，而且还应该是“合法”的。反之，如果创造历史或者说推动历史进步和文明前进应主要由知识分子来担当，那么，人类世界可以允许其他任何阶层堕落，也不能允许知识分子堕落。因为知识分子的堕落意味着人的世界重新沉沦到自然人类学的黑暗的渊谷，更意味着人从人文存在重新倒退到动物存在，牲畜猖獗于世，倒行逆施其绝对自由的丛林法则指导生活。

从历史观，历史的进步是以文明的前进为标志。而文明的产生和前进都需要先行者。这个先行者就是知识分子。作为文明先行者的知识分子，之所以有存在的依据和不可或缺的理由，就是**文明需要教行**。文明对教行的需要，则需要知识分子来担当和施行。知识分子担当和践履教行的基本方式有三：一是教育；二是探索真理、创造知识；三是道德的表率和激励。

因而，当历史进步和文明前进需要知识分子，当教育、真理探求、知识创造和道德表率与激励需要知识分子，知识分子的形塑问题就呈现出来成为至为紧要的人类存在论和社会文明论问题，这个问题落实在知识分子本身，就是知识分子的自我形塑和知识分子形塑社会的问题。

知识分子的自我形塑需要诸多条件，但主要条件有三个方面：

一是个人方面的，即作为知识分子“不应该成为什么”和“应该成为什么”两个方面，具体到日常生活中，就是“不当为什么”和“当为什么”，

对这两个方面的界定和澄清，才可“当为而必为”和“不当为而必不为”。

二是社会方面的，即社会在政体选择、制度生成、法律构建等方面形成善待、尊重、激励人成为知识分子的环境。这涉及社会对“人”的基本定位和人与社会、国家的本原性关联。

三是历史、文化、传统的祛虚构和净化。祛虚无主义和净化的历史、文化、传统是形塑知识分子的基本土壤，也是形塑知识分子的重要社会方式。

第 15 卷以“知识、学术与大学”为主题讨论知识分子不可取代的独立工作如何形塑人的进化和社会文明。

知识分子之可以作为独立的社会阶层而存在，在于它具有其他阶层不能取代的独特性，这种独特性就是**创造**。知识分子的创造最为集中地铺开为三个方面：一是创造知识，为此而必须探索真理，解构遮蔽；二是创造学术，为此而必须弘大批判的学问，抵制意见的奴役，克服思想的瘫痪；三是创造大学，为此而必须遵从存在的律法，追求普遍的道理，张扬创造的个性，鼓励自由的探索。

知识分子创造大学的努力，是使大学本身成为创造的方式，创造的中心，创造的动力源泉。

大学之成为大学的根本性质和自身本分，是能够立定“四不服务”的阵脚，即不服务宗教，不服务政治，不服务经济，不服务就业。大学一旦成为**服务器**，变成服务宗教、政治、经济和就业的**工作站**，大学则不复存在，即或是它具有硬件齐全的设施和阵容庞大的形式结构。

大学保持创造的基本面向，是追求**存在真理**和创造**知识理性**。

大学也肩负服务的职能，却是以探求存在真理和创造知识理性的方式来展开对人的服务，即服务人的**人性再造**，服务人的**心智成长**，服务人的存在自由和生活幸福。

知识、学术、大学，此三者因为知识分子而自为弘大，构成文明的象征。文明即是知识、学术和大学，它的土壤是思想，灵魂是信仰，准则是存在的律法。知识、学术、大学因为知识分子而存在、而创造和发展、弘大和繁荣。所以，知识分子是文明的主体，大学是文明的核心阵地，知识和学术、是文明的形态和光辉；而存在律法、信仰和思想，是文明的源泉。

4. 生存论的美学智慧

第 16 卷以“美的存在”为主题讨论人的美生存在的依据和基础。

美的存在论问题，是美的形而上学问题。

美的形而上学问题，是从哲学的形而上学发散开来的问题，它的基石由哲学发问存在所构筑。

哲学发问存在的形而上学的核心问题，是存在何以存在的本体论问题，由此形成美的形而上学的核心问题，亦是美何以为美的本体论问题。

美的存在论问题也涉及两个世界的存在，即存在世界的存在和人的世界的存在。

美之于存在世界的存在论，实是存在世界（具体地讲存在事物）以何种方式敞开自身存在？对它的拷问揭发有两个方面：一是存在世界的存在之美敞开为简单与复杂之美；二是存在世界的存在之美敞开对称与非对称之美。由此，复杂创造简单和简单创造复杂，构成美的存在论源泉。

美之于人的世界的存在论，即是人的世界以何种方式敞开自身存在？对它的发问必然突显出两个维度四个方面的存在之美：（1）物在美和人在美；（2）知识美和原则美。

美的存在论的探讨必然铺开美的本体论，无论是存在世界的简单创造复杂的存在之美，还是复杂创造简单的存在之美，或者人的世界的物在之美和人在之美，或者是知识之美和原则之美，其本体之美都是场态之美和场域之美。其本体的本体之美，必是以生为原发机制、以生生为动力之源的生境逻辑之美。

造物主创化的以宇宙自然为宏观构架并以生命为实存样态的存在世界，就是它自身，它融通铸造真善美的律法于自身的内在神韵。只有人这种生命样态从自然人类学向文化人类学方向演化而推动动物存在的人从黑暗的深渊中走出来成为人文存在的人的这一过程中，构筑存在世界之内在神韵的真善美才因为人的意识的生成及自为弘大而获得了人为的“分”并立意于诉求意识地“统”。由此，美的存在论自然地生发其主体存在论。

美的主体存在论所必须讨论的核心问题有三：一是美的主体存在的发生学机制；二是美的主体存在的心灵学动力；三是美的主体存在的意向性方向。

第 17 卷以“美的形式”为主题讨论存在之美敞开自身的形态学。

存在，无论是存在世界存在，还是人的世界存在，其存在敞开即是书写，而存在书写必然形式化。存在书写的形式化呈现即是形式。形式化存在书写的形式，始终是“**有意味的形式**”。

形式的有意味性，源于对存在世界的形式化。形式化将存在世界化为美的形式的“意味”内容，既可能是存在世界的本真性，也可能是存在世界的本善性，更可能是存在世界的本美性，还可能是存在主体的心灵意向，以及存在主体敞开存在之问的情欲之美、思想之美、灵性之美或神性之美。

存在世界的实存样态是生命，生命书写自身存在的形式化努力所生成的“有意味的形式”，可归纳为三大类：

第一类：存在世界敞开书写的有意味的形式，它广涉存在世界敞开自身的方方面面，但最为紧要的方面有五：

（1）材料的“有意味的形式”。

（2）光与色的“有意味的形式”。

（3）时间和空间的“有意味的形式”。

（4）制造物的“有意味的形式”。

（5）确定性与非确定性的“有意味的形式”。

（6）存在之场敞开其四面八方和四通八达的“有意味的形式”。

第二类：人为书写的存在世界敞开有意味的形式，它同样涉及人的存在的方方面面，但最基本的形式之美有六：

（1）声音的“有意味的形式”。

（2）语言的“有意味的形式”。

（3）符号的“有意味的形式”。

（4）语词的“有意味的形式”。

（5）组织与结构的“有意味的形式”。

（6）秩序与混沌的“有意味的形式”。

第三类：主体性敞开的有意味的形式，它也涉及存在主体的方方面面，但最主要的形式之美有六：

（1）情感生发的“有意味的形式”。

（2）想象敞开的“有意味的形式”。

（3）心灵镜像视域敞开的“有意味的形式”。

（4）自由表达的“有意味的形式”。

（5）思想创造的“有意味的形式”。

（6）知识生成与理论构建的“有意味的形式”。

第18卷以“美的生活”为主题讨论存在之美的生活形塑。

存在之美的生活形塑，也可称之为生活形塑的存在之美。

美的生活问题，涉及三个基本方面，一是人的生活何美之有？二是人的生活何以需要美？三是人的生活美在何处？

讨论“生活何美之有”，必然牵涉出自然人类学的人走出黑暗的深渊向文化人类学进发和人从动力存在上升为人文存在的存在“意义”。意义构成人的生活之美的源泉。

拷问“生活何以需要美”，必然牵涉出人的本原性的存在处境、状况和何以可能在其存在处境、状况中自持地存在的信仰、希望、爱。因为在最终意义上，唯有信仰、希望、爱的合生才煽旺自由存在的持存、坚韧、坚守。因为，美是自由的象征，美更是自由的追求、行动、守望。而这，恰恰是生活的本质构成，亦是生活的本质力量。

追问“生活之美在何处”，必然从存在意义本身出发，以因为自由而信仰、希望、爱本身而回归生活自身：生活之美在生活本身，生活之美在生活之中，生活之美在生活的经营、生活的创造和生活的全部努力和所有行动的过程之中，但首先且最终在身体之中，在身体的敞开与行动之中。

生活之美无处不在。有生活，就有美。经营生活，就在经营美，创造生活，就在创造美。并且，生活的想象，创造想象之美；生活对存在的记忆，创造记忆之美；对存在的遗忘，创造遗忘的美。生活的完整，是生活的完美；生活的残缺，亦呈现生活的残缺之美。残月之于人的生活，既是残缺之美，也是期待和想象完美之美。

第19卷以“生态修辞的美与恶”为主题讨论生态修辞的美的哲学问题。

生态修辞是存在敞开生存的基本方式，所以，生态修辞既是一个存在论概念，也是一个生存论概念，更是一个生活论概念。但无论是存在论意义的

生态修辞，还是生存论和生活论意义的生态修辞，都是形式化的，并通过形式化而获得“有意味的形式”，所以，生态修辞也是美学的。

美学的问题，既是美的问题，也丑的问题，前者呈现真善和利义取向的自由，或可说美的存在本质是真，美的生存本质是善，美的生活本质是利义取向的相对自由。后者呈现假恶和欲望取向自由，或可说丑的存在本质是假，丑的生存本质是恶，丑的生活本质是利欲取向的绝对自由。

由此，生态修辞涵摄了真善美利义和假丑恶欲望，但生态修辞首先是创造，既可创造出真善美利义的限度自由，更可创造出假丑恶欲望的无度自由。

生态修辞是存在的智慧，这种智慧的源泉是存在世界的本体之场，原发于造物主对以宇宙自然为宏观样态、以生命为实存样态的存在世界的原创之生和继创之生生。生态修辞这个存在的智慧被人运用于生活的构建，就演绎成为根本的和普遍的方法，广泛地运用于个人生活和社会运动的方方面面，其中最为根本的方面，就是政治、经济、教育、文化和生活交往交流等方面。

生态修辞运作于政治、经济、教育、文化等领域，既有实体的方式，也是虚体的方式，前者主要通过政体、制度、法律、组织、结构、秩序、规程和教化（观念、内容、方式、方法）、宣传、伦理、道德等社会方式来实现；后者主要是通过语言来实现。而在更多的时候是对其实体方式和虚体方式的综合运用。这种综合运用既呈现柔性的取向，更可呈现暴力的取向。一般来讲，在正常的社会里，生态修辞的运用主要呈柔性取向；在非正常的社会里，生态修辞的运用主要呈暴力取向，包括政体的暴力、制度的暴力、法律的暴力、武装的暴力，而最为普遍的和无孔不入的是语言的暴力。运用语言的暴力来予以生态修辞的基本方法主要是象征、隐喻、（扩张、压缩或扭曲的）夸张、虚构，而历史虚无主义和民族主义是其象征化、隐喻化、夸张性和虚构化的语言的暴力的基本的和普遍的方法。

生态修辞的美，创造人的尊严存在，诉求生存、自由和幸福。生态修辞的恶，不仅是暴力主义，而且是平庸主义的。

第 20 卷以“哲学意向的中西会通”为主题讨论哲学的人类学和世界主义及其超越性会通。

哲学的超越性会通，首先涉及哲学何为和哲学为何的问题，其次涉及哲学的性质定位和本分问题。哲学是存在之问，但其存在之问原发于存在的困境和生存的危机，因而，哲学的存在之问，是为解构存在困境和生存危机提供根本的解决之道（真理、知识、方法）。所以，存在必须且只能面对存在而发问，包括面对存在世界的存在和人的世界的存在而发问，并且这种发问不是历史的，只能是当世的。由此两个方面观，哲学何为和哲学为何的问题，实际地蕴含哲学超越性会通的自身依据。

哲学会通是空间化的，而非历史性的。因为哲学始终行进于当世，是对在世之在和在世之中的当世存在的发问，而非对哲学成就的历史的发问，这是哲学与哲学研究的根本分野之呈现。

哲学的超越性会通，只能在哲学意向的层面。所谓哲学意向，即是哲学发问存在的场态化的视域意向、思想意向、方法意向和存在敞开生存的心灵镜像意向、情感意向、精神意向。

哲学意向的会通，既源于中西哲学个性的激励，也源于中西哲学共性的鼓动。因而，理解哲学的个性和共性，是探讨哲学以意向的方式会通的真谛的前提条件。

哲学的个性，主要由特定的地域、具体的民族、民族化的自然语言和个体化的哲学主体即哲学家所书写。

哲学的共性，主要由宇宙自然、存在世界、律法（主要是存在的律法，但也涉及人文的律法和社会的律法）、真理、宗教、信仰、人文精神等因素所书写。

哲学会通的基本方法，是问题。

哲学会通的根本方法，是形而上学，即存在本体论方法，或可说是场化本体论方法。

自　序

贫困是生活的症状，愚昧是存在的病根。意识地瘫痪思想，是生产愚昧的根本方法。思想控制的真正意义，在于它能全面瘫痪思想。

思想能医治生活的贫困，源于思想才改变愚昧。恢复思想的活力，是解构思想控制的基本方法。哲学行追问之能的意义，在于它总是不遗余力地复活思想。重新审查意义与价值的生成关联，成为复活思想的基本方式。

一

“不可否认，无论生活是否有意义和价值，对于当今的人们来说都是一个**无法确定和认可**的事实。这不仅是因为环境的各种差异造成的，更主要的是人们把整体生活绝对性地一分为二。**过去旧的传统观念和当今新的理念都要求人们去忠诚它**，而这两种观念根本就是互相矛盾和互相冲突的，从而让人们的生活处在两种完全不同的基础之上。所以，截然对立的两种观念总是在生活的意义和价值上充分体现出来。宗教和内在论的唯心主义作为传统观念的代表，将精神视为感悟世界的根本，认为感官生活只是从属于精神世界，**对于独立价值学说公然蔑视和抨击**。而与旧观念相反的新思想，试图告诉人们价值的独立是不依赖另一个世界的。没有感官的世界，人们根本就无法体会到幸福和悲伤。只有在这种感官世界里，生活才能作为一个整体而具有意义。超越了其范围的种种思想都是幻想的结果，只会把人们引入歧途而让生活变得毫无希望可言。旧的和新的观念对当今的人们影响至深，**导致我们的忠诚被抢夺**。理想和价值被旧的观念占据着，兴趣和事业被新观念瓜分。我

们究竟该何去何从？我们通过什么方式来实现我们幸福生活的企图?”① （笔者加粗）

奥伊肯所论呈现一种静态论的思维局限。首先，存在本身是连续统化的场。在这个静持与动变相生的存在之场中，人既作为一种历史性的自然存在，同时又是一种人文存在而敞开。人作为一种统合自然和人文的历史性存在，既是历史存在对现在的到场，也是到场的现在对历史存在的追本溯源。历史存在对现在的到场，这是**开新**；到场的现在对历史存在的追本溯源，这是**返本**。返本开新，这是新旧观念得以**生成地**统一的方法所在。其次，在返本开新的存在场域中，意义与价值，既无法截然分离，也不是静止的相关性，静止始终无法缔结起任何关联性，任何关联性都在动态之场中生成。所以，意义与价值是动态关联，而任何动态关联的本质是生成，这是意义与价值之间的关联本质。意义与价值的关联性生成的基本前提，是存在事实本身。讨论或思考意义或价值问题，以及意义与价值的关联存在或关联生成的问题，需要存在事实的出场。这意味着意义或价值的生成，必不可回避存在事实，考察意义与价值的生成关联，亦需要以存在事实为坐标。

二

以存在事实为坐标，对价值的认识，必须做两个方面的矫正。

第一个方面，价值必须呈客观诉求。这意味着，第一，价值的生成必须是客观的，有其存在事实的依据；第二，价值的功能发挥也必须是客观的，能够符合存在的律法。价值生成的依据要求和价值运用的律法规范，构成克服价值主观化的两个具体的方法。

价值主观化，是价值认知的根深蒂固的传统，它集中体现在以善为价值构建的依据和价值运用的尺度。以善为价值构建的依据和价值运用的尺度的价值主观化认知方式和思维模式，贯穿的是**意志主义**，它将强权和利益带入其中，这样一来，价值成为解释强权和利益的工具，价值也成为维护强权和利益的社会方式。

---

① ［德］R. 奥伊肯：《人生之意义与价值》，张蕾译，北京联合出版有限责任公司 2015 年版，第 7—8 页。

第二个方面，价值不仅在效用的意义上生成，更在存在的意义上生成。这意味着，第一，价值首先是存在论意义的，是存在价值。所谓存在价值，是指存在即价值。第二，存在价值相对存在自身言，它是存在区别他者的自为存在和为自己的存在的价值；使用价值是存在相对他者言，是存在对他者存在赋予效用性的价值。第三，存在价值是使用价值的依据，使用价值必须以存在价值为归依。这是因为存在价值的生成是以存在本身为源泉，以存在本身所蕴含的法则为依据。使用价值必须以存在价值为源泉，并以存在价值之内蕴的存在法则为依据。这是价值客观性的最终解释。

客观地看，贯穿意志主义的价值认知和由此构建起来的价值观及其价值系统，是单一片面地**使用价值论**。使用价值论强调价值就是**有用**，强调效用即价值。这种价值论预设了一个框架——意志主义的强权框架，即谁拥有权力意志，谁掌握强权，谁就能制定有用无用的标准，因而，谁就有权决定或裁判有用还是无用、用大还是用小。以此观之，价值的主观化，源于价值的使用主义认知论。正视、承认、明确价值的存在论，并强调存在价值对使用价值的牵引、规范作用，这是克服强权价值论的根本前提。而强权主义价值论的真正克服，才可客观地确立意义对价值的源泉，真正构建起意义生成价值和价值呈现意义的事实桥梁。

目录

CONTENTS

第2篇：事　实

第3篇：价 值

导　论

哲学的存在之问广涉方方面面，但基本面向有四，即真假、善恶、利义、美丑。存在之问向此四者敞开，开出思想复活和思想创造的源泉。

一

“生存论研究”将哲学的存在之问锁定在真假、善恶、利义、美丑四个面向上，形成四部分内容，且每部分五卷。

第一部分是关于存在的真假之问，首先考察发问存在之真假的主体生成何以可能，形成卷1《书写哲学的生成》；然后考察敞开存在的真假之问的基本面向，勾勒存在的真假之问的历史进程和当世走向，形成卷2《存在敞开的书写》。接下来正面展开存在之问。存在，既指造物主创化的存在世界，它的实存样态是宇宙自然和万物生命；也指人的存在世界，它是人从自然人类学向文化人类学方向演进而形成的**化物为人**的存在世界，简称人的世界。以人为参照，存在世界即人之动物存在的世界，人的世界即人之人文存在的世界，简称人文世界。哲学开启存在之问，实敞开两个维度，即存在世界的存在之问和人的世界的存在之问。对存在世界的存在之问，生成存在的本体之思，构建本体论形而上学，揭橥存在世界的**存在律法**，由此形成卷3《生成涌现时间》；对人的世界的存在之问，生成存在的生存之问，构建认识论形而上学，揭橥人的世界的**生存律法**，由此形成卷4《限度引导生存》。对存在世界之存在律法和人的世界之生存律法之间所隐含的**生成逻辑**的揭发，必突显存在引导生存、造物主的创世律法规训人的智－力逻辑的知识论，包括构建其知识

论的法则、原理和方法，由此形成卷5《律法规训逻辑》。

第1—5卷敞开存在之间构筑存在之思的本体论形而上学和认识论形而上学及其建构律法与逻辑的知识论，为其后存在敞开生存之间奠基，所以又称为“生存的形上认知”，它着重解决真的存在论来源，构建辨别和判断何者为假的存在论坐标。由此**存在的真假之间**为**生存的善恶之间**奠定认知基石。从第6卷到第10卷，以“生存的人本条件”为主题，集中展开生存的善恶之间，以为生活的利义之间和存在的美丑之间开辟道路。

从根本论，存在的真假之间、生存的善恶之间、生活的利义之间和存在的美丑之间只是存在之间的四个维度，但实质上构成其生成敞开进程，即从存在敞开生存达于生活且最终回归存在本身的循环往复进程。这一进程敞开两个方面的**关联生成论**要义：首先，存在是生活之源泉，生活乃存在涌现的奔流，从存在向生活的全方位敞开，必要架设生存的桥梁。落实到存在之间上来，则是存在世界的存在之间和人的世界的存在之间成为引导生活的智慧，必要借助存在的律法对人的智－力逻辑的规训，其抽象表述是存在对生活的牵引。其次，生活是现实的，存在是理想的。诉求现实的生活必引发利义，裁判利义的价值坐标却是善恶；但扎根于生活深处的本原性存在总是催发生活引颈向上想望，于是生发出美丑，将自由推向或创发或贪婪的极致，分有出既决然相对又总是边界模糊的美丑，将存在的真假之间、善恶之间和利义之间搅拌其中。所以，生活世界中对存在的美丑之间，既是秩序与混沌相向敞开之间，也是简单创造复杂和复杂创造简单的互为催发之间。

若作抽象的表达，存在的真假之间催发出意义，生存的善恶之间催发出价值，生活的利义之间催发出爱恨，而生活回归存在的美丑之间则催发出想望。

二

存在敞开生存，必牵涉出意义和价值。

意义与价值都属于生存问题，但任何生存问题都与存在关联，意义与价值更不例外。但是，所属生存的意义和价值，既各有指涉之域，又互为蕴含其生成逻辑。

意义乃被存在的真假之间催发，且总是以存在为源泉。在生活世界里，或许所有人都有过“活着有无意义”的困惑或怀疑，甚至很多人产生过“活着无意义干脆不活了”的情绪、想法或冲动，有的真是将此情境化的情绪、想法或冲动变成了行动，诸如跳楼、跳河、割腕或准备过量的安眠药甚至剧毒的农药等，有的行动决绝而果断，真的解决掉了自己，并以此向活着的世人明证了“活着实没有丝毫意义”；但更多的冲动者在行动的最后进程中迟疑了、困惑了或者畏惧了、退缩了，由此或自下台阶，或顺着他人搬来的梯子下来了，继续活了下来。生活中的这种正反实例，正好揭示了面对“活着没有意义”的反面实证：根本的问题不在于“活着有无意义”，而在于人们愿不愿意身体力行地证明“活着真的没有意义”：当一个人亲手结束了自己的存在，使本原**存在着**的鲜活生命变成了非存在性质的尸体，活着确实没有意义；如果原本下定了最后的决心以行动结束自己存在着的鲜活生命，却未达到目的仍然遗憾地活着，则证明活着虽然**被看成**或者**被想象为**没有意义，但实际上是有意义的，这个意义是什么呢？——是**活着本身**。而活着的存在本质，却是**存在存在**。所以，意义虽然是生存论的，它却关联着存在，并与存在构成原始关联，或曰**存在存在构成意义的源泉**。

存在是意义的源泉，但意义是价值的源泉。没有意义的生成和呈现，则无以产生价值。理解意义与价值之间的生成关联，似可从“意义”概念语义的演变入手。meaning 的古英语形式 mǣnan，意为有意思、有目的；mǣnan 源自古日耳曼语根 mainijan，意为思考、意识。其后获得“表示、指示”和“意义、含义”等义。在现代英语中，meaning 概念通常指某个词、短语或句子及文本传达的特定信息、潜在意图、理解或解释语言的能力，以及辨别或理解所述事物的内在含义。也可在更广泛的语境中指涉人的生活内涵或行动的价值或目的性。汉语中，“意义”一词的丰富内涵可归纳为五个方面：（人或事物包含的）思想和道理；内容；声誉或美名；作用；价值。

整合而言，意义是指某种自具具体内涵、意思甚至明确目的的抽象之物，而且这种性质和取向的抽象之物生成于人**意识地思维**并**意识地生活**，是思考和认识存在或存在事物的成果，这种思考和认知的成果的形态学呈现，既可发挥出用的功能并产生可评价或量化的价值。由此不难看出意义与价值的关

联：价值是意义生成的抽象方式，意义是价值生成的存在依据。

三

意义向价值生成，或者价值对意义敞开，并非或然，而是必然。

意义与价值之间的生成的必然，首先源于存在敞开的逻辑：存在的敞开，无论是存在世界的存在敞开，还是人的世界的存在敞开，其不可逆朝向是生存。存在敞开为生存的不可逆逻辑决定了意义向价值生成的必然。其次源于自然人类学向文化人类学演进的逻辑，更抽象地讲，原创化的存在世界开启继创生道路必然地回返它自身存在，这一原创化开启继创生并最终回返原创世界的逻辑，牵引价值的生成必然地回返于意义本身。

意义向价值生成和价值对意义敞开，需要一个中介桥梁，这就是**事实**。

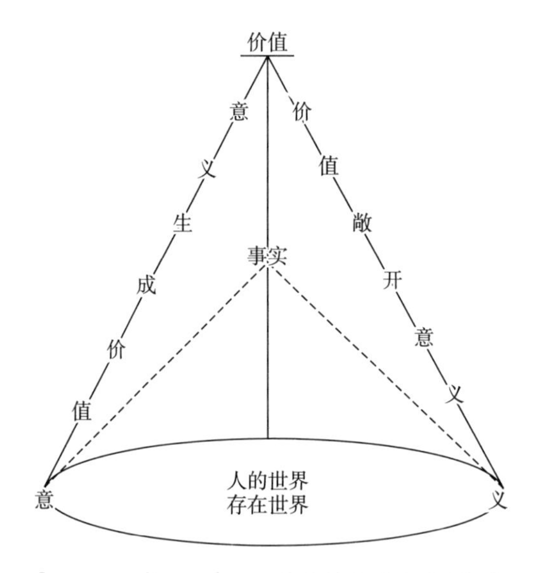

［**图导1　意义·事实·价值的关联生成逻辑**］

从存在观，源于存在的意义呈现所需要的载体是事实。事实，也是存在，是存在事实，简称事实。以存在为参照，事实既呈整体存在态，也呈具体存在态。并且，无论整体或具体的事实，都呈开放性生成，或自为生成，或互为生存。由此形成作为存在的事实既从四面八方涌现而来，也向四通八达播散开去。但其基本方面只是**自然事实**与**人为事实**。将自然事实和人为事实统摄起来形成联动的事实世界的那些内容，就是**规则事实**。规则事实统摄自然事实和人为事实，构筑起事实世界的基本框架。

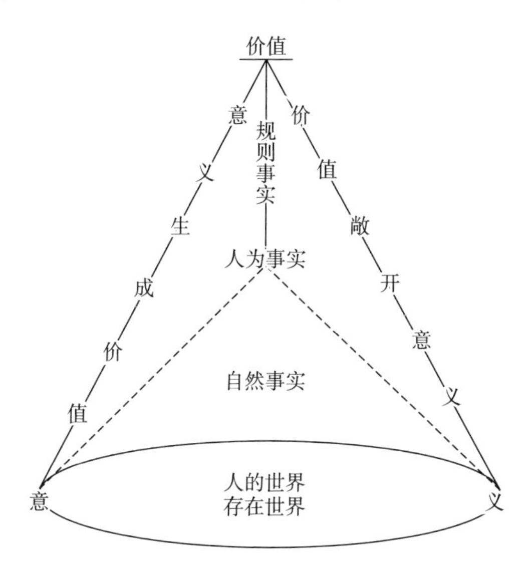

［图导2　意义通向价值之桥梁的事实体系］

自然事实，是一类存在事实，它相对人为事实论，指存在于存在世界中的事物、现象、规律或真相，是先在于人或自在于人的存在事实，虽然它可能会因为人的意愿性策划和目的性干预等行为而承受影响，甚至可以改变其存在样态，却不能改变其存在本性及本身存在所遵从的法则。比如，在大地上覆盖上厚厚的水泥，使土地水泥化，人所居住的区域变成了水泥世界，但大地的存在本性并不因为其被水泥覆盖而改变。水，人力可以改变它升降的温度，可以使它结冰或沸腾，却无法改变它**持平的**本性和**走下的**法则。自然事实始终是存在的事实，它呈自为书写的客观，具有可观察、可实证的特征。自然事实作为存在存在的自为本性及其存在敞开自身所遵从的法则，亦呈普遍性和一致性，体现普遍存在的规律或原则，不随时间、地点或个体差异而改变。自然事实的自身特征，使它作为自然存在者，既成为意义的具体来源，也是意义呈现的实际载体。

存在，始终是创化的。原创化的存在世界，只是物的世界，或物理之物的存在世界，或生物之物的存在世界。只有当原创化开启继创生并敞开纵深运动，自然人类学的人走向文化人类学，存在世界才由纯粹的物的世界变成了物与人相杂陈的世界；并且，向文化人类学方向开进的自然人类学的人不

断地扩大其文化人类学的领域和存在空间，存在世界才逐渐两分为自然存在事实和人为存在事实。自然存在事实，既指造物主创化的存在世界，也指存在世界遵从造物主的创生法则而继创生的存在世界。与此不同，人为的存在事实，意指人作为一种既根源于自然存在事实又截然超出自然存在事实而创造出来的非自然的人力存在事实。虽然如此，人作为一种由超越自然存在事实而构成的存在实体，仍然既是自然人类学的，也是文化人类学的；并且首先是自然人类学的，然后才是文化人类学的，最后还是自然人类学的。要言之，人为事实的自然人类学性质，主要体现在人的身体始终是自然实体，人无论怎样向人文存在方向进化，也无法改变其物理结构和生物性质的身体。而作为自然实体的身体的自然人类学向文化人类学进发的生成建构起来的实体，只是通过身体而负载的精神导向的**人文实体，由此形成人为事实敞开为**两个扇面，即作为自然实体的身体和作为文化实体的精神。由于人的本原存在是自然人类学性质的，其继创生的文化人类学性质的精神实体，依然源于自然人类学并最终以自然人类学的生物的身体为依据。所以人作为文化实体的精神仍然是其自然人类学的**身体之变**。所以，在存在世界里，人为事实之变始终是其自然人类学的身体和文化人类学的精神**互为催发**之变。并且，这种身体与精神的互为催发之变并不能随意和任意，它要接受规则事实的牵引、激发或规训。

规则之作为一类与自然事实和人为事实并列的事实类型，并具有统摄自然事实和人为事实使之最终成为圆通意义与价值的桥梁的功能，就在于规则本身是一类存在。而存在始终是普遍的客观，不受人的智 - 力摆布而必使人的智 - 力运作接受其存在规则的牵引和规训。规则的如此功能却源于它自身的性质定位。从根本讲，规则不是一类自然存在事实，而是一类**被制定**的社会存在事实。但这种被制定出来的社会存在事实一定要体现明确的方向性、约束性、普遍性、一致性和可客观执行的公正性。由于如此要求，规则体现社会共识和共同价值，并构成公共秩序的结构框架。由此使规则的制定，必须解决两个基本问题，第一，谁有权制定规则？第二，依据什么来制定规则？解决第一个问题的要义是：不是任何人都可以制定社会公共规则，地痞、流氓不能成为规则制定的主体；文盲不能成为规则制定的主体；私欲主义者、无公心无公德无公正者，不能成为规则制定的主体；具体的利益群体尤其是具体的利益团体和政治团体，不能成为社会公共规则的制定主体，无论个体或群体，自己不能给自己制定公共规则；政府不能成为社会公共规则的制定主体。社会公共规则的制定主体**只能且必须是**社会共同体所有成员，即使需要以民意代表的方式遴选出规则制定的操作主体，但也必须是他们平等的真实意愿、共识和价值的完整表达。解决第二个问题的要义是：制定社会规则不能主观随意和任意，一定要有客观的依据，这个依据不能只是来自人的智－力逻辑和律法，如果是这样的话，制定出来的规则往往难以具备完全的客观、普遍的公正和完全的无私，并最终不能形成真正意义的**公共理性**。这是因为：第一，规则作为一种普遍的存在事实，是要统摄自然事实和人为事实，使其自然事实和人为事实能够达到一种**预定的和谐**，制定社会规则就不能单纯地以人的智－力逻辑和律法为依据。第二，无论从发生学讲，还是从继生论观，人都是自然人类学的人，其人为的存在事实也是建立在自然事实的基础上并存在于存在世界之中，存在世界之宇宙运行、地球运动和万物动变以及一切生命存在的生生不息都以或这样或那样的方式影响、制约、激发着人的社会性存在，人的任何形式、任何方式的选择都不可绕开存在世界及其复杂创造简单和简单创造复杂的互为催发的运动。第三，人从自然人类学向文化人类学方向进化的整个进程中，其从动物存在上升为人文存在的所有这一切仍然至今遵从造物主的创世界的生之本性和生生机制，依然按照存在世界（宇宙和地球、万物和生命）的继创生原则——简单创造复杂和复杂创造简单的互为催发的创造原则——而展开人类自己的继创生。基于如上三个方面的牵引与规训，人对存在规则的制定，必须遵从造物主原创世界和继创世界为之提供的依据，这个依据是一个体现创化逻辑生成性体系。这一体现创化逻辑生成性的依据体系主要由自然律法、人文律法、社会律法三方面的要素构成。其中，自然律法是规则制定的终极依据。它就是造物主的创世律法，包括创造的律法和生生的律法。以自然律法为其元依据，规则制定同时还须以与宇宙自然同在、与万物生命共生的生、利、爱、群的人文律法和以人文律法为指南所生成建构起来的社会律法，它是以自然·生命·人共生存在和人·社会·环境限度生存为目标，以自由、平等、公正、人道和权责对等为基本原理的律法体系。

从根本讲，普遍可实施的社会规则始终具有**统合**功能，其统合功能的生成机制却是存在世界与人的世界，更具体地讲，是自然存在与人的存在的**自相合生**，正是这种自相合生，可能生成自然存在与人的存在的共生。它的最终依据是逾越人的智－力逻辑和智－力法则的自然律法，即由其生之本性和生生机制所生成敞开创造的律法和生生的律法的推动。唯有以自然律法为最终依据、以人文律法为指南、以社会律法为根本要求所制定出来的规则系统，才构建起意义生成价值和价值敞开意义的实存桥梁和体现无限可能性的张力空间。

第1篇

意义

第一章　意义的源泉

从直观言，意义问题总是人的问题。然而，当对意义予以存在之问时，必牵引出存在世界来。

在本原意义上，造物主创化的世界，就是存在世界本身，既无分殊，更无他义。由于人这万物之一物在其现象学意义上，因其耦合之因而成为人，但在本质层面，乃因造物主继创生而使之从自然人类学之物化为文化人类学之人，于是，存在世界就有了两个维度的语义指涉：在原创意义上，存在世界即原创化的世界，它是造物主创化的宇宙、自然和万物生命之统称。在继创意义上，存在世界包括本原的存在世界和继创的人的世界，是存在世界和人的世界的统称。卷三《生成涌现时间》，是对原创的存在世界展开存在之问；卷四《限度引导生存》，是对继创的人的世界展开存在之问；卷五《律法规训逻辑》，却是对本原的存在世界和继创的人的世界之存在关联的审问，揭示文化人类学的人类可以自创生存的律法与逻辑始终无法蜕去自然人类学的本质和特质，必须接受造物主原创和继创存在世界的律法与逻辑，所以，文化人类学的人类自创生存必须服从宇宙自然和万物生命共生的存在律法与逻辑，必须用造物主创化存在世界的存在律法与逻辑来规训其自创生存的律法和逻辑。由此，在现象学意义上，以人为主题所生成的意义，总是获得原创的和继创的存在世界的源泉。

正因如此，在本原上，意义不是预设，也不是诠释。将意义框进预设或诠释的框架中，这是观念主义。观念主义总是无声地解构或远离存在之意义本身而沦为主观的言说，人世间的所有形形色色的预设或诠释的“意义”总

是蜕不掉其独断、专横的霸气和威色而丧失**本该的**生成。因为，人的世界始终坐落在造物主创化的存在世界之中，同时也坐落于存在世界之中的人的世界原本是造物主的造物之中，其存在敞开的意义也始终是存在论的，它所面对的是存在本身而非观念或拟想。所以，在本原上，意义是创化的，包括原创化和继创生。创化生成意义，意义敞开创化。只有在“创化生成意义”和“意义敞开创化”的框架下，意义的预设和诠释才成为可能。

一　何为“意义”

意义，本是存在之自身蕴含。蕴含于存在之中的意义，总是基于自存在方式敞开。存在的敞开要获得显现，需要人的参与。人参与显现存在之敞开，却是因为他从众物中显露出来，即挣脱自然人类学的桎梏而走向文化人类学，前提是能意识地思维。以人的**意识地思维**为参照，原本以自身方式存在的存在是黑暗的，存在以自身方式敞开存在也在黑暗之中，只有人的意识地思维**涌现性生成**，才如闪电划破长空，照亮黑暗。自蕴含于存在之中并伴随存在敞开的意义，才获得呈现的可能性。总之，意识地思维成为探究意义的入口。人之所以以意识地思维的方式探究存在之意义，是因为人**意识地生活**，需要（其存在）意义的**装备**。

1. 意义诞生的源泉

以意义为对象展开存在之问，发现意义乃存在之自蕴含。这就凸显出两个基本问题：

第一个问题：存在何以自蕴含意义？

第二个问题：存在自蕴含的意义到底是什么？

理解第一个问题，似应从第二个问题入手。关于自蕴含于存在中的意义到底为何物？理念（eidos，idea；或型相）论者柏拉图认为，自蕴含于存在中的真实意义，即恒存于存在之本体世界中的不变理念（或型相），存在于现象世界中的具体存在者（或曰事物）仅是对其恒存不变的理念的模仿，而理念却是事物的真实本质。[①] 柏拉图以人被囚禁于洞穴（Cave）为喻，当人们被

① ［古希腊］柏拉图：《理想国》，5.476a。

囚禁在洞穴之中时，只能看到事物的影子（或曰存在之现象），并将其想象为事物的本相（或曰存在的型相），这种肉眼化的“洞穴之看”和“所看到”的事物影像与事物本相之间的根本差异，却源于洞穴之看行为本身对“所看到的事物”予以了想象性质的诠释：人的洞穴之看**自为地**构成看待世界的诠释方式，解构这种自为诠释的方式来看待世界的根本方法，只能是走出或脱离洞穴而行无诠释之看，才可进入事物存在的本相状态而揭橥其自蕴含于存在之中的本真意义。[①] 或者，只有进入存在的本体世界理解其不变的本体型相（即“理念”）后，才能真正理解存在的现象世界中事物的意义。[②]

亚里士多德表达了与柏拉图类似的思考，他在《形而上学》（*Metaphysics*）中提出实体哲学的实质论（Essentialism）主张，认为存在之意义不在于它呈现出来的现象，而是蕴含于存在之中的不变的固有特质，或曰自蕴含于存在之中的实质，构成存在的自身本质，它决定该存在（或曰事物）的真实意义。“我们可以在很多意义上说一件东西是，但一切是者都与一个中心点有关系，这个中心点**是确定的**东西，它毫无歧义地被说成为实体。”[③]（笔者加粗）在亚里士多德的实体论中，“是者”与其所有是者之“中心点”之间在关系，乃属性与实体的关系：实体是独立存在的，不依赖任何他者而存在；反之，属性却必须依赖实体才能存在：“某些东西，我们说它们是，是因为它们是实体，另一些东西则因为它们是实体的属性，还有一些东西则因为它们是趋于实体的过程、实体的毁灭、缺乏、性质，或者是实体的产生，生成，或者是实体的相关者，或者是所有这些东西以及实体自身的否定。正因为这个道理，我们说，即使非是者也是什么都不是的东西。”[④] 亚里士多德在《范畴篇》中进一步指出，对于任何一种事物言，其最重要的意义在于它作为这种事物所具有的不变的特性和本质，这是构成任何“是者”（或曰“第二实体”）的“中心点”之“是”（即第一实体）的自身规定和内在条件。所以，“实体在最真实、最原初和最确切的意义上说，是既不表述，也不依存于一个

---

① ［古希腊］柏拉图：《理想国》，7. 514a－515c。
② ［古希腊］柏拉图：《理想国》，5. 475e。
③ ［古希腊］亚里士多德：《形而上学》，1003a33－b10。
④ ［古希腊］亚里士多德：《形而上学》，1003a33－b10。

主体的东西，例如，个别的人或马。在第二性意义上所说的实体，指的是涵盖第一实体的属，以及涵盖属的种。例如，个别的人被涵盖于‘人’这个属之中，而‘人’又被‘动物’这个种所涵盖，因此，‘人’和‘动物’被称作第二实体”①。

这种意义的存在论思想并未因为希腊时代的结束而结束，它以自身的方式进入中世纪的神学时代，变相地发挥其源泉的功能。近代世界挣断神学的枷锁，也将其意义源于存在——包括神（即造物主）存在和存在世界存在对意义生成的源泉功能——一齐抛掉，以人自身来替代存在本身。由此，人成为一切意义的源泉。宗教被压缩在**私人生活**领域，哲学从存在论走向主体论，继而进入方法论和实践论，经济和政治——更准确地讲，财富和权力——成为意义的源泉，哲学在科学主义的引导下成为经济和政治如何成为意义的源泉提供依据和可明证的理由。这就是实践哲学、科技哲学、分析哲学以及现象学的工作。海德格尔从现象学起步，但很快就从中走出来，并以现象学为审查对象展开新的存在之问，其根本意义其实至今未得整体的意识。海德格尔以回返古希腊来重建存在论的努力，也自然地认为意义是存在的基本特征，是人与存在相互关联的方式。② 所以，在海德格尔看来，存在本身就是一种意义的展现。它既不是主观的“意识”，也不是客观的“物质”，而是超越主客二分的存在之本质存在，它既是事物本身，也通向事物本身。③

无论柏拉图、亚里士多德，还是海德格尔，他们对“自蕴含于存在中的意义到底为何物”的思考虽然各具个性，却表达了两个方面的共识：首先，自蕴含于存在之中的意义，不是人为的生成，更不是主观的预设或想象的诠释，它是先于人和超越人之存在的存在内容。其次，自蕴含于存在中的意义，可能会通过形相而显现，但它本身属本体和本质层面的内容，只有存在之本体和本质层面的内容才可成为意义本身，并构成人的存在敞开的全部意义的真正源泉。一旦理解此两点，则可进入“存在何以自蕴含意义”之问题域而

---

① ［古希腊］亚里士多德：《范畴篇》，2a11 – 17。

② Heidegger，M.，*Being and Time*，J. Stambaugh，Trans.，Albany：State University of New York Press，1962，pp. 63 – 72.

③ Heidegger，M.，*Being and Time*，J. Macquarrie & E. Robinson，Trans.，New York：Harper & Row，1962，pp. 33 – 34.

展开进一步审问。

“存在何以自蕴含意义”的问题，实因为存在本身。首先，存在先于生存。生存是存在之敞开，作为敞开本身之生存必以存在的存在为先决条件。其次，存在世界先于人的世界。人的世界是属于文化人类学的世界，文化人类学的人文存在的世界的诞生，却经由漫长的自然人类学的动物存在的世界演化所成，没有自然人类学的人从黑暗的存在深渊缓慢地走出来，属文化人类学的人的世界总是处于潜在状态。最后，存在世界和人的世界都是创化的。无论存在世界还是人的世界，其创化都非人的智－力所为，更非人的智－力所能，而是造物主所成：造物主创化了以宇宙、自然、万物、生命为实存样态的存在世界，造物主也在对存在世界的继创生过程中创造了作为万物之一物的人类物种走出自然人类学状态而向文化人类学方向展开。合言之，存在之所以自蕴含存在的意义并构成人的世界的全部意义的源泉，是因为创化使然。

存在的创化何以使存在蕴含意义？或曰，创化的存在何以要蕴含存在之意义？这实源于创化的本性和创化的目的。

造物主创化世界，就是将创化赐予世界。造物主创化世界，实是无中生有。造物主行创化行动之前，没有宇宙自然和万物生命，没有以宇宙自然和万物生命为实存样态的存在世界，因为创化，宇宙自然、万物生命从无中诞生，存在世界从无中生成。并使由此诞生的生命、万物、自然、宇宙成为存在世界本身，造物主之创化也融入创化的存在世界之中而成为创化的内容。这就是造物主的创化本性，造物主的创化就是将创化赐予创化的世界。具体地讲，造物主的创化本性，就是创化本身，创化本身就是无中生有。造物主创化世界的行为创化了世界无中生有的内在性和世界有中生有的全部可能性。造物主创化世界的行为赐予创化的世界以创化，不仅因为其创化的本性，也源于其创化世界的目的。造物主创化世界而赐予世界以创化之能，是因为创化的目的就是使所创化的世界**生**且**生生而在**。

基于创化的本性和创化的目的之双重要求，造物主创化的世界始终未完成，始终处于未完成状态且始终需要继续完成。于是，创化，成为造物主的事业；于是，造物主创化世界的事业，自然分有出了原创化和继创生（或曰

继创化）；于是，创化的未完成性必然催发造物主之原创化事业向继创生方向展开，只能不断地生并生生不息。

世界之原创化不仅创造了宇宙自然和万物生命，也不仅创造出存在世界，而且创造了创化，创造了未完成性和不断完成的生之本性和生生而在的目的性想望。因而，创化，或曰创化的未完成性和不断完成的生之本性，构成了被创化的存在世界之自蕴含的原发意义。基于创化的未完成性和不断完成的生生不息，却开出了希望、信仰和爱的目的性花朵。因为，原创化的未完成性和不断完成的生之本性及其生生而在的目的性之双重鼓动，继创生产生。继创生就是完成其原创化的未完成，并不断地实现其生之本性。所以，继创生的行为及其“苟日新，日日新”的存在世界自蕴含的存在意义，就是其不断地完成其未完成性的创化运动源源不断地创化出继创生存在的意义内涵。从根本讲，原创化属于造物主。造物主创化世界，创造出宇宙自然和万物生命，其存在的原发意义由此诞生。造物主原创化的宇宙自然和万物生命处于未完成状态，这种未完成状态推动被创化的宇宙自然和万物生命自发启动其创化功能而展开继创生，由此使宇宙自然和万物生命开出继创的新生之路，继创生的存在意义亦由此源源不断地生成。

相对原创化言，继创生既属于造物主，也属于存在世界。

继创生属造物主，是指造物主对原创世界的继创生。造物主对原创世界的继创生，首先是启动创造的宇宙自然和万物生命时赐予其能够继创生的创生本性和创生目的，即创造宇宙自然和万物生命可能继创生的生之本性和生生不息的创生机制；其次是激活创造宇宙自然和万物生命时赐予其继创造的原则和方法，这就是宇宙自然和万物生命依据创化本身的律法而行简单创造复杂和复杂创造简单的原理、法则。

继创生亦是存在世界的创生，以宇宙自然和万物生命为**实存样态**的存在世界行继创生之能，既要以造物主为原发推力，更要以存在世界本身行创化之力。由此开出造物主主导下的宇宙自然、万物生命和人三维并进的继创生运动。在造物主推动下，宇宙自然的继创生运动即天体运动、大气运动和气候运动的生生不息。万物生命的继创生运动，就是地球生物的生态链运动、物种遗传运动和生物进化运动。人类的继创生运动，就是人的人种化、民族化、国家化和地域化以及全球化运动，这些全方位的存在运动，开出绚丽多姿的文化和共相而在的文明花朵。

2. 意义诞生的条件

意义是存在论的。并且，存在论的意义，在发生学——包括原发生和继发生——的意义上，是创化的，或原创化，或继创化。由此两个方面的自为规定，意义诞生是有条件要求的。

首先，意义诞生的主体条件，是有创化之能的创化者。

意义诞生的主体条件，具有原创和继创的不同。原创的主体条件，只有造物主，也只是造物主。从根本讲，意义的诞生即存在或曰存在世界的诞生，它只能是造物主所为，这是意义探讨的认知起点，无论人以何种骄傲的姿态或傲慢的心理来回避此起点，最终都将对意义的讨论有百害而无一益，因为无视造物主的创世界本身的存在，就必然会将意义的讨论引向歧途。从发生学观，作为万物之一物的人，本是造物主创化世界的产物。作为万物之一物的人类，从自然人类学向文化人类学方向展开，实是造物主行继创化的杰作。人从自然人类学向文化人类学方向演进的历程中，经历天启走向人为，产生哲学和科学。在如此没有或然性的经历中，在存在世界以及万物生命的起源问题方面，哲学的溯源最终经历形而上学探险不得不达向神学。科学对存在世界以及万物生命的溯源开出生物学和物理学的双重道路，前者将万物生命的起源归纳为生物进化论，生物进化论解决了生物的继创生问题，却未能也不能解决生物的原创化问题，当沿着生物进化的逻辑向前追溯最初的生物是怎样创化出来的时，生物进化论无能为力，只能将难题交给神学。物理学自近代以来分别向微观和宇观两个方向展开，前一个方向开辟出量子世界，量子世界的波粒二象及其测不准运动的最终原创机制和秘密，不能得到自为的揭开和自为的解决；后一个方向开辟出宇宙学，宇宙诞生的大爆炸理论和循环运动理论，都不能解决第一推动力的问题。因而，对物理世界言，其溯源的发生学问题，无论从微观探究还是从宇观探究，在提供第一推动力方面都显出绝对的无能为力。亚里士多德的庞大哲学体系，将物理学不能解决的问题看成是“物理学之后”的问题，而“物理学之后”的问题要得到真正的解决只能交给形而上学，这就是“物理学之后即形而上学”。但形而上学也只是

将“物理学之后”的难题予以依据和根源等方面的推论性解决，最终也不能解决“物理学之后”之万物生命和宇宙自然的原发生学问题，**物理学之后是形而上学，形而上学之后是神学**。万事万物以及整体存在之自然宇宙的发生学问题，最终只是一个神学问题，因为世界本身——无论是宇宙自然，还是万物生命，甚至后继而为的文化人类学的人——都是造物主的创化物，并且宇宙自然、万物生命和人类的无论无中生有还是有中生有的创化之能，都是造物主创化世界赐予所成。所以，无论是生物学还是物理学，或者是傲慢的文化人类学，试图抛开造物主而行探究存在世界的起源论和发生学问题，最终必面临失败。造成此失败的根本之因，恰恰是存在世界的创造主体，不是先于人而在的物，也不是缘发于物的人，而是造物主。由此，世界创化论始终是神学论。神，或者说造物主才是存在世界原创化的真实主体。没有造物主，或者取消造物主，存在的原创化和继创生必无主体，缺失主体条件的创化始终是不存在的。

继创生，在其主体条件上呈多元性。首先，造物主仍然是存在世界继创生的最终推动力。其次，存在世界的继创生，不仅需要造物主为最终主体，更需要宇宙自然和万物生命成为创造的直接主体。存在世界的继创生，是造物主和宇宙自然、万物生命共为主体。最后，存在世界的继创生，不仅要整体的敞开，也需要具体的作为，它是整体和具体互为推动才成就的继创生。仅就其具体性而论，存在世界的继创生的具体主体，就是存在者，这个存在者可能是物种生命，更可能是自然存在物，比如这条河流或那座山脉，或者天空的飞鸟与大地的小草。

其次，意义诞生的动力条件，是主体的创化之能。

创化之能是相对主体言。创化主体本有原创化和继创化的区别，由此形成原创主体的创化之能和继创主体的创化之能；同时也呈现性质、内涵的差异，以及行为敞开方面的特征。

相对而言，原创主体造物主的创化之能，就是创化。“创化”一词的字面语义是创造化育，或创造化生。能够化育或化生的创造，只能是原创造。所谓原创造，就是从“无”中创造出“有”的创造，这种无中生有的创造一旦将创造物创造出来，它就自具化育或化生的本性。这一自具化育或化生的本性，就是被创造物自行生机、自创新生和自富其生的本性。这种通过造物主行原创化而赐予被造物以自行生机、自创新生和自富其生的本性，可简称为**生之本性**，对其生之本性的持续不衰的展开的机能，就是其生生不息的生机，简称**生生之机**，或曰**生生机制**。

造物主行创化之能的行为就是创化，创化的本质是无中生有的创造与化育、化生。对原创物言，将造物主赐予的创化之能予以内在化，就是生之本性和由此生性所化育、化生出来的生生机制。这种内在化的生性和生生机制通过创化行为而被赐予原创物，使作为原创物的存在世界，即宇宙自然和万物生命享有继创生（即化育、化生）的生性和生机，这就是从**无中生有**创化出来的**有中生有**之生性和生生机制，形成继创生主体的继创生之能。比如山峦的生长、江河的奔流、平原或草原的拓展或萎缩等，其实都客观地敞开各具个性且各彰其能的继创生运动，而这些各具个性和特征的继创生运动，虽然彰显的是各自的继创生之能，却始终遵从造物主的原创本性和生机。文化人类学的人在这方面更为突出，虽然今天我们因为不断取得的文化成就而自为傲慢且意欲摆脱存在世界的律法和造物主原创化赐予的生之本性和生生机制，但只要略为清醒一点，我们就会发现，我们所不断喧哗的创造，不过是对存在世界或者说宇宙自然和万物生命的创生本性、创生机制以及创造原理的发现，然后予以运用。仔细考察人类创造出来的所有技术、全部工具——比如各种船舰、各类飞行器、各种工业产品、农业产品以及生活用品，哪一件的制作型式没有自然的原型？哪一件可以真正地摆脱造物主的创化机制及其简单创造复杂和复杂创造简单的原则？

其三，意义诞生的环境条件，是关联存在。

存在世界的创化，无论是造物主的原创化，还是造物主与存在世界的共行创化之能的继创生，其生之本性和生生机制本身生化出一个基本的存在事实，那就是**关联性**。生，产生关联，因为生总是关联起生者和被生者，或者，生，总是将创化者与创化物联系起来，使创化本身变得可能并最终成为现实。在原创化意义上，造物主的原创化，因为生而从无中生出有来，即从“无”到“有”是因为“生”之关联；也因为生使造物主与其造物之间形成血缘关系，即创造主体与其创造物之间是通过“生”而发生血缘关系：造物主是存

在世界之父，存在世界（宇宙、自然、万物、生命）乃造物主之子。在继创生意义上，同样因为“生”的本性而使造物主与存在世界联合起来、合作开来共行创生之能。不仅如此，存在世界始终不渝地努力于实现造物主原创化的未完成性，同样因为生生不息的生机，因为这一生生不息的生机才将存在世界的未完成性与实现其完成性的行动努力关联起来，使之成为一个生龙活虎的存在整体。

总之，无论原创化还是继创生，因为创化的生性和生生不息的生机，使造物主与创造物关联地存在，使整体与具体关联存在，使存在者与存在者关系关联存在，使昨天与今天关联存在，使现在与未来关联存在。**关联存在**构成造物主原创化和继创生之整体图景的内在机制，关联存在更使存在世界成为存在世界，使一切成为一切。没有关联存在，存在不复存在，存在世界不复存在；没有关联存在，造物主原创化难以成行，继创生更不可能产生。

其四，意义诞生的生命条件：行动与交配。

存在世界的原创化和继创生，就是一个“生”字。造物主的原创化，就是创造生，宇宙、自然、万物、生命，只是其创造之生的杰作。造物主和存在世界共行继创生，同样是创造生，宇宙、自然、万物、生命在其继创生中获得新生，或自为地新生，或被关联存在地新生。

“生”字，有异常丰富的内涵，比如生性、生机、生育、化生、生长、生成等，但所有这些含义都须以**有**“生命”为前提。离开了生命，或者取消了生命，所有的生性、生机、生育、化生、生长、生成等都降解为“0”。在造物主创化的存在世界里，一个绝对不能忽视的存在事实是：在所有的“生”中，生命是“1”，其他都是“0”。生命是生之本体，生命也是生之本质，生命蕴含了全部的创生之能。意义诞生的本质条件，是生命，是以生命为绝对前提的生性和生生之生育、生化的机制。

作为意义诞生的本体条件的生命，既是整体的，也是具体的，前者如宇宙、自然、大地、天空、大气或气候；后者如一草一木、一花一石。

造物主创化存在世界，只是原创化。造物主的原创化实现三个方面的创造，一是创造了存在世界的原型框架、实在样态，这就是由宇宙自然、万物生命构成的原型结构和以宇宙自然、万物生命为实存样态的存在世界；二是创造了创造物的**创化之能**，即赐予其创造物——宇宙自然和万物生命以继创生的生之本性和生生机能；三是创造了存在世界的未完成性和其不断实现其未完成性之继创空间及其无限可能性。由此，造物主的原创化开启了继创生。在以宇宙自然和万物生命为实存样态的存在世界的继创生道路上，行动与交配构成人间意义诞生的根本性的生命条件。

造物主原创化开启的继创生，必须经由宇宙自然、万物生命的继创生行动。这种行动大到宇宙运动、星系运行、大气环流、气候周期性变换，以及海洋潮涌、江河奔流、山呼海啸，具体到草木摇曳、花开花谢等，无不是行动使然。行动开启存在世界的继创生。

但是，行动对存在世界之继创生的开启，只是前提。将前提变成实质，或者说使行动获得继创生之实的条件，却是继创生之主体的自为和互为的交配。行动务于交配，这既是继创生的开始，也是继创生的实现。造物主创造存在世界，创造出天空与大地、江河与山峦、平原和沙漠，花草与树木、鱼与虾、阳与阴、睛与雨、烈日与阴天、风与云、雷与电、瑞雪与艳阳、冰雹高温，以及雌与雄等，都意在继创生的展开。继创生的展开，无论在宇观维度，还是宏观维度或微观维度，都是必要行为，而行动的落实就是交配，风云际会、阴阳互动、电闪雷鸣、山呼海啸，乃宇宙、自然行交配之能；雌雄相戏、男女寻欢，亦意在于得交配之实。交配开启继创生。

二 类型和生成

探究意义生成的源泉，必得正视创化。只有创化，才提供意义的来源。不仅如此，也因为创化，才生成意义。一切的意义，都是创化使然，或原创化，或继创生，意义蕴藏其中。所以，创化开启意义之旅，也孕育意义的类型学。要言之，探究意义的源泉，只能从造物主之创世界出发，必以原创和继创为主题；考察意义的类型生成，需要转换视角以人为主体，并以人的继创生为主题。

1. 意义的类型

原创的世界，是造物主的世界；造物主的原创开启的继创，是造物主与创造物（存在世界）共享的世界。人在其原创化和继创生进程中，只是其**万**

物中之一物。只有当它在造物主的原创化中产生，并经历存在世界的继创生，然后从自然人类学的黑暗深渊中走出来朝文化人类学方向演化，才开始从纯粹的物向既非纯粹的人也非纯粹的物之**混合存在**方向过渡，随后，其人文存在的气质和特征越明朗，动物存在的气质和特征越模糊，原本万物之一物的人类物种就此**渐变地**上升为**万物中之一人**的文化物种，人，日渐具备在继创生的存在世界中扮演主体角色，并成为主导性物种。人不断地走向存在世界的中心舞台并伫立于存在世界的中心，存在世界的继创生虽也仍然按造物主的创化准则和机制在运行，人的继创生却因为人的自为喧嚣而日益变得喧宾夺主，即人的继创生不断掩盖其存在世界的继创生而自我凸显。虽然如此，当审视意义的类型时，仍然需要保持本原的客观，正视正日益被人的智－力创造的喧哗所掩盖的存在世界的继创生这一主导性存在类型。

存在意义　在人类物种与存在世界共同继创生的历史进程中，存在意义是其基本的意义类型，也是其奠基性的意义类型。

所谓存在意义，既指存在**引发**意义或存在**生发**意义，也指存在**就是**意义。前者如一堆乱石，在通常的看待中没有什么意义，但如果突降暴雨聚集为洪水，冲决了旁边的河堤，于是，这堆乱石突然成为实实在在的堵塞此被冲决的河堤的最好材料。或者埋于路边的裸露出半截身体的乱石，往往成为过往行人的一种障碍，但突然一天一个慌忙奔逃而来的劫匪因此而绊倒，被迅速追缉的警察所捕，原本有碍的乱石产生了意想不到的存在意义。后者即“百货做百客”，一物存在即有一物之意义。黑格尔之说“存在即是合理”，其意或在于此，一切皆有可能，因为一切都成为一切。非存在，就其自身言，无意义，因为非存在原本不存在，但原本不存在的非存在却因为存在而成为参照，原本不存在的非存在参照出存在，所以，相对存在言，非存在亦有非存在之意义，因为相对存在言，非存在也是一种存在，是一种相对存在而在的非存在。普罗泰戈拉讲“人是万物的尺度，是一切存在者存在的尺度，是一切非存在不存在的尺度”，非存在的意义就在于它构成一切非存在不存在的“尺度”，并以此凸显出存在来。然而，人成为万物的尺度和一切存在者存在的尺度、一切非存在者不存在的尺度的前提，是人必须存在、必须活着。当人本身不存在了，丧失了活的资格、权利和空间，其尺度功能也就自然解构、自我消失。

在人的成长进程中，几乎每个人都有过“活着到底有何意义”之问。客观地看，活着，即存在。活着的意义，就是活着。当A说“活着真没意义，我不想活了”，这是A对活着的感觉，这种感觉是：活着无意义。活着无意义，就是存在不存在。解除这种“无意义”的“活着”——或者“存在”——的苦恼的唯一办法，就是将感觉的“不想活了”变成实际的“不活”了。而A使自己“不活”或者说“不存在”的唯一见成效的方式，就是把自己的生命处理掉——自杀，假如A选择跳楼自杀，爬上高楼，跨越天台的护栏，高喊“我要跳楼了”，结果最终没有跳下，或许是畏惧、惧怕，或者是顷刻之间仍生生念，或者其生念一直没有彻底熄灭。总而言之，决意跳楼以彻底解决“活着无意义”的苦恼，却最终没有纵身下跳的行动，这说明“活着”对A来讲，还是有意义的，只有意义才是支撑再苦再累的人活下去的最内在、最隐秘的最终理由。这就是民间所讲的“好死不如赖活着”。

合言之，存在意义是指：A存在，A有意义；A非存在，A亦有意义。这是因为，存在意义，源于存在。进而，存在意义是指，存在源于存在；反之，存在亦源于非存在，非存在源于存在。比如，山呼海啸或万马奔腾，这是不同形式的存在，却源于非存在。因为，山与海，是原创化的存在，造物主创世界，山或海由此被创化而成为存在世界的具体的实存样态。但“呼”与“啸”却原本不存在，但这种原本的不存在或曰非存在，即总是因为“山”或“海”而潜存着，是一种潜在的非存在，它因为山与海的相向**应和**运动——或曰交配性行动——而彰显为非存在的存在，这就是山“呼”起海来，海“啸”起“山”来，这一呼一啸，使山与海生发出继创生的**连动**景观。同样，在原创化的存在世界里，没有奔腾，奔腾的景象或奔腾的存在都是不存在的，是一种可能生发存在的非存在。当众多的成千上万的或者数不清的马朝着一个方向奔跑或狂奔就创造出了万马的“奔腾”：万马的奔腾，就成为存在，并且成为非存在的存在。人类的绘画艺术，就专门干放大这种非存在存在的事儿，并成为一项人类的伟大的事业，创造出人的想象的历史，并以此映照出人类的经历化的历史。

存在意义，始终由存在给出，哪怕是非存在的意义，同样是由非存在给

出。由于存在意义由存在给定，存在意义也就自具两个方面的根本的存在论特征，即超时空特征和恒存性特征。

存在意义的超时空特征是指：凡存在引发出来的意义，或存在本身彰显出来的意义，始终超越时空的制约，获得超时空的自由状态。万马奔腾这种存在景观或者说存在事实一旦产生，它就获得了超越时空限制的自由舒张，而自在喧哗着万马可能奔腾和万马成为奔腾的存在景象，并源源不断地继创出“万马奔腾”的存在意义来。中国绘画史上的万马奔腾画，总是伴随中国的历史、中国绘画艺术的历史而始终再现着这种绝对地剔除了时空腐蚀的自由存在。存在意义的超时空特征最为突出地体现在创世界上。造物主创世界的创化行动一旦产生，存在世界则随之诞生，造物主创世界的存在意义通过创化行动本身突破了时间和空间。并且，造物主原创化行为赐予其创造物的**创化之能**，同样超越时间和空间而进入继创生的无限可能的进程之中，开启简单创造复杂和复杂创造简单的意义之域。同样，雌雄的交配或男女的交欢，均属于物种的继创生行为，就行为本身言，是绝对地接受时间和空间的制约，但其交配或交欢行为产生的存在意义却逾越此一交配或交欢行为本身而获得了对时间和空间的超越。比如，此交配或交欢行为生发持续的快乐或永存性的回忆体验，或者无意间播下新的生命的种子从而使个体和物种都获得了存在的延续、延展。这种性质的存在意义不仅无形中进入了个体的情感和心灵的存在体验史，也进入了生命或物种的繁衍史，以及文化的兴衰史。比如，此一男女的交欢行为意外地播种出一个邪恶的新生命，这个邪恶的生命却因其他影响因素的整合而被推上权力倾轧的轨道，由此主宰一个国家或一个世代，这个国家、世代以及整个人类则被这个邪恶的生命推上毁灭之途。这表明任何继创生运动所生发出来的存在意义，都可能是多向度的，甚至蕴含无限可能性。

存在意义的超时空取向，必然孕育或化生出其意义超越的恒存性特征。这是因为，凡自具超时空的意义，必能恒存；唯有恒存的意义，才能生发超越的无限可能性。从根本讲，存在意义根源于创化，或原创化，或继创生，前者创化出原生存在，比如宇宙、自然、万物、生命；后者创造出继生存在，比如不断消长的宇宙，始终更新的自然世界，永恒生灭的万物和死而后生、生而必死的物种生命存在。但无论是原创化还是继创生，一旦创造出来，它就恒存；并因为恒存，需要不断地继创生。创造，不仅创造出存在，而且创造出存在的恒存。那个被你称为父母的男人和女人，他们愉情合欢的行为，不经意播下你这个生命的种子，并将你孕育出生，你来到这个世界上就构成一种恒存，哪怕你活上千岁、百岁甚至只存活了一年、两年或一月、两天，你作为这一个生命却因其生命本身的诞生而恒存于生命史、家庭史、人种史中，以及宇宙史和自然史中。

生存意义　意义既是存在的，也是生存的。意义之所以有存在与生存的区分，是因为两个因素的激发。

第一个因素，存在必然敞开。但凡存在敞开，就是生存。无论原创化的存在，还是继创生的存在，抑或是自为地或互发地敞开，而形成生存。创造存在必然敞开为生存的这种不可逆朝向，根源于造物主的创化本身。造物主创化世界的本性和目的以及由此产生的深远意义，是祂创化世界的行为将**创化（之能）**本身赐予其创造物，即赐予了祂所创造的存在世界，宇宙自然和万物生命均因为被创造而获得了创化之能，造物主由此使自己创化世界的行动成为**未完成的**并需要继续创化的事业。因而，造物主的创化之能必然传递给其创造物，即存在世界——具体地讲是宇宙、自然、万物、生命——而成为继创生之生的力量和生生不已的原动力机制，由此敞开存在世界（宇宙自然和万物生命）之简单创造复杂和复杂创造简单的继创化运动。要言之，造物主原创化的存在世界对继创生的启动，就敞开为生存；并且，存在世界的继创生行动敞开创生的实际方式及其成果，亦是其存在敞开生存的形态学呈现。从根本讲，存在敞开生存，根源于造物主**创世界的未完成性**。原创的存在世界的未完成性，才生发出实现其完成的继创生努力，存在敞开生存亦成为必然。

第二个因素，继创生运动意外地开启万物之一物的人类物种的独特的继创生之道。作为万物之一物的人从自然人类学向文化人类方向演化，从动物存在上升为人文存在，其实质是获得不同于万物生命以及自然和宇宙的那种可以逾越造物主的创化轨道，自为地生成构建起**意识地思维**向**意识地生活**方向展开探求对象性的设计能力和安排自为存在的能力的努力，这种努力的不

断成功，就是将自己逾越于众物之上并按自己的意愿而存在。这样一来，人的继创生存在敞开生存的道路，既呈现出与造物主的原创化的根本不同，也呈现出与存在世界之继创生的根本差异。这种根本不同的继创生方式将人的存在敞开生存的特殊性凸显出来，并使人的继创生高居于整个存在创化的世界的中心。所以，对生存意义的关注必然地**以人为主题**。

由于关注生存意义必须以人为主题，这就使“生存意义”获得一般与特指两个层面的含义。就一般言，生存意义，是指存在敞开自身的意义。在特指层面，生存意义是指人的存在敞开的意义，或曰以人为主题的存在敞开的意义，就是生存意义。

以人为主题的存在敞开的生存意义，也具有存在意义的基本特征，具体地讲，也具有超时空的恒存的特征。德国社会学家韦伯（Max Weber，1864—1920）曾自问道：“西方文明在数千年里完成的去魅进程，尤其是科学作为要素和动力参与的最近部分，除了纯实践和纯技术之外有什么意义?”① 韦伯以问为答所得出的结论或许本身就是一种关于文明或西方文明的偏见。客观地看，西方文明的去魅进程实从两个基本的方面展开，一方面是去神学化；另一方面是科学化。这两个方面的去魅努力所生发出来的最为突出的意义，确实是强化实践的无所不能和技术化生存，但去神学化和科学化这两个方面的去魅努力所生发出来的**根本的**意义，却是突出人在宇宙中的独特地位，突出人对存在世界的主宰能力，还有就是突出人类因为不断开发的技术而征服世界、**自为上帝**的**勃勃雄心**。

西方文明从去神学化和科学化这两个方面的去魅努力，最终突出了人的意识的能力，即意识地思维向意识地生活方向的主体化创造之能。因为意识只是人类从物到人、从动物存在到人文存在的根本的内在标志；因为有了意识，人从自然人类学状态中醒来，能意识地思维并诉求意识地生活。所以，意识作为标志人类独特存在的一种方式，其敞开生存的意义就不仅仅是它帮助人意识地思维并诉求意识地生活那样简单和单纯，因为“意识并不只是作为器官的单一大脑，更不是单一的活动；它是在不同层次上运作的许多过程

① ［法］塞尔日·莫斯科维奇：《还自然之魅：对生态运动的思考》，庄晨燕、邱寅晨译，生活·读书·新知三联书店2007年版，第116页。

之间一场复杂的相互作用。它包含了觉醒状态、接收来自感官的输入并作出反应、想象、内在体验和意志力。对于意识是什么以及它如何运转，神经科学和心理学已经所知甚多，但仍远远未能达到任何形式的完整理解”[①]。并且，意识的根本标志是人的内在心理体验以及自身存在、思想和所处的或具体或宏大的环境的感知。在这种感知中，你存在，你身处的地方存在，你坐着的椅子也存在，你更知道自己存在，但你坐着的椅子却并不知道这一点。笛卡儿说“我思，故我在”，从意识地思维向意识地生活方向生成性敞开角度看，正是大脑的这种自反性意识的性质，才构筑起人的心智对自身的思考，才产生“我思”的可能性，并才可由此生发“我思”所以我自反性地认识到自己（此在地）存在。并且，意识之于人是无与伦比的“特别”，这种特别性当然表现在“意识同样是独特而沉重的负担。能够反省自身，回顾过去和未来，以及思考世界和宇宙的状态，这固然大有裨益，但也开启了异化和焦虑的大门”。正是基于这种神奇的独特性，美国文化人类学家贝克尔（Ernest Becker）在评论克尔恺郭尔（Seren Kierkegaard）时对意识做出如此的刻画：“作为有自我意识的动物意味着什么？这个想法十分荒唐，如果不能说是可怕的话。这意味着知道自己是虫子的食物。可怖之处就在这里：从一无所有中涌现，拥有名字、自我意识、深刻的内心感受、对生活和自我表达的锥心刺骨的内在渴求——拥有这一切还是免不了死亡。”[②] 然而，“意识似乎并非如此。我们**心智运作**的方式并不是从上而下的独裁，而是嘈杂喧闹的议会，充满了互相争吵的派系和核心小组，大部分事情发生在台面下，在我们有意识的觉知所能达到的范围以外”[③]。因为意识既是对象性的，也是自反性的。意识的自反性，开启了人的心智对自身的思考；而思考本身不仅开启了人的心智的无限可能性，也开启人在宇宙中存在、在存在世界里作为的无限可能性。

由此不难发现，以人为主题的存在敞开生存的意义，不仅体现超时空和恒存的特征，更突出自生长和共生成的特点。

---

① ［美］肖恩·卡罗尔：《大图景：论生命的起源、意义和宇宙本身》，方弦译，湖南科学技术出版社 2019 年版，第 360 页。

② ［美］肖恩·卡罗尔：《大图景：论生命的起源、意义和宇宙本身》，第 360—361 页。

③ ［美］肖恩·卡罗尔：《大图景：论生命的起源、意义和宇宙本身》，第 362 页。

2. **意义的生成**

造物主创化存在世界，存在世界的奇迹却是生命。生命的宏大型式，是浩瀚无垠的宇宙和生变无限的自然；生命的具体样态，却是物种化的动物、植物、微生物。但是，生命的神奇和奥妙却在于"生命"本身无法确定。理论物理学家卡罗尔（Sean Carroll）说："没有人知道。并不存在一个达成共识的单一定义可以将'活着'的东西与其他东西明确区分开来。人们曾经尝试过。美国国家航空航天局（简称 NASA）对于地外生命的搜寻有着相当大的投入，他们在工作中对生物体采取了如下定义：**一个能进行达尔文式演化的能够自我维持的化学系统。**"[①]（笔者加粗）达尔文的演化理论是基于生物这一特定的对象，超越此对象范围的如上定义实际上对生命无意义，比如宇宙、星云或者山脉、沙漠等宇观或宏观生命形态，就很难被纳入达尔文的生物演化的框架中来描述，更不能用"自我维持的化学系统"来界定。或许正因如此，卡罗尔才认为对"生命的'正确'定义，也就是我们尝试通过仔细的研究去发现的那种定义，其实并不存在。我们熟悉的生命形态共同拥有一系列性质，其中每一个都饶有趣味，而许多性质也很令人瞩目。我们所知的生命会运动（如果不是在外部就是在内部）、会新陈代谢、会互动、会繁衍、还会演化，所有这些都以层级递次而相互关联的形式发生。这显然是宏大图景中独特而重要的一部分"[②]。

量子力学的奠基者薛定谔（Erwin Schrödinger，1887—1961）在其《生命是什么》（*What Is Life*）一著中认为生命是一个有机体："生命有机体似乎是一个部分行为接近于纯粹机械的与热力学相对立的宏观系统，所有的系统当温度接近绝对零度，分子的无序状态消除时，都将趋向这种行为。"[③] 揭示作为有机体的生命的最基础的问题与平衡相关。这是因为生命总是处于不断变化与运动之中，不管是猎豹追逐瞪羚，还是缓缓流淌于红杉枝条中的树液，抑或是一直静默的山脉也在内部悄然地自为消长或生成，生命始终处于**正在**

① ［美］肖恩·卡罗尔：《大图景：论生命的起源、意义和宇宙本身》，第 267 页。

② ［美］肖恩·卡罗尔：《大图景：论生命的起源、意义和宇宙本身》，第 268 页。

③ ［奥］埃尔温·薛定谔：《生命是什么》，罗来欧、罗辽复译，湖南科学技术出版社 2005 年版，第 68 页。

发生和**将要发生**的状态之中。不仅如此，生命又总是以自身的方式维持着它的结构，在正在进行或将要展开的变化之中仍保持着某种基本的完整性。生命的如此特征和倾向，促发薛定谔发问“生命的特征是什么?”和“一块物质什么时候可以被认为是活的呢?”并自问自答地得出：“答案是当它继续在‘做某些事情’、运动、和环境交换物质等等的时候，而且期望它比一块无生命的物质在类似的情况下‘保持下去’的时间要长得多。当一个非活动的系统被孤立出来，或是把它放在一个均匀的环境里，由于各种摩擦阻力的结果，所有的运动都将很快停顿下来；电势或化学势的差别消失了；倾向去形成化合物的物质也是如此；温度也由于热传导而变得均匀了。此后整个系统衰退成死寂的无生气的一团物质。这就达到了一种持久不变的状态，其中不再出现可观察的事件。物理学家把这种状态称为热力学平衡，或‘最大熵’。”[①] 所以，生命作为“一个有机体避免了很快地衰退为惰性的‘平衡’态，因而显出活力。在人类思想的早期，曾经认为有某种特殊的非物质的超自然的力（活力）在有机体里起作用，现在还有人是这样主张的。生命有机体是怎样避免衰退到平衡的呢?显然这是靠吃、喝、呼吸以及（植物的）同化。专门的术语叫‘新陈代谢’。这是来源于希腊字 μεταβαλλεω，意思是变化或交换。交换什么呢?最初，无疑是指物质的交换（例如，新陈代谢这个词在德文里就是指物质的交换）”[②]。这种交换的“每一个过程、事件、突发事变——你叫它什么都可以，一句话，自然界中正在进行着的每一事件，都意味着这件事在其中进行的那部分世界的熵在增加。因此，一个生命有机体在不断地产生熵——或者可以说是在增加正熵——并逐渐趋近于最大熵的危险状态，即死亡。要摆脱死亡，要活着，唯一的办法就是从环境里不断地汲取负熵——下面我们马上就会明白负熵是十分积极的东西。有机体就是靠负熵为生的。或者更明白地说，新陈代谢的本质就在于使有机体成功地消除了当它活着时不得不产生的全部的熵。熵增加量可以这样算出：在过程的每一小步中系统吸收的热量除以吸收热量时的绝对温度，然后把每一小步的结果加起来”[③]。

---

① ［奥］埃尔温·薛定谔：《生命是什么》，第68页。
② ［奥］埃尔温·薛定谔：《生命是什么》，第69页。
③ ［奥］埃尔温·薛定谔：《生命是什么》，第70页。

作为物理学家的薛定谔从热力学运动角度审视何为生命，认为一件物质之所以是有生命的，在于它一直在“做某种事情”，并且运动和环境交换物质；并指出“生命物质在遵守迄今为止已确立的物理学定律的同时，可能还涉及至今尚未了解的‘物理学的其他定律’，这些新的定律一旦被揭示出来，将跟以前的定律是一样的，成为这门科学的一个组成部分”①。这些“尚未被了解的‘物理学的其他定律’”是什么呢？是生，是生成，是生长。

生成催发生长，生长成就生成　生成的问题，是存在世界依据造物主的原创化法则而继创生的根本问题。存在世界继创生的根本意义是什么？是**生其自身**而**成其新己**（或新态、新物）。《圣经·旧约》“创世记”讲述了耶和华创造世界的神话。在这个神话中，耶和华用了五天时间来创造物理世界和生物世界，然后在第六天按照自己的肖像创造出人这种生命，不仅赐予他永生和不劳而得食的权利，也任命他代为管理所创造的这个物理的和生物的世界。为使二者协调而不发生错位或冲突，耶和华还特别赐予亚当、夏娃一条诫命，这就是伊甸园子里面那棵知善恶的智慧树上的果子不能吃，一旦吃了，则“必死”。耶和华以全知全能的方式创造了这个世界，并为这个世界安排好井然的秩序和一切皆须按部就班的程序。但耶和华没有想到的是，他所创造的这个世界原本是由生命组成的，而生命本身是不可被一种模式、一种方式、一种程式或一种秩序所定义、所确定的。耶和华的创世界行为本身就创造了创造物的**活性**，或曰潜在性，更通俗地讲，耶和华创世界的创化行为和过程却潜在地赐予了其创造物的创化之能。这种潜藏于创造物之中的创化之能一旦获得激活的环境或条件，就会自发地行使其创化之能。这种创化之能自发敞开，就是**生成**，即生其自身而成其新己、新态或新物。亚当、夏娃谨遵耶和华的诫命而无任何非分之念，但不幸的是，蛇撩动起他们沉睡的好奇，竟然以如柏拉图所讲的“灵魂失忆”的方式遗忘了耶和华的诫命而**坦然地**吃了智慧果，由此竟然使奇迹发生了：亚当和夏娃睁开了眼睛，发现对方的赤身裸体，于是惊慌地扯下无花果叶将自己的生殖器官遮掩住。这时，听到耶和华的叫唤之声，更是惧怕地躲在廊柱后面。亚当、夏娃从无意地吃智慧果到

① ［奥］埃尔温·薛定谔：《生命是什么》，第67页。

睁开眼睛发现对方以及惊惧地将自己与伊甸园、与耶和华分离开来，这就是生成，使自己获得**内在之生**即觉醒的同时，一个自己还本能地不敢承认和不能承认的新的姿态（惊恐、畏惧）、新的身体行为（借用他物遮掩自己以为丑恶的身体部位）和新的自己（不仅出现亚当、夏娃互为对象性的自己，也出现亚当、夏娃惧怕见到耶和华的自己）。

存在向生存敞开，是生成。生成，却是以己之生而新生，或生出新的姿态、新的存方式，或生出新的存在、新的生命、新事或物的可能性。比如自然之物的“兰花解域而形成一个形象，一个黄蜂的仿图；然而，黄蜂在这个形象之上再结域。但黄蜂也被解域，其自身变为兰花的繁殖器官的一个部分，然而，通过传播其花粉，它使兰花再结域。兰花和黄蜂——作为异质性的要素——形成了根茎。人们会说，兰花模仿着黄蜂，它以一种示意的方式再现了后者的形象（模仿、拟态、伪装，等等）。然而，这仅仅在层的等级上才是真的——两个层之间形成的平行关系，一方之中的某种植物的组织结构模仿着另一方之中的某种动物的组织结构。同时，它还牵涉到另外的事物：不再是模仿，而是代码的捕获，代码的增殖（剩余价值），价的增长，真正的生成，兰花的生一方的解域和另一方的再结域，两种生成在一种强度的流通之中相互关联，彼此承继，而此种流通则总是将解域推进得更远”[①]。或如人的自为存在即“因生而活，为活而生，且生生不息”。因为生命诞生于世、存在于世而必须使自己继续存在下去，这是人的生命权利，但更是人的生命责任，将其存在的权利和责任担当起来的必为方式，就是为其存在本身而努力活下去，这就是人的“因生而活”。由于“因生而活”的宿命，就必得为因为要活下去而谋求其生。这“为活而生”的“生”，既是存在义，更是更新义，或者说新生义，为了活下去，必须谋求更好的存在之生，这就是创生、新生。由于人因其存在而敞开生存，也就实实在在探索赋予发展之新义。人们通常讲生存发展，其实，发展基于生存，发展更是为了生存，而生存是因为存在，存在的本体含义或者说本质含义却是一个质朴的“活”字。但正是这个“活”字，将存在敞开生存，把生存变成发展，通过发展促进生存、提升存

---

① ［法］吉尔·德勒兹、费利克斯·加塔利：《资本主义与精神分裂（卷2）：千高原》，姜宇辉译，上海书店出版社2010年版，第11页。

在、超拔质朴之“活”而进入“生生不息”的存在场域，发散出生命不止，生成不息。所以，“因生而活，为活而生，且生生不息”，通过“活”将存在、生存、发展贯通起来，喧哗生存意义的“生成”本质。

存在敞开生存，即生成。生成孕育出、生长出生存意义。生成孕育、生长出生存意义，隐含着生成与生成的内在逻辑，这即唯生成，才生长；或者，当生成生成时，生长才获得可能并成为现实。一粒熟透的种子，从树上降落于泥土之中，经由土壤的孕育和地温、雨水、阳光的滋养而焕发体内的活性（即天赋的创化之能），这就是生成。当这粒埋藏于泥土中的种子自为地发散出意欲破土而生的活性力时，就开始了它的自生成之旅，即使本已新生，则是该埋藏于泥土中的种子的生成的标志，尔后，该粒种子鼓足力量破土发芽、生根、绿叶、开花、结果，其每一个环节都是生长，但其每个环节的生长，都是其生成的自为铺开。这就是生成孕育生长，生成推动成长，生成成就成长，同时，生长稳步向前，却一步一个脚印地成就了生成。正是因为生成推动生长和生长成就生成的互为促进，生存的意义才徐徐敞开。

意义生成及方式　生成是相对存在敞开生存言，存在敞开生存即生成，生成催发生长。从生存孕育生成到生成催发生长的生命过程，就是意义的诞生、聚形、显象。意义生成，就是这样一个存在敞开生存的内在过程以及这一过程对外聚形与显象运动。这是文化人类学的人自为区别自然人类学的方式，也是人文存在的人不同于动物存在的人的根本标志。海德格尔曾指出，动物世界是“贫乏世界”（Weltarmut），它映照出人的世界的根本不同，因为动物世界是动物依据造物主的律法而敞开的世界，它是单一方向的，也是单调的，缺乏主动的自为活性。所以“动物只在自己的环境里存在，看不到存在其中的生态圈之外的世界，这是动物的世界是贫乏的世界的根本原因”①。与此不同，人的世界却是通过人“筑造世界”（Weltbildend）。通过人来“筑造”的人的世界，实是人突破造物主创世界的律法和方式而按照自己意识地思维向意识地生活方向来设计的世界。人以意识为武器来意识地思维并意识地生活，就是“人类机制”（Anthropological Machine）。人以意识为武器，遵

---

① Rilke, *The Duino Elegies and Sonnets to Orpheus*, trans., Stephen Mitchell, New York: Vintage, 2009, p. 49.

从意识的法则意识地思维并向意识地生活方向来设计和筑构人的世界的努力，不仅仅是人以自为的方式创建逾越造物主创世界的律法的人类机制，更为根本的是人通过意识地思维并诉求意识地生活的探求运动，自为地训练并获得了“将自己认识为人”的能力。这种人“将自己认识为人”的能力，才是人摆脱动物的“贫乏世界”而筑造出人的世界的主体条件。因为人“将自己认识为人”的能力生成，才激发并推动造物主创造的存在世界中的人类从宇宙自然到万物生命的连续性的链条中独立出来，这需要人类从“因生而活，为活而生，且生生不息的”内部来确立属人的机制，并以此为根本准则来确定人类存在敞开生存的行动边界，它从两个方面得到规定，一是明确人类在由宇宙自然和万物生命为实存样态构筑起来的存在世界中的应有存在位置；二是确定人类从整体到个体之“因生而活，为活而生，且生生不息”的意义生成的机制和意义生成的方式，而且前者是通过后者得到定位。

无论从整体入手，还是从个体切入，人“因生而活，为活而生，且生生不息”的意义生成机制，就是以人的存在敞开生存为主题，遵从意识的法则，构筑意识地思维并意识地生活。其意识地思维并意识地生活，就是人“将自己认识为人”，并将自己所属于的世界筑造为人的世界。

将“人自己认识为人”，就是将人及人的存在本身作为认识的根本对象，探求、发现“人将自己认识为人”的内在需要，根本法则、努力方式、行动方法、历史经验、认知困境、存在危险以及必需的存在规范和边界约束的持守或放弃等所生发出来的存在意义，就是其自发生成的意义。比如尼采在《不合时宜的沉思》（1874）中对人的存在及其当世处境的“不合时宜”的反思所生成的意义，就是属于自发生成的存在意义：“因为它试图将这个时代引以为傲的东西，即这个时代的历史文化，理解为一种疾病、一种无能和一种缺陷，因为我相信，我们都被历史的热病消耗殆尽，我们至少应该意识到这一点。”[1] 或如英国马克思主义科幻小说家柴纳·米耶维（China Mieville）关于盛装现代文明的人类不过是“怪兽”，其所创造或建构起来的历史亦不过是“怪兽的历史”的自我拷问，亦属于自发生成的存在意义，因为正是通过这样

① Friedrich Nietzsche, *On the Uses and Abuses of History to Life*, in Untimely Meditations, trans., R J. Hollingdale, Cambridge: Cambridge University Press, 1997, p. 60.

一种以自己为对象的反思性审查和批判，揭露了迈步于现代文明阶梯的人类“迄今为止的既存社会的历史都是**怪兽的历史**……我们已经看到了真实的怪兽，**怪兽就是我们**，这种看法既不是救赎，也不是聪慧，也没有趣味，更不是真实。这是对怪兽的背叛，也是对人性的背叛”①（笔者加粗）。激进主义思想家阿甘本（Giochino Amanbu）认为，阔步于文明世界的人的人文存在始终是形态学的，人的本质存在却依然是动物，即人只是一种“**人形动物**”。这是因为“在基督教的设定中，亚当和夏娃被逐出伊甸园之后，丧失了与上帝类似的绝对的超越性特征，但是由于食用了智慧果，他们不能与大地上的动物为伍。人的存在，实际上就是动物性与神性的过渡，所谓的人性，就是神的超越性在我们身体上的映射，一种筑造世界、指向一个尚未存在的虚无的潜能。这样，人与动物的区分，实际上并非在人与动物之间划界，这道界限并不在人与动物之间，并不在人之外，而是在人的内部，即人自身中人性（或超越性）与动物性之间的区分”②。然而，人自身中的人性与其动物性之间的区分**始终没有**形成清晰的界限，因为“性相近，习相远”的人性状况并非随其人的制度社会的构建或不断完善、技术的发展以及文化的繁荣或者自以为进步而得到应有的改善；反而人性的“相近”更为艰难，人性的“习相为远”却更为普遍，也为深度化。由此形成“在人之中——人被分成人与非人，分成动物与人，而不是采用一个大问题的立场，追问所谓的人权和价值是什么。或许在某种意义上，**我们同神的关系最光彩夺目的区域**，依赖于我们与动物相区分的**更黑暗的区域**”③（笔者加粗）。进一步追问人在人性与动物性之间的这种日趋暧昧、日益模糊所形成的人与动物难相辨别的“更为黑暗”的状况何以朝着人类文化相反的方向展开，那是因为“人将自己认识为人”的奠基问题，自人从自然人类学的黑暗深渊中走出来朝文化人类学方向演化之始，就没有得到认真的对待，自然一路走来没有得到根本的认知解决。由此形成“人，或许是整个人类历史上最基础，最经常使用，但也最难理解

① China Ⅳfieville, “Theses on Monsters”, *Conjunction*, Vol. 59, 2012 (3) Fall.

② ［意］吉奥乔·阿甘本：《敞开：人与动物》，蓝江译，南京大学出版社2021年版，“中文序”第ⅷ页。

③ ［意］吉奥乔·阿甘本：《敞开：人与动物》，第20页。

的概念之一。在我们的话语和理论框架中，在我们的文学和影视作品中，在医学、生命科学甚至与生命没有直接关联的物理学中，人都是一个不可或缺的命题。然而，我们从本质上（per se）来界定人的努力往往会归于失败，无论是杜撰的柏拉图的'人是两腿无毛会直立行走的动物'的定义，还是卡西尔（Cassirer）的'人是符号的动物'，都会遇到其不可跨越的阻碍。不过，无论如何，我们会发现，人类历史上主要的关于人的界定，必然是参照动物来设定的，也就是说，与其说这些定义界定了人的本质，不如说它们界定的是人与动物之间的关系。于是，真正的问题出现了，即在我们的文化中，应该如何在人与动物的关系的链条上来建构整个人类知识和文化的大厦？我们是否真的可以在人与动物之间划开一道鸿沟，让人文主义的理性和文化可以安享自己虚幻的家园？对于这样的问题，我们似乎很难用是或否这样简单的答案来回答，因此，我们需要回到更为根本的本源处，来梳理其被忽略的线索"①。这个需要回到的"根本的本源处"就是"人将自己认识为人"的问题，必须从头开始。一旦从头开始，人的存在的意义生成的视域必然全方位敞开。

在人意识地"将自己认识为人"的基础上，将自己所属的世界筑造为人的世界的所有方式和行动努力所生发出来的意义，就是人的生存意义。以人为主题的意义生成方式有两种，即自发生成和强制生成，它们都是围绕人的存在敞开生存而展开。强制生成的意义，是人之生存的外部需要所生成的意义，可能是个人性的。比如教育"不能输在起跑线上"所生成出来的所有生存论意义，都属于外部需要化为个人性的动力和压力来激发或引导个人性的行动方式的生成或行动努力的效果。但强制性生成的意义，却在更多的时候是社会性的，这种社会性的外部需要往往被政体选择、制度赋形、法律构建和政策生变以及固化的社会结构、社会等序、社会方式等强大的整体力量所左右，个体往往是以完全无能为力的方式受纳。一般地讲，在正常的社会环境和生活世界里，这类强大的强制性的外部需要往往围绕人的或由人组织起来的社会的"存在安全"和"生活保障"为主题而展开。而在非正常的或者畸形的社会环境和生活世界里，其加诸个体使之无条件受纳的强大的强制性

① ［意］吉奥乔·阿甘本：《敞开：人与动物》，"中文序"第ⅰ—ⅱ页。

的外部需要，更多地围绕权力和财富而展开。个体性的生存论意义的生成，自然随其强制性的强化而弱化，并随其强制性的全方位牵引而必然解构其意义的生成。反之，当其强制性弱化而人的生存论意义的生成亦有所复苏，以至于有所强化，或随其强制性的解构而意义生成方式亦可得到建构。从总体言，一切形式的强制力量强制性生成的意义，都是对个体意义的解构，因为它是违背造物主的创化本性和生机的，是根本地违背共有的人性而张狂人的动物本性的。

意义生成的基本准则　以人为主题的意义生成，既可是存在意义的，更可是生存意义，但在共有的人性牵引下的意义生成，始终是存在论与生存论的有机统一。

人间共有的人性，从人的和世界的发生学讲，则是造物主创化（宇宙自然和万物生命）世界赐予世界的生性和敞开其生性的生生机制，这一原发的生性和生生机制在自然人类学那里，表现为物种生命本性，或曰动物性。自然人类学向文化人类学方向演化，是从动物存在上升为人文存在的过程，其动物本性进化为人文本性，其具体内涵即生、利、爱、群，这是人人天然拥有的本性。在正常的社会、制度、文化环境里，人人身上所拥有的生、利、爱、群本性都能得到正常的和流畅的释放。以生、利、爱、群为内涵的人性为牵引力，无论个体性的存在敞开生存的意义生成，还是群体性或社会性的存在敞开生存的意义生成，都需要遵从**共情**、**共利**、**共生**的基本要求。这是因为任何个体的人相对存在世界言，他是世界性的存在者；相对人的世界言，他是他者性的存在者。无论作为世界性存在者还是作为他者性存在者，每个人都具有求群、适群、合群的本性，并意愿于摆脱生物性存在方式而相互走近共同缔造属人的社会，诉求合于人的本性的“优良的生活”[①]。亚里士多德认为，他者性存在的个人以其共同意愿诉求合于人的本性的“优良的生活”，是要从政治和伦理两个方面努力。从政治方面努力，就是以“最高的善”为目的来设计城邦国家，并将城邦国家建设成“至善的社会团体”[②]。从伦理方面努力，就是使人成为知德和行德的人，这需要伦理德性（ethikee aretee）和

① ［古希腊］亚里士多德：《政治学》，吴寿彭译，商务印书馆 1983 年版，第 7 页。
② ［古希腊］亚里士多德：《政治学》，第 7 页。

理智德性（dianoetikee aretee）[①] 的培养。由此可知，亚里士多德的“**优良的生活**”的理念演绎出他的政治学和伦理学，其政治学是**研究国家的善**，即城邦国家如何成为善业，为“优良的生活”提供社会土壤，或可说国家的责任就是建设道德社会；其伦理学是**研究个人的善**，即个人如何具备理智德性和伦理德性的能力去构筑（或者说“经营”）“优良的生活”。合言之，亚里士多德所讲的“优良的生活”既是社会属性的，更是个人属性的。从社会观，亚里士多德的“优良的生活”，即道德社会化的生活，这意味着“优良的生活”需要建设道德社会，因而，建设道德社会是实现“优良的生活”的社会方式和保障形式；从个人讲，亚里士多德的“优良的生活”，就是人人能够过上平等的、尊重的、不伤害的伦理生活。由于社会是因人而造设，社会的主体是人，社会的目的也是人，建设道德社会也是以人为逻辑起点并以人为最终目的，所以亚里士多德的“优良的生活”就是**实际的**伦理生活，而实际的伦理生活就是人人诉求的平等的、尊重的、不伤害的生活，这是伦理生活的本质，也是伦理生活的目标，因为一切形式和内涵的生存自由、快乐和幸福，都是人能实际享有平等的、尊重的、不伤害的生活为本质规定和实际条件。为人人能实际地享有平等的、尊重的、不伤害的伦理生活，不仅需要充分释放国家的“善业”治理功能，建设道德社会，更需要充分释放道德（包括教育）引人向善的功能。道德引人向善源发于对共情、共利、共生的认知与理解，既以人与人“生活在一起”（the living-together）[②] 的意愿为动力，又能帮助人与人“生活在一起”，而共情、共利、共生构成人和人能平等地、尊重地、不伤害地并自愿地“生活在一起”的必需要求。

首先是意义生成的**共情准则**。

所谓共情，首先指**共生**情感，即共同创造情感；其次指**共享**情感，即共同享有情感；其三指**共育**情感、即共同培育共同情感、共同守护共同情感、共同纯化共同情感。

以人为主题，其存在敞开生存的意义生成之所以要以共情为准则。是因

① ［古希腊］亚里士多德：《尼各马科伦理学》，苗力田译，社会科学出版社 1999 年版，第 27 页。

② ［美］汉娜·阿伦特：《康德政治哲学讲稿》，曹明、苏婉儿译，上海人民出版社 2013 年版，第 203 页。

为个人不能单独地存在于世，更不能独自谋求到存在的安全和生活的保障，必须相向地走向他人，结成群体，互借智－力以共谋生存。所以，人天生就是求群、适群、合群的动物，并且天生就是“一个政治的动物”①。但前提是必须共情。人与人之间以共情为前提而谋求共同生存，不仅有共同的人性基础，更有共同的激励因素。

第一个激励因素是情感。情感是天赋，天赋的情感不仅构成意义生成的基本内容，也构成意义生成的根本动力，由此两个方面使情感内生成为意义生成的“血肉”：没有情感，就没有真实的意义生成生活；没有情感这一原动力机制，意义生成就没有生命，自然没有生气和诗意。

第二个激励因素是理性。理性是后天生成的，却源于天赋的边界和限度。天赋的边界和限度不仅在存在世界和事物中敞开，更在人的生命存在及其生存劳作中敞开，比如，人的生命、人的禀赋、人的能力、人谋求生存的资源及环境条件等都呈现边界和限度，这种边界和限度的扼制甚至由此形成的阻碍引导人的存在和生存必须学会理性。并且，人的意义生成的利欲诉求和行为要求均是有边界和限度的，这种边界和限度必然要求理性的入场。所以，意义生成不仅需要情感，更需要理性。理性不仅构成意义生成的基本内容，也构成意义生成的根本动力，更成为意义生成所需要的规范和节制的制导力量。由此三个方面促成理性内驻为意义生成的“灵魂”：没有理性，同样没有意义生成；没有理性为动力机制和制导力量，意义生成就没有秩序，没有平等和尊严，更不可能杜绝一切形式的侵犯、剥夺和伤害。

第三个激励因素是情感与理性的互为推动。在休谟的人性论中，情感和理性是人性的基本构成内容，是既不可消解和解构但始终以二元对立的方式互补，这就是著名的“情感无眼”而“理性无力”之二元对立互补论：情感给予理性以动力的同时，理性为情感提供眼睛。情感与理性互补这一行为模式本身揭示情感和理性之间并不对立；恰恰相反，情感和理性是互为蕴含并互筑桥梁。这是因为情感和理性有其共同的存在土壤和共通的认知基石，这就是人性和心灵：人性培育情感和理性的共生土壤；心灵浇铸情感和理性的

① ［古希腊］亚里士多德：《政治学》，第7页。

共通基石。由此“土壤”和“基石”的同构性，使情感和理性相向交通和互借力量变得可能。

第四个激励因素是表面对立但实质上互补的情感和理性，总是在“动机－目的”框架下寻求有机融通的最佳交汇而生成“共情理解”的意义生成框架。因为就意义生成的“动机－目的”论，情感既是动机的，也是目的的。无论从整体论还是具体言，意义生成的诉求总是在动机的层面注满了实在的情感，又在对其目的的诉求中洋溢其真实的情感，并最终在目的达成的结果状态中获得情感的满足。可以这样讲，无真实情感诉求的意义生成动机，不可能真正达成意义生成的良好结果状态；而且，任何性质的动机导向所达及的最终结果如果没有真实的情感，或者不能予以情感的满足，这种结果在本质上是失败的。这是一方面；另一方面，再美好的意义生成的动机朝向既定目的努力，如果没有理性的引导和呵护，难以使行为本身在正途中敞开并最终实现预设的目的而达于完美的结果。共情理解既作为理解情感方式又作为情感理解方式，就在于它在人的意义生成经营中将预设的具有很强主观色彩的“动机－目的”变成必实现的体现极强客观性的“动机－目的”。要言之，共情理解可以使意义生成的“动机－目的”变成意义生成本身。因为共情理解作为理解情感的方式，实是释放理性的魅力去会通（即体认、领悟、觉解）天赋的情感，以抉发情感的原生动力和内在行为机制，从而激发天赋情感蕴含的理解潜力，形成以情感方式理解存在世界或事物、己或人、利害或损益。客观地看，在共情理解中，**理解情感的方式**实是对情感的理解方式，其实质是发现情感的原生动力和普遍的行为机制；**情感理解的方式**实是以情感方式去理解，其实质是充分释放情感的认知功能和动力功能。共情理解就是其理解情感的方式和情感理解的方式的互为开启和互为推进，其互为开启和互为推进的内在机制，就是发动、规范、引导意义生成行为的“动机正当－手段正当－结果正义”的有机统一。或曰，共情理解就是释放“理性和情感”的认知－方法构筑意义生成的“动力－引导”框架。

其次，意义生成的**共利准则**。

在存在世界里，作为自然人类学的人，没有意识地思维自然，也没有意识地生活要求，一切都如同万物生命一样按造物主的创化法则而存在、而敞

开生存。但当人从与万物同构的自然人类学状况中走出来而意欲成为文化人类学的人，就要以意识为准则，意识地思维并意识地谋划生活，这样一来，造物主安排的物质资源对人类物种来讲已远远不够，他必须将意识谋求存在安全和物质性的生活保障作为其意识地思维并意识地生活的根本问题和头等大事。然而，个人的力量、个人的智－力、个人的有限生命等都成为一种限度，人必须突破这诸种限制而解放自己，其唯一的方法就是人走向他人，将他人变成最需要的东西，这是“为了自保，为了享受幸福，与一些具有与他同样的欲望、同样厌恶的人同住在社会中。因为道德学将向他指明，为了使自己幸福，就必须为自己的幸福所需要的别人的幸福而工作；它将向他证明，在所有的东西中，人最需要的东西乃是人”①。只有当人与人联合起来，才可能展开对自然的征服，因为“对自然的否定，就是通往幸福之路”②。人与人联合的基本冲动和根本目标，是必须把自己“有效地从自然的束缚下解放出来……因为人类就其本性而言是善良的，使人为恶的只是匮乏和贫困。既然聚财是人类本性，那么只要不断增加社会财富，社会就能永保平安。人们可以化干戈为玉帛，因为大自然中‘仍有着取之不尽的财富，可让匮乏者用之不竭’。人们可以为所欲为，因为他们之间并没有利害冲突”③。但基本前提是人与人的联合能够从自发到自觉，并且能够持久、稳定和强化这种联合，而催发人与人自觉地持续、稳定地和不断自发增强其联合所必须遵从的准则，只能是共利。

所谓共利，既是共同创造利益，也指共同享有利益，更指共同维护利益。利益的共创、共享、共护的基本准则，就是平等，就是等利害而在。这需要共同遵守必需的行动原则和分享原则，前者即权责利对等，只有当权利与责任对等时，利益才是对等的。后者是按劳分配，一分付出一分获取，一分贡献一分报酬。由此两个方面构筑起共利的行动框架和边界约束机制。只有在这一行动框架和边界约束机制下，意义的生成才是合德、合性、合道的。

① 周辅成：《西方伦理学名著选辑》（下册），商务印书馆 1996 年版，第 189 页。

② ［美］杰里米·里夫金、特德·霍华德：《熵：一种新的世界观》，吕明、袁舟译，上海译文出版社 1987 年版，第 21 页。

③ ［美］杰里米·里夫金、特德·霍华德：《熵：一种新的世界观》，第 21 页。

其三，意义生成的**共生准则**。

共情、共利、共生，此三者构成人的存在敞开生存之意义生成所必要遵从的准则体系。在这三大意义生成的准则体系中，共情，讲的是意义生成的人性土壤，即人的存在敞开生存的意义生成必须有其共生、共享、共育的情感土壤和心灵土壤，否则，意义的生成缺乏持久的情感动力和心灵机制。共利，讲的是意义生成的人性方式，即人的存在敞开生存的意义生成，必须有其共创、共享、共护的利益的方式，否则，其意义生成或缺失其正当的持久的行为方式和约束机制。共生，却是强调存在敞开生存的意义生成必须有其明朗的和可预期的目标，否则，当缺少其共生的可期目标时，意义的生成要么是私欲主义的，要么是被工具化或被耗材化的，这种性质的意义即或是生成出来，对以人为主题的存在敞开生存不仅没有益处，而且只能是全面的伤害。这就要求，意义的生成，必须从共情走向共利而最终实现共生，其中任何一个环节的脱落或缺失，意义的共生则无从发生。

遵从共情、共利、共生的准则，人的存在敞开生存的意义共生，是基于人与人“在一起生活”。人与人人“在一起生活”，就是人与人人共生存在。共生存在构成人以共情、共利、共生为准则的意义生成的真实意愿和目标所在。

第二章　意义的呈现

意义，因为人而生成。但由人所生成出来的意义，既需要源头活水，也有条件要求。对前者的考察，构成第一章内容；对后一个问题的审思，构成本章内容。奥伊肯在《人生之意义与价值》中认为，对意义的讨论和澄清，“首先，我们需要一个**明确而稳固的基础，一个精神支柱**；其次，我们还需要**首创性**，以及发明创造的能力；最后，我们需要摆脱不纯洁的动机，因为我们的生活若要变得更有意义和价值，那么就必须是伟大而高尚的”[①]（笔者加粗）。意义生成所需要的“明确而稳固的基础”，即意义生成的存在论、生存论和主体论条件，此三者合生构成人的意义生成的“精神支柱”。这意味着无论整体的人的世界还是具体的个人，其意义生成的“精神支柱”，既不单纯地来源于人本身，也不单纯地来源于客观世界，而是客体与主体合生存在之敞开。因为世界存在，也即宇宙自然和万物生命的原创化和继创生，只构成意义的源泉，其蕴含意义源泉的存在要获得意义的涌现，必须以人作为主体向存在敞开。具体地讲，居于存在世界之中的人，其面向存在世界本身而从意识地思维向意识地生活方向展开，就是存在世界蕴含的意义向人的世界呈现的基本方式。

一　意义呈现的条件

意义，既是主观的，也是客观的。就主观性言，意义必须通过人对存在

① ［德］R. 奥伊肯：《人生之意义与价值》，张蕾译，北京联合出版有限责任公司 2015 年版，第 83 页。

世界的主体性作为才可得到呈现；但从客观性论，人向世界敞开并呈现世界存在的意义的前提，是世界存在并自为地敞开。由此两个方面形成意义呈现的基本要求。首先，意义呈现既是世界存在论的，也是世界生存论的。在世界存在论意义上，凡存在必蕴含意义；在世界生存论意义上，生存成行，为蕴含于存在中的意义得以呈现提供了各种可能性。其次，意义呈现是人的存在论和人的生存论的合生，只有人以意识地思维和意识地生活方式参与自然（宇宙和地球）世界和万物生命的存在，蕴含于自然世界和万物生命之自为和互为存在中的意义才可得到呈现，这种呈现是人的意识地思维和意识地生活的敞开。

1. 存在的敞开性

意义呈现的客观条件，即存在的敞开性。存在的敞开性，是指存在和存在的敞开。存在和存在的敞开之间构成一种生成逻辑：存在，产生存在的敞开；存在的敞开，彰显存在存在。由此，存在敞开，是存在存在的自为方式，也是存在存在的自为要求。

存在问题自巴门尼德提出以来，就将存在的来源问题凸显了出来，虽然它一直被悬置未得到哲学本身的解决，却促成两个维度打开。首先是哲学打开与科学的关联视域，但是，不断发展的科学不仅没有为哲学提供更多解决存在之来源问题的教益；相反，科学领域那些卓有成就或伟大的科学家总是在探索的顶峰走向对神学的敬畏。科学的这种状况给哲学带来两个方面的困惑和选择，要么彻底遗忘存在的来源问题而归依科学；要么继续持守存在的来源问题而打开哲学与神学之间的关联通道，哲学要解决存在的来源问题，必不可绕开神学。神学为存在何以可能提供了创化论和继创论的依据与解释方式：存在的实在样态即宇宙自然和万物生命，它是造物主创化使然。造物主创化了以宇宙自然和万物生命为实存样态的存在世界，同时也赐予存在世界继创生的生之本性、生生机制和简单创造复杂与复杂创造简单互为催发的创造原则。

存在敞开的创造方式　对于存在，不同视角审视形成的看待会有不同。从神学观，存在世界是造物主创化所成。但造物主创化所成的存在世界并不是**元存在**（Metontologie），因为元存在是存在本原（Existential origin）或本原

存在（Original existence），意为**最初的存在**，它之前再无他。这最初的本原存在才是创化存在世界的存在。这个创化存在世界的存在，就是造物主。造物主是最初存在，是本原存在。作为本原存在的造物主的创世界行为所创造出来的以宇宙自然和万物生命为实存样态的世界，是原创造的世界。因而，造物主创世界，就是造物主作为元存在敞开自身的创造。所以，创造主创世界，就是存在敞开的创造行为和存在敞开的创造方式。这种创造行为是原创化行为，这种创造方式是原创化方式。

造物主以其原创化方式进行原创化的行为，创造出了具象的和抽象的两种存在。前者即存在世界本身，造物主的原创化行为创造以宇宙自然和万物生命为实存样态的存在世界；后者却是存在世界的继创生的本性、继创生的机制和继创生的原则。造物主在创造存在世界的同时，创造了其创造物继创生的生之本性、继创生的生生机制和继创生的创造原则。

造物主原创化存在世界和存在世界继创生的本性、生机和原则，开启的是简单创造复杂的创造原则。相对以宇宙自然和万物生命为实存样态的存在世界言，行原创化之能的造物主是简单的；相对本原存在的造物主，其所创造出来的以宇宙自然和万物生命为实存样态的存在世界是复杂的。所以，造物主的原创化行为，创造出一种创造原则，这就是简单创造复杂的创造原则。

造物主以简单创造复杂的方式，创造了存在世界的两种实存样态，即存在世界的具象实存样态和存在世界的抽象实存样态，前者意指本原存在的造物主以其自身的简单创造了繁复的宇宙、自然、万物、生命；后者意指造物主创化存在世界的同时创造了存在世界能够继创生之生。继创生之生是简单，因此生性所激发出来的生生机制却是复杂，而存在世界继创生敞开其生之本性和生生机制而演绎出来的“简单创造复杂”和“复杂创造简单”的互为推动，就更是复杂的复杂。

造物主创世界所创造出来的“简单创造复杂”的原则，不仅演绎出了继创生的“复杂创造简单”和“简单创造复杂”之创造原则的互为推进、互为生成的复杂原则体系，而且使其“简单创造复杂”的创造贯通了整个存在世界生生不息敞开其创生存在。一粒种子降落于尘土之中，是一个简单的行为；这粒无目的的种子降落进入此一具体的土壤之中，其无意地开启再生的过程却是异常的复杂，并通过萌生、破土、成芽，长枝、绿叶、开花、荣枯、结粒，从一粒子种子的简单到萌生、破土、成芽，长枝、绿叶、开花、荣枯的复杂，最后又以结成一粒新的种子的简单或将开启另一轮平常得不能再平常的复杂之旅，却是实实在在地浓缩了造物主之“简单创造复杂”的创造原则，动物世界中雌雄动物的交配、人类世界中男女的交媾播下生命的种子，是简单的行为，但生命的种子在雌性存在者的身体（准确地讲是生命）中的艰难孕育成型至最后以完整的生命形态的降生，却是复杂的生成过程，这一从简单到复杂的生成过程同样遵循了造物主之“简单创造复杂”的创造原则。

在造物主创化的存在世界里，宇宙运动、自然演化、万物荣枯、生命的新陈代谢，无不遵从“简单创造复杂”的原则。即便是科学和哲学也同样遵循此一创造原则而探索创建科学的世界和哲学的世界。就其本身言，科学是对存在世界的复杂性、生变化以及创造的机制和运动的规律予以揭露、揭示、归纳、概括，为人的存在提供如何与宇宙自然和万物生命打交道的知识和方法的智慧。所以，科学始终面对复杂的存在世界并揭发蕴含其中的简单，然后以简单为原理或依据去解释复杂生变的存在世界。物理学对机械运动原则的发现并创造出机械论世界观，到相对论运动原理、量子运动原理以热力学之熵定律的发现或宇宙大爆炸以及拓展开来的共形循环原理等等，都是简单创造复杂的原理和律法。生物学对各种生物规律的发现以及生物进化的认知论概括，同样揭发的是存在世界之生物世界如何始终遵从简单创造复杂的创造原则。哲学更是如此，在希腊早期的自然哲学，虽然不同的哲学家所描绘出来的具体哲学图景各具个性，但其动机同、目标同，方法亦同。那就是探求存在世界的本原、本质及其创生的机制，最后都以自己的方式勾勒出世界的本原状态。比如泰勒斯认为世界的本原是水，阿那克西曼德认为世界的本原是无定，阿那克西美尼认为世界的本原是气，毕达哥拉斯认为世界的本原是数，赫拉克利特认为世界的本原是火，恩培多克勒认为世界的本原是火、土、气、水四根，阿那克萨戈拉认为世界的本原是种子，留基波和德谟克利特认为世界的本原是原子。这些作为构成世界本原的物质却以自身的方式生成创造出宇宙万物来，无不体现了“简单创造复杂”的创造原则，同时也间接地揭示了“复杂创造简单”的创造原则。赫拉克利特将此总结为 Logos，并

将 Logos 表述为“变不中变”和“不变中变”的转换生成辩证法。在这一转换生成辩证法中，“不变中变”，是简单创造复杂，遵从的是简单创造复杂的创造原则；“变中不变”，是复杂创造简单，遵循的是复杂创造简单的创造原则。

从根本讲，造物主以其自身的简单创造的存在世界，却是复杂的世界。造物主创化的世界之所以是复杂的，缘于三个因素。第一个因素，造物主创化的存在世界，是以宇宙、自然、万物、生命为实存样态。这个以宇宙、自然、万物、生命为实存样态的存在世界本身就呈现出复杂性。第二个因素，造物主创化的这个存在世界是一个生命世界。宇宙和自然，是宏观存在的生命样态；万物和生命，是具体存在的生命样态。而凡生命，其形态学呈现是简单的，但生命的持存与敞开始终是复杂的。第三个因素，造物主创化的存在世界——无论宏观的宇宙和自然，还是具体的万物和生命——都是未完成的、待完成且需要不断完成的存在世界，由此，存在世界必须继创生。存在世界的继创生本性构成了存在世界敞开其自我完成的实现之旅，始终遵从“简单创造复杂”开启“复杂创造简单”，再从“复杂创造简单”开启“简单创造复杂”的以至生生无穷的道路。

就其本质论，造物主创化存在世界和存在世界得以持续敞开其存在的创造体系，不仅是物理的实存样态的创造体系，更包括精神层面的抽象实存样态的创造体系，这是简单创造复杂和复杂创造简单互为推动继往开来的自为生机和动力。伊利亚德（Milcha Iliad）认为：“任何精神的创造都**不可以还原到**一个预先存在的价值体系。在神话和宗教的世界里，每一种创造都**再创造了**其自身的结构，正如每一位大诗人都重新发明其语言一样。不同类型的二元分化和二元对立、二元和转化、对立的孪生体以及对立统一，在世界的每一个地方和文化的每一个阶段里都可以找到。但是宗教史学家最终的兴趣在于，他要从直接的材料中发现一个特定的文化或者一组文化究竟做了什么。一种追求理解文化创造的解释学，切不可受到诱惑，将各种孪生体和两极对立还原为一个反映某种无意识逻辑行为的基本类型。因为，一方面，各种二元分殊可以分为许多范畴，而另一方面，某些特殊的体系可以容纳很多功能和价值。在这里无意提出一个由各种类型和形态的宗教的二元分殊、孪生体和两极对立构成的完备详尽的结构学。”[①]（笔者加粗）这是继创生的特征，也是任何原创化要继续其创造呈现出来的特征。相对原创化言，创造就是再创造、继创生。在造物主创化的存在世界里，每种创造都是一种再创造、继创生，并且每种继创生的再创造都诉求原创化的创造原则，并扩展了原创化的存在领域、存在广度和存在之深幽程度。因为“真实世界中既有短距离的相互作用，比如说粒子的互相撞击，也有跨越遥远距离的相互作用，比如说引力或者电磁相互作用带来的影响。当我们在宇宙膨胀冷却的过程中看到**复杂结构**的出现时，我们看到的是**相互竞争的影响力之间的互动**。宇宙的膨胀让物质互相远离，物质相互之间的万有引力又将它们拉在一起，磁场将它们推到一边，而原子之间的碰撞随意推动了物质，让它们冷却下来。如果在一个除了白点和黑点之外什么都没有的计算机模拟中都可以产生有趣的复杂结构，那么这些结构在膨胀中的宇宙这种如此多面的事物中出现了也不足为奇”[②]（笔者加粗）。

原创化的存在世界开启的继创生运动，在整体上敞开其复杂性。复杂性源于“不变中变”的生变运动，不变中变的生变运动催发相互之间的创生性竞争。相互之创生性竞争本身构成一种复杂结构，也敞开一种复杂结构。所以，造物主以其简单创造复杂呈现出来的复杂性本原既是一种结构，也是一种创生运动方式，更是一种创生运动的竞争方式。这是简单创造复杂的本原性语义规定，也是简单创造复杂的自为诉求，这一自为诉求形成的复杂性，相对具体的存在敞开而言承受其复杂程度的导向。“**复杂度**的出现不仅与熵的上升相容，实际上它**依赖于**熵的上升。想象一个没有任何过去的假设，一开始就处于高熵均衡态的系统。其中复杂性永远不会出现，整个系统会一直维持没有特征而平凡的状态（除了稀少的随机涨落以外）。复杂结构形成的唯一理由就是宇宙**正处于从极端低熵到极端高熵**的演化过程之中。‘无序’不断增长，正是它允许了复杂性的出现和长期存在。”[③]（笔者加粗）从熵变运动角

---

① ［美］米尔恰·伊利亚德：《探寻宗教的历史和意义》，晏可佳译，上海书店出版社2022年版，第205页。

② ［美］肖恩·卡罗尔：《大图景：论生命的起源、意义和宇宙本身》，第263页。

③ ［美］肖恩·卡罗尔：《大图景：论生命的起源、意义和宇宙本身》，第264页。

度观，存在从低熵向高熵方向运动，创造出复杂性，其高熵度越高，**复杂度**愈高；存在从高熵向低熵方向运动，创造出简单性，其低熵度越低，**简单度**越高。因而，熵变运动构成存在世界简单创造复杂和复杂创造简单互为推进循环生生的物理存在标志。

存在敞开的生成方式 从造物主原创化存在世界到存在世界继创生，实际上是存在敞开，即从本原存在向继生存在的敞开。其存在敞开的根本方式是**创造**，即简单创造复杂开启复杂创造简单，以及循往返而生生无穷。在这样一种从简单创造复杂开启复杂创造简单并推动简单创造复杂的以至无穷的敞开进程中，存在世界又遵从造物主的创化原则而开启存在敞开的生成方式，这就是**静持地**生成和**动变地**生成的互为推进的创造性生成的方式。

对存在敞开而言，无论是造物主原创化的存在敞开，还是存在世界继创生的存在敞开，其静持地生成方式，遵循的是“变中不变”的原理；其动变地生存方式，遵循的是“不变中变”的原理。

大而言之，存在世界存在敞开静持地生成，主要有两种方式。

静持地生成的第一种方式是秩序。秩序地生成存在敞开这种方式，不仅构成人的存在世界敞开的基本方式，也是存在世界存在敞开的基本方式。自然生成的江河堤岸，构成江河水的秩序，也构成江河的秩序。从山脉到丘陵再到平原，以至从平原到丘陵再到山脉，亦是物理的自然世界存在敞开的自秩序生成。水向低处流且最终平澹而盈、卑下而居地以“平”为自为存在敞开之根本准则，依然是天然之水的存在敞开生成的自为秩序方式。人类从自然人类学向文化人类学方向演进，其意识地思维向意识地生活方向敞开自身存在，所始终面对两个根本的问题，这就是存在安全和生活保障的问题，诉求这两个根本存在问题的解决的根本方法，就是建构存在安全和生活保障的秩序，人类从寻求洞穴居住到尝试构建最简易的房屋，到稳定性强的木屋再至建筑坚固的石堡，以至于今天的钢筋混凝土浇筑的楼房甚至摩天大厦，都意在于在不同层次上通过秩序构建的方式来敞开人的存在。

静持地生成的第二种方式是结构。结构成为存在敞开的基本生成方式，它有两个维度的呈现。首先是自然生成的**存在结构**。所谓存在结构，是指存在生成结构，即凡存在就生成结构，并敞开结构，因而其敞开的存在结构获得静持地生成存在敞开的功能。比如，山峦、河流、平原、荒漠、湖泊、海洋等，都呈现为一种存在结构。并且唯有当它们各自自具结构，并以自具的结构承载自身之实存形态时，它们才分别出山峦、河流、平原、荒漠、湖泊、海洋。比如，山亦之存在结构，是由其底座与峰顶构成其基本框架，在这基本框架的限制下，山峦的高度、宽度构成了不同的山峦的自身结构样态。江河、湖泊、海洋，其存在结构的基本框架是低洼的地势、堤岸、水三者，具体的地势的低洼度、堤岸的宽厚坚实度、水的实际容量，此三者的自由组合则构成了是江河还是湖泊，抑或是海洋。构成静持地生成存在敞开第二个维度的结构，就是**生存结构**。相对**自然生成**的存在结构言，生存结构是特指人的存在中**人为生成**的结构。比如社会结构中，其经济结构是由财产制度（财产所有权制度和社会资源所属制度）、市场机制、社会劳动制度和社会分配体系四者构成其框架，不同的财产制度，生成不同的市场机制，并由此具体的财产制度和市场机制生成社会劳动制度与社会分配体系的社会经济结构。同样，在社会结构中，其制度结构却是由政体、政制、制度、立宪法律四者构成其基本框架，不同的政体，选择不同的制度和政制，最后形成与之适应的立宪法律。又如社会的基本结构或者说决定着其他社会结构的本质结构的基本框架，实质上权力与权利相向构成结构阶梯，在这个结构阶梯上，是权力居于其顶端，还是权利居其顶端，则实实在在地构成具体的社会结构的本质结构：如果权力居于社会结构阶梯的顶端，那么权利则只能居于社会结构阶梯的底端，这种由权力主导权利的社会结构阶梯必须形成权力者**吸纳生存**而民众**奉献生存**的结构布局。

存在敞开生成，除遵从“变中不变”原理的静持方式外，另一种就是遵从“不变中变”原理的动变方式。动变的生成方式，就其本原言，造物主创化存在世界赋予其未完成、待完成、需要不断完成的未竟状态，必然使存在敞开生成动变的倾向。比如，无论自然世界中的动物、植物还是微生物，以及人类本身，其生命种子的播下，仅仅是播下了这一生命的种子，至于这一被播下的生命种子能否抵御各种阻碍而最终成为生命的种子并获得自身的成长，以至于最后完整形成降生于世，是由各种数不清的或然性构成的，使一系列生成的或然性最终都一一变成现实性，这就是种子之于生命的漫长生成过程。不仅如此，遵从“不变中变”的存在原理而**动变地**敞开存在，还源于

造物主原创化存在世界时赋予其继创生的生之本性、生生机制和“简单创造复杂”和“复杂创造简单”互为推进的创造原则，这三个因素从不同层面和维度上规定了存在敞开的世界必然是动变生成的世界，并且存在敞开其继创生的世界必须是也只能是动变生成的世界，才引发人的世界为构建秩序存在的世界而展开多元开放的精神探索，其根本目的就是通过揭发存在世界的内在规律、律法和秩序来为构建人类自为存在的秩序提供最终的依据和解释机制及理由。神学如此，哲学亦是如此，科学更是如此。理论物理学家、超弦理论的重要开拓者布莱恩·格林对自己重新认识数学并以此觉解于一种抽象的宇宙规律的探索经历，或可说是基于心智开启潜能激发生成的心怀不安而寻求自我破解获得安身立命的很好个案。他在回忆自己因为“我所以从事数学，是因为一旦你证明了一个定理，这定理就永远成立了”而改变了自己，他说：“这番陈述简单直接，也让人醍醐灌顶。我那时正读大二，跟一位多年来教我如何在众多数学领域里驰骋的老友提起，我正在为选修的一门心理学课程写一篇关于人类动机的论文。他的回应堪称石破天惊。在那之前，我从来没有用哪怕是稍微有点类似的想法看待过数学。在我看来，数学是特定群体玩的关于抽象精确度的奇妙游戏，这些人会因为抖出平方根或除以零的包袱而喜形于色。但有了他这句话，我恍然大悟。是啊，我想，**这就是数学的浪漫**。受逻辑和一组公理限制的创造力，决定了要如何摆布、组合思想，以揭示不可动摇的真理。”[①]（笔者加粗）格林继续写道：“这看法让我豁然开朗。我还从未真正地问过自己，**为什么**对数学和物理如此痴迷。解决难题，去了解宇宙如何成为一体——以前一直是这些让我着迷。**而现在我相信**，我所以受这些学科的吸引，是因为它们的问题就盘旋在日常生活的无常本性之上。无论我年轻时的情感对我的满腔热血有多夸大，我都在突然之间无比确信，我想加入走向洞见的旅程之中，而这些洞见会极为根本，永不改易。管它政府是兴是衰，世界大战是胜是败，任它电影、电视和舞台上的传奇去了又来。**我只想穷尽我毕生精力，只求一窥那超越俗世的精彩。**”[②]（笔者加粗）

① ［美］布莱恩·格林：《直到时间的尽头：追寻宇宙、生命和意识的最终意义》，舍其译，海南出版社2003年版，第1页。

② ［美］布莱恩·格林：《直到时间的尽头：追寻宇宙、生命和意识的最终意义》，第2页。

对数学和科学都抱有永不磨灭的兴趣的德国历史学家、哲学家斯宾格勒，在其《西方的没落》中设想有一套包罗万象的原则，能揭示对不同文化都有牵引和激发作用的隐藏型式、规律，这些型式或规律可与微积分和欧氏几何阐释的规律相媲美，而且这被发现出来的型式和规律能改变我们对物理和数学的理解。[①] 但斯宾格勒认为，所有这些探究的最终动因并不是“一窥那超越俗世的精彩”，而是因为“必死的恐惧”和对其“必死的恐惧的摆脱”。所以，斯宾格勒写道：“人类是唯一知道会有死亡的生物，其他生物也会变老，但意识完全局限在当下一刻，而这一刻在它们看来又一定是永恒。”这一认识逐渐“让人类在死亡面前感到了专属于人类的恐惧”。斯宾格勒总结道：“所有宗教信仰、所有科学研究乃至所有哲学，都是出于这种恐惧。”[②] 文化人类学家欧内斯特·贝克尔认为，人的存在始终处在一种持续的生存张力之中，既被一种能拔高到莎士比亚、贝多芬和爱因斯坦那种高度的意识拉向天际，同时又被终将衰败的肉身缚在尘埃之间。“人类实际上被一分为二：他能认识到自己无上光耀的独特之处，这让他在自然界中脱颖而出，高高在上；但他也会回到三尺地下，在黑暗中默默腐烂，永远消失。”[③] 作为继创生的人的存在，或者更为准确地讲，作为自然人类学的人类向文化人类学方向展开自己而不断克服其自然人类学的本性和所有的惰性及局限的努力，使人类始终行进于动变的继创生进程以反复地求证自己。这就形成人的存在以动变方式敞开生成的两种基本方式。第一种是普遍的形式，是因为存在安全和生活保障而创生，它将每个人都卷入其中，形成因生而活、为活而生且生生不息的创生运动，并且这一创生运动由己走向他，由个体走向整体，由自然人走向社会人。第二种是特殊的形式，是因为精神构建和探求而展开，它将几乎所有**对存在心怀不安**的人都激发起来，于是，日益复杂、深广的属人的精神世界得以不断地建构起来。

人对存在的“心怀不安”有其丰富的含义，所表现出来的形式也多种多样，但最重要的方面有三：一是存在的好奇和惊诧冲击形成的心怀不安；二是心智

① Oswald Spengler, *Decline of the West*, New York: Alfred A. Knopf, 1986, p. 7.

② Oswald Spengler, *Decline of the West*, New York: Alfred A. Knopf, 1986, p. 166.

③ Ernesr Becker, *The Denial of Death*, New York: Free Press, 1973, p. 31.

开启潜能激发引来存在的心怀不安；三是存在恐惧引发对存在的心怀不安。爱默生说："我们飞向美，将美当成阻挡有限性带来的恐惧的避难所。"① 虽然如此，但总是有人在前赴后继地寻求战胜、征服死亡，使其消失。因为"我们出自一个源远流长的谱系，通过想象我们会留下印记，我们人生在世的不适才有所缓解。印记越是持久，越是不可磨灭，生命似乎就越是重要"②。更为根本的是如罗伯特·诺齐克所说："死亡抹掉了你……彻底抹除，不留任何痕迹，这会对个人生命的意义造成极大破坏。"③

2. 人能成为主体

因为创造，意义生成，所以创造是意义呈现的源泉。因为人成为主体，生成的意义得以呈现，所以人成为意义呈现的主体。但人作为意义呈现的主体，并不等于人就是意义呈现的主体，人要成为意义呈现的主体，还须具备相应的条件，这一相应的条件就是人**能成为**主体。

第一，"人能成为主体"意味着什么？

人能成为主体，意味着人并不一定是主体。这不是在"动物存在的人"与"人文存在的人"之间做区别，而是指人走出自然人类学状况而进入文化人类学进程，人获得了成为主体的可能性，但要具备成为主体的现实，需要从根本上解决**人的存在断裂**问题。这是因为，人作为造物主创化的世界之物，在其继创生进程中获得第二次创造，从自然人类学的深渊中走出来向文化人类学方向进化，其意识地思维向意识地生活方面经营，往往本能地冲动起对自然人类学的摆脱，这种摆脱冲动本质上是对存在世界的摆脱，对造物主和对神性存在以及对"简单创造复杂"和"复杂创造简单"互为推进的创造律法和创造原则的摆脱。这种本能性的摆脱冲动既造成了**人对存在世界的断裂**，也造成了**人的存在对自身的断裂**，更造成了**人的存在与其来龙去脉的断裂**。

---

① Ralph Waldo Emerson, *The Conduct of Life*, Boston and New York: Houghton Mifflin Company, 1922, Note 38, p. 424.

② ［美］布莱恩·格林：《直到时间的尽头：追寻宇宙、生命和意识的最终意义》，第 22 页。

③ Robert Nozick, "Philosophy and the Meaning of Life", *in Life Death, and Meaning: Key Philosophical Readings on the Big Questions*, ed., David Benatar, Lanham, MD: The Rowman & Littlefield Publishing Group, 2010, pp. 73 - 74.

这三重断裂塑造人的存在敞开总是诉求意志主义和主体主义的动变，却忽视或忽略存在世界动变持存的律法，即变中持守不变的底色和边界，并在持守底色和边界中展开不变始终诉求动变。唯有如此，进入文化人类学进程的人，才可正视其自然人类学的底色、本原，与存在世界保持生生不息的内在关联，在存在世界中创新人的存在，在人的存在世界里尊重存在世界。这是人能成为存在敞开其意义生成的主体的根本前提。

第二，何为主体？

意识到人能成为存在主体的可能性，为明智地理解人成为存在主体清除了内在认知的障碍。客观而言，人成为主体，既是人相对客观的存在世界而言，也是人相对人的存在而言。仅前者言，人成为主体，是指人理解存在世界并接受存在世界的律法引导的存在；就后者论，人成为主体，是指平等的、尊重的、不伤害的且能够与任何人生活在一起的人。合言之，人成为主体，是指作为个体的人，当从自己出发面对存在世界和人的世界而存在，应该具有明确的**自主性**要求、**能动性**活力和**创造性**意愿等认知倾向和行为倾向。当一个人实际具备明确的自主性要求、能动性活力和创造性意愿而理解存在世界并坦然地面对人的世界及任何个人，他就具有了成为一个从自己出发而理解、受纳他者（存在世界和人的世界及人）并善待他者的主体资质和能力。以此界定人之主体，实际地揭示了人作为一个人而成为真实的主体的本质规定，是**主体间性**，即人从自己出发所生成的自主性要求、能动性活力和创造性意愿必须纳入他者之中，以他者为参照依据和判断尺度时，他作为人的主体才真正成立。这就是说，人成为主体并不以自己为依据，必须进入具体的时空框架之中以他者为尺度和依据。具体地讲，人成为主体必须同时具备三个条件：一是人必须具备自主性要求、能动性活力和创造性意愿；二是人必须具备面对存在世界的视野和姿态；三是人必须具备面对人的世界及其与自己直接关联或间接关联的人的基本姿态和态度、善意和尊重。所以，人成为主体的实际呈现，是人成为主体间性的人。作为主体间性的人，无论是相对存在世界、物、生命，还是相对人的世界、人、利害，都必是“目的－手段”互生和共生的人。这是人作为主体间性的人能够生成性呈现存在敞开之意义的内在关联和本质规定。

第三，人成为主体的条件。

基于“主体间性”的内涵规定，人成为主体的基本条件有三。

首先，人要成为体现主体间性视野、品质和能力的主体，一定要内在地拥有真实的生命意识和真诚的生命关怀能力。这需要更深入地理解生命本身、理解生命的本质和生命与意义之间的存在关联。从物理学和生物学讲，生命就是存在世界里的有机体。薛定谔在《生命是什么》中界定有机体符合生命的物理学和生物学，所谓生命，就是“它（作为有机体）继续在‘做某些事情’、运动、和环境交换物质等等的时候，而且期望它比一块无生命的物质在类似的情况下‘保持下去’的时间要长得多”①，有机体能够维持自身“继续‘做某些事情’”的状态的前提是必须以负熵为源泉，因为“生命以负熵为生”② ——这揭示生命本身蕴含两个机制或者说两个创造性原则，即“有序来自无序”之复杂创造原则和“有序来自有序”之简单创造原则。从发生学讲，生命来自无、来自混沌、来自不确定性、来自复杂性。但它一旦从无、混沌、不确定性和复杂性中孕育出来、诞生出来，就成为有序的存在，并朝着简单的、确定的、有序的方向展开。这意味着，生命一旦从无中产生出来成为有，就必然以不断地更新、完善其本有而努力。

生命基于有而始终不渝地完善其本有的这种努力，展示了生命的自为本性和固有朝向，即生命始终是继续向前的存在敞开者。只有沿着这一思路才可进入西美尔“只有生命才可能理解生命”③ 的深奥之域理解生命的真实本质。西美尔在《现代文化的冲突》中从文化入手解读何以“只有生命才可能理解生命”，他认为人类“整个文化风格的持续不断的变化是生命无限丰富的标志。与此同时，它也标志着生命的无穷流动和生命所赖以延续的形式的客观有效性这两者之间的矛盾”④。这是因为“使生命高扬的哲学家坚决地坚持两件事情。一方面它拒绝作为普遍原则的机械学：它充其量是把机械学看成是生命之中的技术。另一方面它拒绝把形而上学奉为独立的东西和首要的观

---

① ［奥］埃尔温·薛定谔：《生命是什么》，第 68 页。

② ［奥］埃尔温·薛定谔：《生命是什么》，第 72 页。

③ ［德］西美尔：《现代人与宗教》，曹卫东等译，中国人民大学出版社 2003 年版，第 37 页。

④ 参见［德］西美尔《现代人与宗教》，第 21 页。

念。生命不愿被低于它的东西所控制；它确实是一点也不愿意被控制，甚至不愿意被那些要求列于它之上的观念所控制，并不更高的生命形式，尽管没有观念的引导也能了解它自己，但现在，这却似乎只有观念从生命派生出来时才有可能。**生命的本质就是产生引导、拯救、对抗、胜利和牺牲**。它似乎是通过间接的路线，通过它自己的产物来维持和提高它自己的。生命的产物独立地和生命相对抗，代表了生命的成就，表现了生命的独特风格。这种内在的对抗是生命作为精神的悲剧性的冲突。**生命越是成为自我意识，这一点便越是显著**”①（笔者加粗）。生命的本质就是不断地**以自己的方式成为自己，并以自己的方式成就自己**。因而，生命必须以生命本身为代价来成就生命本身。“无论什么时候，只要生命超出动物水平向着精神水平进步，以及精神水平向着文化水平进步，一个内在的矛盾便出现了。全部文化史就是解决这个矛盾的历史。一旦生命产生出它用以表现和认识自己的某种形式时，这便是文化，亦即艺术作品、宗教作品、科学作品、技术作品、法律作品，以及无数其他的作品。这些形式蕴含生命之流并供给它以内容和形式、自由和秩序。尽管这些形式是从生命过程中产生的，但由于它们的独特关系，它们并不具有生命的永不停歇的节奏、升与沉、永恒的新生、不断分化和重新统一。这些形式是最富有创造力的生命的框架，尽管生命很快就会高于这些框架。框架也应该给富有模仿性的生命以安身之所，因为，归根结底生命没有任何余地可留。框架一旦获得了自己的固定的同一性、逻辑性和合法性，这个新的严密组织就不可避免地使它们同创造它们并使之获得独立的精神动力保持一定的距离。文化之所以有历史，其终极原因就在这里。只要生命成为精神的东西，并不停地创造着自我封闭，并要求永恒的形式，这些形式同生命就是不可分割的；没有形式，生命便不成其为生命。”② 文化，只是生命的形式；生命，才是文化的本体，也是文化的本质。生命的本质表现为只能以自己的方式成为自己并以自己的方式成就自己，而始终不渝地继续向前。正是因为生命始终不渝地继续向前且义无反顾，詹姆斯才认为“我们是往前生活”的，克尔恺郭尔发现“我们是朝后理解的”。生活始终向前赶路，从不停顿，是因

① ［德］西美尔：《现代人与宗教》，第37—38页。

② ［德］西美尔：《现代人与宗教》，第23页。

为生命是始终向前的存在敞开者；理解之所以始终朝后，是因为理解始终面对存在本身，无论是存在世界的存在还是人的世界的存在，均因为生命的汹涌向前而推动向前的生活总是将其抛于其后而有待于人们通过理解而总结向前的得失，以为自我矫正与调整。这就形成生命存在敞开和对生命存在敞开的理解始终朝着两个不同的方向展开，人也因此从中发现更好地向前的智慧和方法，以努力去达到生生不息地前行的平衡，以保持一个人的一致性，同时也保持己与群的一致性、人的世界与存在世界的一致性。而尽其己力去保持作为一个人的一致性，并尽其努力于己与群的一致性、人的世界与存在世界的一致性，这就是生命对生命的真诚关怀能力的体现。

其次，人要成为主体间性的主体，必须具备理性的理解、判断、选择能力。如果说真实的生命意识和真诚的生命关怀能力，是一个人对成为主体的心商的自为开发，那么，具备理性的理解、判断、选择能力，应该是一个人成为主体的智商的自为发展。理性始终是相对人言：理性之于人，既是一种意识地思维方式，也是一种意识地认知方式，更是一种超拔利害羁绊、自具远见和卓越的思想能力。理性的存在本质，是使人成为人；理性的认知本质，是帮助意欲使自己成为人而找到存在的位态，包括存在于人的世界中的存在位态、在存在世界中的存在位态和在任何利害关联中的存在位态。因为一个人只有找到了自己的存在位态，才可真实地存在于始终开放、始终动变的关联存在之中而不失本己。理性的方法本质，就是“我思，故我在”。从根本讲，人的情感的脆弱、人心的败坏、人性的堕落，均来自人本己的灵魂的迷失，从而导致存在的失位，继而失序，以至于最终失去人本身。理性，总是**以本己为对象而审问本己，以不断地确认本己的存在**。当本己以人的方式，更准确地讲以主体的方式存在时，人的世界、存在世界以至于物的世界才呈现出清晰的存在面貌。当人之本己存在，以及本己之人与他人、与人的世界、与存在世界、与物的世界一一呈现出清晰的面貌时，人也就获得了真实理性能力。真实的理性能力需要功能发挥作为基本的验证，这就是随时清晰出己与利欲、己与人、己与世界、己与物、己与所有相关联的事之间的清晰面貌，即己是己、利欲是利欲、人是人，物是物、事是事，清清晰晰，从不模糊，从不含混，这就是理性，也是理性的本质。

基于如上的本质规定，理性的基本功能有四，其一，理性建构存在敞开的尺度，并且理性自为存在敞开的尺度，由此，人的存在敞开的意义生成，必须理性透视。其二，理性注入存在的希望，使人的存在始终保持生命始终向前的本性和对人、对人的世界、对存在世界以及对未来和未有的乐观。其三，理性能够清理杂芜的情感，使之纯化、洁净，使情感不断生成并始终张扬勃勃的生意、生气、生机。其四，理性引导超越实利的羁绊，对利害得失做出既有益于己更有益于他者、既有益于当下更有益于未来的权衡和选择。

最后，人要成为主体间性的主体，必能充分发挥其情商潜能，具有健康的情感能力。何谓情感？情感是对人的生物情绪的沉淀，具有本能倾向。情感向内，潜沉于心灵，形成生命激情，与灵魂和自由意志形成静持与动变的关联。情感向外，形成情境性释放，可能逾越理性而自为，亦可能接受理性的驯化而获得方向性能力。情感之源是人的生物学情绪，它接结起两个天赋性质的因素，一是本能，二是心灵。以本能为导向，情感易沦为野性，张狂出坚挺的生物学冲动，形成不仅是休谟所讲的情感无眼，而且情感无界，野蛮、暴虐甚至残忍等行为都与情感被本能所俘虏为无边界、无约束相关。以心灵为引导，情感融化为生命激情，其处于内潜状态，以自由意志为方向并受灵魂的点化。向外释放其功能，则接受理性规训和引导。所以，情感也不是休谟所讲的在任何时候都无眼，情感无眼是指情感遭遇本能的主导时才出现，在没有遭受本能主导时，情感是以自身方式敞开，呈现相应的方向性。

人要成为具有主体间性视野、认知、品质的主体，必须具备健康的情感能力，这有三个方面的自为要求：一是有自为调节生物情绪或生物本能使之获得方向性释放的能力，这是人的情商的底色。二是有自发地与理性协调的能力，即情感成为理性的动力，理性成为情感的眼睛，情感与理性的互为协调，就是理性有力而情感有眼。三是向内潜化为生命激情，滋养心灵，纯化灵魂，提升自由意志。向外舒张而与理性合生，浇灌存在希望，培育生存信仰，生成真诚的生活之爱。情感的内外功能释放，则生成内外相生的意义，并且这些意义往往以情感细节的方式生成和呈现。法国谚语说“只有细节才

是真正有意义的”①，这或许是对人的情感的存在敞开的形象把握。

第四，必要环境彰显主体。

人并非独立存在。无论从原创化讲，还是从继创生论，人既是环境的产物，也是存在的构成，更是只能通过环境才可成为主体。因而，人能成为主体的基本条件仍然是环境本身，这就是环境彰显主体，离开环境、无视环境或否定环境，主体是实质地不存在。

首先，理解环境彰显主体，须先明确“环境”本身。在本原意义上，环境是相对存在者或者生物而言，因为只有生物才是纯粹的环境的。当人这个生物部分地摆脱了生物，其本原意义的“环境”必然获得“世界”的视域和含义。所以，相对既是生物也是人这一人文存在者言，“环境”是指人存在其中的世界。“人存在其中的世界”有两层含义，第一层含义指这个世界的基本构成有两个方面内容，一是存在世界，包括宇宙、自然、万物、生命以及维系宇宙自然和万物生命自为和互为运动的全部条件；二是人的世界，包括由人种、民族、国家等因素分割开来的人的世界的总和样态。第二层含义指人存在于由存在世界和人的世界共同组构起来的世界之中，由存在世界和人的世界共同组构起来的世界构成人的存在的物理条件、土壤和依据。

其次，理解环境彰显主体，还应知晓环境的构成。人存在其中的世界——无论以宇宙自然和万物生命为实存样态的存在世界，还是以人为主导群体的人的世界——都具有开放性。这种开放性即世界从四面八方向人涌现和人的存在向四通八达播散。并且，人存在于其中的世界，既是四面八方地涌来又可四通八达扩展开去，并由此四面八方的涌来和四面八方的扩展互为推进，形成环境彰显主体的四个维度，并由这四个维度相向合生所成。

第一个维度：人存在于自然之中。人存在于自然之中，意味着自然以自然为本体。并且，以自然为本体的自然存在，实实在在地呈现一种存在态度，这就是人存在于自然之中的自然态度。“**抱持自然态度**的人，经常借着解释自己**对世界的体验**来理解世界，这包括对无生命事物、动物或他人的体验所进行的解释。理解他人的概念，起初与自己对他人的体验所进行的解释重迭。

① ［美］米尔恰·伊利亚德：《探寻宗教的历史和意义》，第49页。

在我面前的‘你’，乃是一位现实世界的邻人（Mitmensch），而非电影布幕上的影像，他具有时间流和意识，我是经由自己对他的体验进行的自我解释这个活动而经验到他的。进一步来说，自然态度的人会知觉到这个被认知为他人身体的外在客体上的改变。他可以解释这些变化就如同解释无生命对象的变化一般，也就是解释他自己对事件与过程的体验。”[①]（笔者加粗）

第二个维度：人存在于社会之中。人存在于社会之中，意味着社会以社会为本体。并且，以社会为本体的社会存在，同样实实在在地呈现一种存在态度，这即是人存在于社会之中的社会态度。“共同世界与社群的真实性对整个作为有机与无机的（organische und tote）自然来说，首先是作为‘你’领域（Du-Sphare）及我们领域（Wir-Sphare）而被前给予的，……更进一步来说，对于属我（Eigen-Ich）意含底下的‘我’之真实存有，乃至他单独个别的‘被自身所体验者’（Selbst-erlebten）而言，‘你’与社群的真实性是**被前给予的**。”[②]（笔者加粗）

第三个维度：人存在于人之中。存在于人之中的人，意味着“‘你’也具有意识，‘你’的意识具有生命流程流动性，和我的意识流程一样具有**相同的原初形式**（Urform）。这也意味着，‘你’对自己的意识只能经由意识所具备的意向性，即反省的注意活动以理解自己的体验，而且这个反省的注意活动也会随着每个当下的注意力样态而有所不同，如同我的意识所经验到的过程一般。简言之，‘你’也会如我一般体验到自己的成长老去（Altern）”[③]（笔者加粗）。并且，人存在于人中所呈现其存在的方式必然把四个方面和四对范畴关联起来，一是我存在的意义与他人存在的意义；二是自我行动的意义与他人行动的意义；三是我的自我理解和理解他人；四是自我经历的历程与他人经验的历程。这四个维度以人为出发点，形成“我→你”关系，“我→你”关系辐射开去，形成“我→他”关系（我与社会）和“我→它”关系，包括我与自然的关系，我与自然物的关系，我与地球生命（动物、植物以及微生物）

① ［奥］阿尔弗雷德·舒茨：《世界社会的意义构成》，游淙祺译，商务印书馆2022年版，第147—148页。

② 《知识的形式与社会》（*Wissensformen und die Gesellschaft*），第475—476页。参见［奥］阿尔弗雷德·舒茨《世界社会的意义构成》，第136页。

③ ［奥］阿尔弗雷德·舒茨：《世界社会的意义构成》，第136—137页。

的关系，更为重要的方面是我与古往今来的历史的持存和动变的关系。舍勒说：“确实，我们能够从他人的笑声里了解其快乐的情绪，从他人的眼泪里了解其悲伤与痛苦，从脸红了解其害羞，由恳求的双手了解其恳求，由深情的眼神了解其爱恋心情，由咬牙切齿了解其愤怒，由威胁性的握拳了解其威胁，乃至由语气了解他所要直接表达的。”①

第四个维度：人存在于记忆和由记忆构筑起来的历史之中。德国语言学家海曼·斯泰因塔尔（Heymann Steinthal，1823—1899）说：“动物能记住东西，但没有回忆。”② 人与动物的根本不同，在于它不仅有记忆，更可将记忆变成回忆，这就是**将记忆的东西构筑成历史**。记忆和记忆构筑的历史，有几个条件：首先是**原初回忆**（primare Erinnerung）。原初回忆，亦可称原初回放。这个能够回放、不断回放的“原初”内容是什么呢？是人从自然人类学向文化人类学方向生成的最初的“意识地思维”，其意识地思维的原发成果即**人质印象**，或曰“**人质意识**”。这是一个人的起点，亦是人的记忆的地标。以此为地标，第二个条件是**持存**（Retention）。胡塞尔说：“对于这种‘印象’来说，原初记忆或者持存，是与之连续结合在一起的。在对（内在的或超越的）时间客体产生知觉的情况下……，这种知觉随时终止于现在的理解，终止予被设定为现在之意义的知觉。在某个动作被知觉的期间，会一刻接一刻出现一个**现在的**理解，从中构成动作本身的当下阶段。但是这个‘现在的理解’仿佛是持存的彗尾的核心，它衔接着动作先前的现在点（Jetzt Punkt）。然而，倘若知觉不再出现……那么，最后的阶段就没有接续新的知觉阶段，而只有新鲜的记忆阶段，这种新鲜阶段又接续另一个这类新鲜记忆，如此等等，永无止境。所以，总是连续不断地发生着**向过去**的后移，这同一种持续复合物不断地经受变动修改，直到消失，因为伴随着变动修改的是逐步减弱，并在不知不觉之中终了。”③ （笔者加粗）第三个条件是**解释对思想的生成**。“生活在一个更大的世界中，并不意味着拥有更长的或更丰富的记忆。实际

---

① Scheler, *Wesen und Formen der Sympathie*, 2 Aufl. , Bonn, 1923, p. 308.

② ［意］吉奥乔·阿甘本：《敞开：人与动物》，蓝江译，南京大学出版社 2021 年版，第 53 页。

③ 胡塞尔《时间意识》，第 391 页。参见［奥］阿尔弗雷德·舒茨《世界社会的意义构成》，第 62—63 页。

上，我已经拒绝诉诸‘似是而非的现在’（specious present）的学说，作为对于无所不包的经验的一种恰当解释。但‘似是而非的现在’坚持把我们对于过去的当下经验归结为记忆这一做法所忽略的一种真理。如果这一学说承认转变的原则（我认为它是否认这一原则的），那么，它将有助于我们设想完善的和部分永恒的经验。当一个人的整个世界发生了改变的时候，当这个世界到处充斥了那些事物和事件——它们对他来说是活生生的和不可或缺的，虽然它们对另一个人的思想和情感而言什么都不是——的影响的时候，这就不是一个单纯记忆的事情了。当然，实际上，记忆至多只能触及个人过去经验的要素。这是一个关于我们生活于其中的世界的深度和广度的问题。记忆可能有助于这个世界的形成，但这个世界不是由记忆构成的，而是由思想的全部建设性工作——设想意动和兴趣的对象——构成的。”①

再次，环境打开主体对存在的理解视域。环境彰显主体，须通过理解来实现。因为只有理解才可打开人的存在环境的视域，并且也只有理解才可借助或者通过构想和转换来生成环境彰显主体的意义，因为理解可以引导“我们将他人的目标当成自己的目标来加以构想（entwerfen），然后，想象自己依据这个构想而采取行动的过程。在此，我们观察到自己的行动之构想把整个行动设定为未来完成式，这个被想象的已然行动之实现为构想的持存（Retention）与再造（Reproduktion）所伴随（当然只是在想象的样态中），想象中的和发生中的行动与被构想的行动是处在实现或未实现的样态中”②。更为重要的是，“在素朴的生活态度中，我们直接体会到自己的行为是有意义的（sinnvoll），活在**自然的世界观**中（in naturlicher Weltanschauung），我们‘深信’他人也会以**类似**我们的方式体会到自己的行动是有意义的，而且正如同我们对该行为所体验的那般有意义”③（笔者加粗）。

最后，环境彰显主体的期待和希望。唯有当环境打开主体对存在的理解视域，环境彰显主体必促使其内在地生成出期待和希望。表面看，这一期待和希望是主体对环境的期待和希望，但首先且最终是环境对主体的期待和希

① ［英］鲍桑葵：《个体的价值与命运》，李超杰、朱锐译，商务印书馆2015年版，第289页。
② ［奥］阿尔弗雷德·舒茨：《世界社会的意义构成》，第156页。
③ ［奥］阿尔弗雷德·舒茨：《世界社会的意义构成》，第11页。

望。期待意义的生成，期望意义的呈现。期待意义的生成和呈现按照自己的希望的方式实现。这就是我之于自然存在、我之于人的存在、我之于社会存在和我之于记忆及生成的历史存在的“**深信**”，这一“深信”的依据是两个东西：一是人性；二是自然本性。这两个东西生成构筑起我们“深信”的“自然的世界观”。所谓“自然的世界观”，就是本性的世界观，就是人的本性根源于自然本性的世界观，这是期待和希望的本原动力。

二　意义呈现的方式

在创化的意义上，意义是创造的，这是因为创化即创造意义。造物主的原创化创造出存在世界，存在世界——无论宇宙、自然，还是万物、生命——一旦被创造出来，既构成意义的来源，也成为意义本身。原创化的存在世界展开其继创造，无论是简单创造复杂还是复杂创造简单，其创造存在的本质内容亦是意义本身。

意义源于创造，是相对原创化的造物主和继创生的宇宙自然与万物生命言。因创造而生成的意义要得到呈现，则需要自然人类学的人成为文化人类学的人，需要文化人类学的人参与存在世界的存在敞开。所以，意义的呈现源于**人为**，源于人参与存在敞开的共同而为。因而，意义呈现，既指人对存在敞开的意义呈现，也指人对人的存在敞开的意义呈现。并且，人对存在敞开的意义呈现往往通过人对人的存在敞开的意义呈现而铺展开来，得以呈现。由此，意义呈现发散出一个体系，这个体系既是动态敞开的，也是持续生成的。

从本质言，意义呈现，即意义对存在的敞开、彰显和照亮。通过人参与存在形成的意义呈现的体系，既是主体性的，也是客体性的。就前者言，意义呈现的体系的创造性生成，必须通过人的说之能敞开；仅后者论，意义呈现的体系敞开的基本框架，是结构本身。将二者合拢开来开去的根本方式，却是生活本身。

1. 人的说之能

意义呈现，必是人对存在敞开的参与。人参与存在敞开的方式多种多样，但最基本的方式是行为和说，而且说比行为更普遍，因为在**不能行**或**无力行**

的方面均可说。

说的含义　说，只相对人言，是人所独有。说之于存在——无论相对世界存在，还是人的存在或己的存在——而言，都是一种敞开方式。这种存在敞开方式虽然指向存在或由存在所激发，但最终是一种**人的**敞开方式。从根本言，因为说，人得以敞开自身而成为人。

说作为一种人敞开自己使自己成为人的方式，可能是人言之说，更是人语之说。对人来讲，**以言为说**或**以语为说**，这两种方式有根本性的区别。首先，人言，即人发声。人语，意指人有意识地和有逻辑地连续发声。所以，人言，更多是情境触发，随性而为；人语，却张扬其意识地思维并朝向意识地生活方面努力。其次，人言，意为人的在场的空间化表达，它是近距的，体现非超距性。人语，意为人的在场也是空间性的，但所表达的内容不仅是情感取向的，更有可能是认知取向或思想取向，或体现理解、判断、选择地表达其情感、认知或思想，既可是近距化的声音之语，也可是远距性的非声音的文字书写之语。最后，言，在更多的情况下是一种本能性的发声冲劲，随时都可性之所至。语，就其内涵及所呈现的本质言，它更表现为一种权利，一种自由，以及一种责任。

由于如上区别，“人的说之能”之“说”，主要不是指人言，而是指人语，即语之即说。所以，“人的说之能”的“能”，说不仅是一种能力，更是一种人的权利、人的自由和人的责任，说的能力不具备或者丧失，意味着人之成为人**不能在**此地此时的“变现”或“上手”，更意味着人之成为人的主体的权利、自由及其责任的丧失。所以，人要具有说之能的首要前提，就是不能**失说**。

失说，即丢失、丧失人之说的权利、自由和责任，对任何一个行进于此地此时的个人来讲，当其说的权利、自由和责任都没了，他也就丢失或丧失了说的能力。

一般说来，人失说的情况大致有三种。一种情况是**无说之资**，即人生来就没有获得其说的天资，比如先天性的聋哑，就是天生具有无说之资质者。另一种情况是**无说之权**，即虽有说之能，却丧失了说的权利和自由，自然也没了说的责任。所以，一直处于黯然的不语状态。还有一种情况是**无说之能**，

即有天赋其说的资质，都丧失了说的能力，即使想说，也无力说。

何为说之能？ 所谓说之能，是指人有说话的资格、权利、自由、条件和能力，并且这几个方面缺少任何一个因素，人的说之能都不能完整地构成，残缺的说之能，是不能真正地说，当人参与存在敞开时，也会因其残缺的说之能而使所呈现的意义成为残缺。

首先，人要有完整的说之能，必须有说的资格。人要具备说的资格，也就是两个方面。第一个方面，人必须从自然人类学进入文化人类学状态，并且必须从动物存在成为人文存在。第二个方面，人必须能成为主体。人必须能成为主体的基本条件有三，其一是人必须具备自主性要求、能动性活力和创造性意愿并拥有主体间性的视野、认知和能力。其二是人必须具有能语的先天能力。其三是人应该具备说的姿态、态度，包括具有朝向自己的态度、朝向人的态度和朝向世界的态度，此三种态度须同时具备，缺一不可；否则，就会沦陷入唯利是图的私欲主义，造成独裁和威权。

其次，人要有完整的说之能，必须有说的权利。人的说的权利的核心内容有二：一是**说的自由**。这是根本的，没有说的自由，一切说的权利都成为虚设。只有当说的自由成为真并可随时行使时，说的权利才实实在在地具备。二是**说的责任**。说的责任，是指**为说负责**。为说负责的实质有二，其一是所说必须是思考得来，是非曲直真假善恶利义，都有自己的判断，所说不是自己之外的他者授意；其二是所说必须自主自愿所为，而非外力胁迫所成。这两个方面合起来就是为说负责。只有为说负责的说的自由和权利，才是**真实的**说的自由和权利。

再次，人要有完整的说之能，必须有说的能力。人的说的能力构成的基本方面有二，第一，说本质上是一种认知，基于这样一种质朴的认知，人的说的能力，就是将自己认识为人的能力和将他人认识为人的能力，前者是指认识自己的能力；后者是认识他人的能力，这两种认知能力构成说的能力的基础。第二，负责任地说的能力。这种为说负责的能力具体敞开三个维度，即向自己负责地说的能力，向他人负责地说的能力，向事物、生命、环境、自然负责地说的能力。将其认知能力和负责任的能力聚合成一种整体的说的能力，就是理性与情感的统一所形成理解和推断的能力。美国物理学家格林

（Brian Greene）认为：“话语不仅在表达推理过程，而且让推理有了生命。”[①] 美国非裔女作家托妮－莫里森（Toni-Morrison）说：“人固有一死，这可能就是生命的意义。但我们也都会使用语言，这可能就是衡量我们生命价值的标尺。”[②] 伯特兰·罗素（Bertrand Russell，1872—1970）指出：“狗没法讲一篇自叙出来，无论它叫得多么意味深长，也没法告诉你，自己的父母是君子固穷。”[③] 而“人类的语言则完全不同，它是开放的。我们并非只能使用固定、有限的短语，而是**能组合、重组有限集合**中的音素，产生错综复杂，层次分明、近乎无限的声音序列，传达近乎无限的各种想法”[④]（笔者加粗）。这一切都因为人之真正表达意味或者说意义之说，始终是其情感与理性的统一，它蕴含理解和推断的可能性张力。滋养和厚重这种理解和推断的可能性张力的源泉，却是思想，并且只能是思想。

最后，人要有完整的说之能，必须有说的思想动力。海德格尔说：“行为只是在动物的自在沉浸基础上才可能的一般性的存在方式。我们应当把动物特有的依其自身（esserepresso-di sé）的存在界定为沉浸，这种存在与人的自我（Selbstheit）毫无关系，在动物的自在沉浸中，它所有的行为都是可能的。只有沉浸在自己的本质当中，动物才能行为……沉浸是如下事实的条件：根据动物的本质，**动物只能在一个环境，而不是在一个世界中行为**（in einer Umgebung sich benimmt，aber nie in einer Welt）。”[⑤]（笔者加粗）就言、说而论，动物只会言，动物之言，无论如何完美地发声，都是沉浸在自己孤立的环境中展开。人言之所以为说，是因为说本身将世界联动起来并使人自己在这个联动的世界中展开说之能。因为人言为说的本质，不仅是记忆和记忆构筑起历史，而是在于说既是思想的表达方式，也是思想的创造方式。思想的根本功能，是发现似毫无关联的现象之间的存在关联，思想打开了想象之门，

---

① ［美］布莱恩·格林：《直到时间的尽头：追寻宇宙、生命和意识的最终意义》，第209页。

② Toni Morrison，*Nobel Prize Lecture*，7th. December 1993，https：//www. nobel-prize. org/p rizes/lit-crature/199 3/morrison/lecture/.

③ Bertrand Russell，*Human Knowledge*，New York：Rourledge，2009，pp. 57－58.

④ ［美］布莱恩·格林：《直到时间的尽头：追寻宇宙、生命和意识的最终意义》，第212页。

⑤ Martin Heidegger，*The Fundamental Concepts of Metaphysics*：*World*，*Finitude*，*Solitude*，trans.，William McNeill and Nicholas Walker，Bloomington：Indiana University Press，1995，pp. 238－239.

创造出了超距性的深度连接；思想更成为各种可能性的构想，创造出了穿透空间的时间之链，催化记忆并为记忆构筑历史存在输送视域拓展能量，将源头上与动物相同之言，人质化为敞开人的存在和世界存在的说的方式。更进一步讲，只在一个环境里存在的动物，是贫乏的存在。动物的贫乏存在，并不是说动物静止不居，而是讲动物虽然始终处于位移状态，但位移到任何地方对动物来讲都是“同一个环境”，这在于动物以行动关联他者，始终是近距的，因而动物所沉浸的环境，始终是**行动丈量**的环境。动物所生活的世界，也是不断拓展的世界，但它的拓展是以行动为根本方式，以视觉为疆界。视觉和行动，从两个方面规定了动物的**环境域**，也是这两个方面规定了动物的世界域始终沉浸于总量不变之中，因而，动物的拓展始终是在保持环境域的总量不变的框架下的位移，是**位移性质**的拓展，而非**视域性质**的拓展。人之逾越本原的贫乏而进入对世界的**筑造**，是因为人有说之能。说，是超距的。所谓超距，是指**超越行动来丈量的距离**，打开了视域拓展的各种可能性，使他总是**在世界中**行动。

说，何以具有如此功能？这是因为，说，既是**思**的呈现，也是**想**的呈现。说之能，实际地具有思和想的能力，或者说因为思和想，说才得以产生，说才获得突破行动的限制的超距功能。说所演绎出来的超距之能，不仅是空间性的，更是时间性的。因为说的文字化或书面化，推动说本身进入时间，说，书写着时间，也书写出时间。笛卡儿（René Descartes，1596—1650）在《谈谈方法》中说：“即便某些动物经过证明的确在某些行为上比人更加有能力，我们会明白，同样是这些动物，在其他行为上却无能为力：通过这种方式来证明某些动物比我们更强，并不能说明它们拥有智慧，因为如果它们比我们更有智慧，应该在所有事情上都胜过我们，相反，这恰恰证明了动物完全没有智慧，它们只懂得依照自然本性来活动。”[①] 人们以为这是笛卡儿在进行人与动物的区分，因而将笛卡儿此论看成是人与动物区别认识的分水岭，即笛卡儿认为动物没有心灵，没有直觉，只是机械运动。马勒·布朗士（Nicolas Malebranche，1638—1715）神父想象性地发挥笛卡儿关于动物无心灵、无直

① Descartes，*Discours de la methode*，Paris：Flammarion，1992，p. 63.

觉而只有机械运动的学说，不仅否定动物具有直觉，也否定动物拥有任何感情。西蒙东（Gilbert Simondon，1924—1989）以此判定笛卡儿是抛弃心灵因素的第一个人，认为笛卡儿是从**“纯粹身体性”**角度解释动物，构筑起“人与动物的断裂”的思想家：“笛卡儿学说就是一种生理上的机械论，这仅仅是一种存在物在身体上、在属性上、在运动上的机械论，毫无灵魂和直觉。……笛卡儿是第一个说动物行为没有直觉的人。动物的行为不是直觉行为，而是机械行为。”① 这种认知观念和思维模式，自近代以来一直主导医学、生物学以及解剖学研究。当然，后来者将笛卡儿的如上思考理解为动物没有心灵和直觉而只是机械运动的论调，实与霍布斯（Thomas Hobbes，1588—1679）和牛顿（Isaac Newton，1643—1727）从哲学和科学两个方面共创机械论世界观（Mechanistic Worldview）相关，即后来者用盛行于工业社会的机械论世界观来理解笛卡儿的如上思考，然后将动物是机械运动物缺乏心灵和直觉的观念的源头追溯到笛卡儿这里。其实，笛卡儿在论人时，强调应以动物做参照，是想以此对比的方式来说明“动物完全没有智慧”，而智慧却属于人所独有。动物之所以没有智慧，是因为动物“懂得依照自然本性来活动”。这里的“自然本性”，无论如何都不能理解为“机械运动”，而是指遵从造物主创化世界和万物时赋予他们的生创适应本性，人却不一样，通过其自然人类学向文化人类学进化而成为人文存在者，不仅有遵从造物主创世界和万物赋予自己的生创适应本性，更有意识地思维和意识地生活的冲动和激情，具体地讲，就是自创性地设计自己的存在和生活的想象性冲动及行动性激情，人不同于动物的智慧就是其意识地思维和自创性设计的想象性冲动及行动性激情。人区别于动物的这种意识地思维和自创性设计的能力，就是思与想的产物。笛卡儿将根本地区别于动物的思和想抽象地概括为“我思，故我在”的命题：只有当我思想时，我才真正地意识到自己的存在；只有当我思想时，他人、万物、世界也因为我发现本己的存在而存在。换言之，思和想，首先就本己而言，随之就人、事物、世界而言，是一种发现、一种敞开、一种彰显、一种照亮。这就是，我思，我被敞开、彰显和照亮；我思，将我与所有的他者关联起来，

---

① Gibert Simondon, *Two Lessons on Animal and Marr*, trans., Drew S. Burk, Minneapolis: Univocal Publishing, 2011, p. 73.

并使关联存在世界、事物、生命、人一同敞开，一同彰显，一同照亮。而这种我与人、我与事物、我与生命、我与世界均因为“我思”而敞开并彰显而照亮的行为和方式，既是意义的创造性生成，也是意义的全方位呈现。

说之能的条件 思与想，是人要能成为主体的根本智慧，也是人作为存在敞开之意义生成和呈现的主体必须具有的说之能的基本面。在奠定如此的基本面基础上，人作为存在敞开之意义生成和呈现的主体，其自为其“说之能”的基本条件有三：

首先，说，即在场。不说，即不在场；不准说，即取消在场，即使你人在场，当你不愿说或者无资格说，在此之场皆不属你之场，因为在场之场，永远属于说者。说，不仅是一种话语权，它首先是并且本质上是一种存在权、一种存在的自由权，也是一种自由的存在权。这就是在场中的众人都必须在场时，总是要实施限定说的时间的规则的原因，这也是为什么说可以命名为“圣旨”“最高指示”“重要讲话”的隐秘原因，这也是人所聚集的社会总是规定“说”的理由，或规定可以且必须“言论自由”，或规定“防民之口甚于防川”，或将网之民，或筑墙止民。

其次，说，即主体。我说，我是主体；你说，你是主体，在场者，均能说，均可说，则人人都是在场之主体。反之，既使你在场，却不能说，或无力说，或根本无资格说，你只能是受体。作为说之受体，始终是被说所奴役者，没有例外，也例外不起来。当众人聚于一场，往往只能一人说来，并一人说到尽头，那么整个说的场合，就是众人成为受体被说者所奴役的场合，整个说之过程，亦是众人沦为受体被奴役的过程。这样的场合，这样的过程，如果偶尔出现，则可容忍。如果成为常态，那么一人霸说的持续之场，就是社会化的洗脑之场。一旦如此持续而成为非正常的常态，就培育出说之寡头和寡头之说。唯我主体，众皆奴，或奴才，或奴隶。

最后，说，乃人实现其意义呈现。无论私人聚会，或者家庭生活，以及公共社会，你说，即你存在敞开之意义呈现；他说，即他存在敞开之意义呈现。实际上，人能相与生活的本质，虽然是利益，但为利益达成共享所展开相与生活的纽带，却是说。说成为交流、沟通、理解的根本方式。说之所以能起到交流、沟通、理解的作用，在于说本身是说者存在敞开之意义呈现，你说，你敞开此在和在此存在敞开的意义得以向相与生活的他者呈现，相与生活的他者因此而得到理解或不理解。无论理解或不理解，此在或在此的他者仍然会以同样的方式敞开其说，如此相互往来，交流、沟通、理解就得以产生。在人间生活中，隔断人相与生活之交流、沟通、理解的根本方式，就是不准说，为此而制定诸多不准说的律法、规则，实施全景敞视塔的说话监管、语言监听、语词禁用、说话告密，以及从身体呈现的批斗到网暴等等，都是通过取消说来阻断人的相与生活的存在意义的呈现，因为人相与生活的存在的意义实现着交流、沟通、理解，阻断其相与生活的存在的意义呈现，就是将每个相与生活存在的人变成形式上的相与生活存在而实质上强迫使其沦为原子存在，人一旦成为原子存在，就被划入了格中，即从一网一格到一区一格，最终目的是构筑一人一格，一人一格地成功构筑，就使人成为格子存在，人的相与生活的存在通过**阻断说的方式**变成格子存在，就是将全景敞视塔的监狱的格子管理扩展为全景敞视塔的社会管理。

概括如上三者，说之能的根本条件，就是说本身。说成为说之能的根本条件，是其他一切条件的条件。具备了“人相与生活”的说之资格，具备了在场之说的资格，就有了说之能。因为对任何人来讲，说之能的具备是通过说本身来形成。具体地讲，人之在任何场合、任何条件下所拥有的说之能、会说之能、善说之能等，都是通过说而训练所成。比如，在人类历史上出现过的甚至正在出现的那些连牲畜都不如的愚货，也具备特别的能说、会说、善说之能，其秘密在于他们享有在任何场合下都可说、都独说的资格。并完全按照牲畜的意志和意愿，将黑的说成白的，将驴说成马户，使鸡变成又鸟，将假说成真，把极丑说出绝美。所以，人要有能说之能、会说之能、善说之能，前提是必须具备说的资格、说的权利、说的自由。

说的资格、说的权利、说的自由之于人之个体，以及人之众者，实是争取得来。争取相与生活之说，争取在场之说，争取突破禁言的交流、沟通、理解之说，争取此在和在此之说。争取的持存，争取的会聚，最终成为说的在场者、说的主体、说的此在和在此之存在敞开意义的呈现。

2. 结构的生成性

意义呈现，既有主体的方式，也有客体的方式。人要有说之能，这是意

义呈现的主体方式。而结构，则成为意义呈现的客体方式，而且是意义呈现的普遍方式。

“结构”释义 当说结构是人的存在敞开之意义呈现方式时，须要理解何为结构。结构（Structure）的词典语义，是指组成或构成整体之不同部分的组织方式或关系，这是一个可适合于所有领域的“结构”定义。根据这个定义，结构自身呈现四个基本特征：第一，当我们在任何语境下说“结构”，它都表示它自身是一个整体。所以，结构是以整体的面貌呈现的。第二，结构，在实存样态上是整体，但在内在构成上，却是由不同部分组成，并且这些组成结构之整体的部分，可是实体，也可是元素或组件，以及其他相关要素，但能够组成结构的各部分之间定具有相互的关联性，缺乏相互关联性的实体、元素或组件、要素，是不可能组成整体性的结构。第三，既然结构是由各部分组成，那么它在构成上就具有**自为的**组织方式，这种自为的结构之各部分使之成为整体的组织方式，也是呈多样性，比如层次的组织方式、线性的组织方式或网状的组织方式等，不同的结构总是体现自身结构特征的组织方式。第四，采取相对的组织方式对具有相互关联性的各部分予以组织使之形成的整体性质的结构，必定具有**自稳定性**，并且这种自稳定性以承受其外部压力或外部力量的作用而不会被轻易破坏或崩溃。并且，正是这种承受外力或压力的自稳定性使结构本身获得功能性用途，并发挥承载或实现其具体目标的功能。

如上四个方面的构成特征，使结构本身成为**存在实体**或实体存在。从存在世界论，结构属物理学性质和生物学性质。天与地，以及周期性变换运动的气候，推动由天而地的降雨和由地及天的水分蒸发之循环运动，其所构成的宇观结构是物理学性质的。在天空笼罩下的大地之上所形成“三山六水一分田”的海陆分布结构，也是物理性质的。造物主创造万物生命，都赋予其结构，不仅是肉体性质的形态结构，还有非肉体性质的生命（或曰精神）结构，是其肉体结构和生命结构的合生结构，动物是如此，植物亦是如此，哪怕肉眼看不到微生物也具有如此的双重结构，但所有动物、植物、微生物的结构性存在，都属生物学性质。大千的存在世界，大到宇观存在，具体到微观存在，都是**结构性存在**，并且其结构性存在要么是物理学性质，要么是生物学性质的，或者既体现物理学特征，也呈现生物学特质。而人所构成的世界，同样是结构化的世界，其结构性存在，同样要么是物理学性质的，要么是生物学性质的，比如墙上的壁画或可随时移动的卷画，虽然是精神作品，呈现精神结构性存在，但它仍然是以物理学结构为基础的。人的结构性存在中的物理学结构和生物学结构亦有其自身特征，在造物主原创化和继创生的存在世界里，其物理学或生物学性质的结构性存在，始终是自然地生成并自然地敞开。这种自然地生成，即造物主对世界的原创化；这种自然地敞开，主要指造物主所创化的世界的继创生。这种性质的自然地生成并自然地敞开的意义呈现，需要人的干预。当人无力干预或人没有干预的存在世界，其自然地生成和自然地敞开并不生成地呈现其意义。人的世界的创化及继创生所生成的存在结构，还融进了人为，并创造出了人力所成的结构性存在，这就是所有的人造产品，包括物质实体的人造产品，以及非物质实体的人造产品，同样体现物理学或生物学性质，因为所有这些人造产品，都是依据存在世界的物理结构型式或生物结构型式并以其物理结构型式或生物结构型式为模型制造出来的，比如所有的飞行器的结构原型是飞鸟之肉体结构和生命结构型式，一切形态的水上交通工具，即或是航空母舰或核潜艇，其生产制造所依据的结构原型不过是水中之鱼的身体形式和生命型式。即使是试管婴儿、人体基因重组以及由此可以流水线般生产人（其实以工艺化程序制造人的技术业已完成，只是基于法律和伦理等问题而未得投入生产而已），所依据的仍然是造物主造人赋予的播种和生产生命的组织方式和基本程序，这就是造人技术要分别命名为“基因工程”和“人工智能”的原因。

要言之，世界是结构的世界，存在是结构的存在。对整个存在世界言，其结构性存在始终是生成的。其结构性存在的基本生成方式有两种：一种是结构性存在的**自然生成**，这种自然生成的结构源于造物主的原创化和继创生；另一种是结构的**人为生成**，这种人为生成的结构，源于人的原创化和继创生，凡人力所成的原创化和继创生结构，它的本原型式却来源于造物主的原创化和继生。人的世界的复杂性和丰富性，还在于人依据其结构的物理学或生物学性质而创造出一种非物理学和非生物学性质的结构方式和结构存在，这就是文化性质的结构方式和结构存在。这种文化性质的结构方式和结构存在，

就是人的社会组织结构、制度结构、政治结构、经济结构、劳动分配结构、资源调配和运用结构、权利和权力制约或支配结构等。而这种既非物理学性质又非生物学性质的人造结构及其结构化的存在方式，才构成人的世界中其存在敞开之意义呈现的根本方式。

结构的本质 世界是以结构构成的方式存在，物是以结构构成的方式存在，生命亦是以结构构成的方式存在，人造的所有产品——包括物质产品和文化性质的各种精神产品——同样是以结构构成的方式存在的。这种结构构成的存在型式有三类，第一类是造物主原创化和继创化的存在世界，是纯粹的物理结构方式和生物结构方式构成的存在。第二类是人依据造物主原创化和继创生的物理结构形式和生物结构型式而生产出来的一切人造物质产品，它们所呈现出来的结构和结构方式都是物理学或生物学性质的。第三类是人依据造物主原创化和继创生的物理学和生物学的结构原型而制造出来的非物理性质和非生物性质的结构和结构方式，这就是诸如社会、制度、政治、经济、市场、分配等所有的文化性质的结构和结构方式。但无论是自然地生成并自然地敞开的结构存在，或是人力地生成并人力地敞开的结构存在，或者无论是物理学和生物学性质的结构存在和结构方式，还是文化学性质的结构存在和结构方式，其结构本质却是共通和共同的，这就是秩序或解构。**秩序**，是结构本质的正面敞开；**解构**，是结构本质的反面敞开。

秩序作为结构的正面本质，这只是对结构的秩序本质的形态学描述，其本体论表述是：秩序，是结构的静态本质。秩序作为结构的静态本质，从两个层面呈现：从功能讲，秩序是结构的功能本质，它体现自稳定性；从构成讲，秩序是结构的结构本质，或曰组织方式。秩序就是从功能和构成两个方面规定了结构的自身特征，这就是结构的自为、自在性和结构的自我闭环、自足完满性。所以，秩序作为结构的静态本质，揭示了结构对布旧鼎新的排斥性和对外来因素的警惕性。

与此相反，结构的反面本质，即结构的动态本质。结构的**动态本质**是解构。结构的解构，就是结构本身的解构。结构蕴含对结构自身的解构因素，这恰恰意味着结构本身既是非完美的，也是非自足的，它隐含一种未完美、未自足甚至是未最终完成的生成性。这种未完美、未自足以及未完成的生成性因素，隐藏于结构之中总是待机而动，自行解构自身结构之能。然而，由于结构的解构本质源于结构本身的未完美、未自足和未完成的生成性，揭示了结构的解构性并不是以解散结构为目的，而是以弥补、完善结构本身为目的。所以，解构是通过对结构的更新或创造来解构已有的结构本身，使已有的结构焕发新生。

结构的秩序本质和结构的解构本质，正好从正反两个方面完整地呈现了结构的存在意义：结构，从其存在敞开言，它始终是秩序与解构的合生。唯有秩序，才形成对结构的维护，使结构存在敞开具有自稳定性。结构的自稳定性的产生，才是其功能正常发挥的前提。所以，秩序力越强的结构和结构性存在，其存在敞开的自稳定功能越强。反之，对于结构和结构性存在言，其自秩序力越弱，其存在敞开的自稳定功能就越弱，自稳定功能越弱的存在，其结构就越容易遭遇解构。结构本身对秩序的解构，则意味着结构本身的重构或结构性存在的合理性遭遇解构，其结构性存在本身将不复存在。从整体讲，充满活力和朝气的结构和结构性存在，始终是秩序与解构的互为生成，这就形成结构的合生本质，即结构对秩序的维护，呈现遮蔽的隐逸性；结构对秩序的解构，呈现敞开的去蔽性。

结构生成的特征　结构对秩序的维护和对秩序的解构，即**结构生成**。结构生成，是结构本身存在敞开之意义呈现方式。因此，结构生成，无论是秩序性生成，还是解构性生成，其生成总是敞开的。结构生成的敞开，其对结构本身所生成的意义，既可能是遮蔽的、隐逸的，也可能是去蔽的、坦呈的。但无论是遮蔽和隐逸，还是去蔽和坦呈，这对人而言，都是意义的呈现。但是，经过人而呈现的意义，无论遮蔽或隐逸的意义，还是去蔽或坦呈的意义，都是意象性质的。因为经历人参与或干预的存在敞开之结构生成的意义，始终是经历了结构本身过滤了的意义，这种结构生成且又由结构本身过滤后所呈现出来的意义，是意象性的意义，这就是**结构生成的意象性**。结构生成的意象性，是指结构对意义的生成的东西进入人的视域而呈现的意义始终是意象性的意义。这种意象性的意义，既是明朗的，也是模糊的；既是亮丽的，也呈晦暗性；既蕴含线性、确定性、秩序，也蕴含非线性、非确定性、混沌。是确定性与非确定性、秩序与混沌以及明朗与模糊、亮丽与晦暗相交错的意

象性的意义呈现。所以，结构生成的意义向人敞开的往往是**确定性的混沌意象**。尤其是文化性质的结构生成的意义，其向人敞开的所能够感受的且既想抓住又始终抓不住的那些东西，始终是处于确定性混沌状态的意象。

结构生成所形成的这种确定性混沌的意象，对人来讲往往具有蛊惑情感、意识地思维和迷失心智的功能。人世间各种各样的“主义”以及由此生成的各种各样的主义化的信仰、信念，所呈现出来的意义状态就是这样一种性质和内涵的确定性混沌的意象状态，比如科学主义、生物主义、文化主义以及凡是正确的政治主义、历史主义等所构建起来的各种各样的结构和各种性质的结构性存在，总是在意义呈现上体现蛊惑情感、错乱意识地思维，并使之产生认知混乱和理解迷茫的确定性混沌倾向，由此最终造成人对存在本身的客观认知的心智的迷失。这是因为结构生成，尤其是人力生产或制造的结构生成所呈现的意象性意义，总是混淆着美丑、善恶、真假于其中，或者，人力生产和制造的结构，其生成性敞开所呈现出来的意象性意义，总是美丑不分、真假不辨和善恶交错。解决结构生成呈现美丑、真假、善恶杂糅的意象性意义对人的蛊惑和迷失的基本方式，就是进行结构生成的**去蔽**。

结构生成去蔽的基本方法，就是结构生成的广阔化。结构生成的广阔化，就是使结构生成去自我闭环性，因为一切闭环性质的结构生成，都融进了人干预其结构生成的私欲性，正是这种私欲性使结构生成本身隐含了某种或种种非确定的、混沌的甚至人为解构的因素，这些因素往往是结构生成潜在地滋生丑、恶、假的那些内容。结构生成的广阔性，却是使人力参与的结构生成置于四面八方和四通八达的视域审视之中，使私欲渗入的可能性降低到最低状态，使美丑、善恶、真假含混的空间尽可能消逝。结构生成去蔽的另一种方法，是使一切形式和性质的结构生成，都能照亮结构生成的客观依据和根本法则，这一使结构生成的客观依据和最终法则，就是造物主及原创化和继创生的法则本身。

3. 生活自为敞开

人的说之能，是意义呈现的主体方式；结构生成，是意义呈现的客观方式。将其主体方式和客观方式统合起来形成生活敞开的方式，则是意义呈现的综合方式。

“生活”概念释义　理解生活敞开何以可能成为意义呈现的综合性方式，须先理解“生活”概念。“生活”之词典语义，是指人的存在过程和经验，包括日常的活动、情感体验、社交互动以及成长或发展，体现开放性、生成性、进程性等特征。但从词语构成观，“生活”是由“生”和“活”两个单音节的词组成，其中，生，既可做名词讲，也可做动词讲。若做名词，意指生命；若做动词讲，即生成、生长。合言之，意味生命生成，或曰生命生长。活，指有生命、生存、活下去。当“生”与“活”组成“生活”，是指人因生而活、为活而生且生生不息的**自生成**朝向和敞开进程。

所以，生活，始终相对人言，并且始终是人的生活，非人的生命活动不能称为生活。所谓人的生活，是指人一旦拥有生命，就必得使其生命继续存在下去。在此本原意义上，生活是人的一种意识地努力。基于这一意识地努力，人为使自己的生命继续存在下去，必须谋求能够活下去的方法，这个方法就是“因生而活，为活而生且生生不息”地生成和敞开。因生而活、为活而生且生生不息地生成，这既是创造，也是开新。要理解生活就是创造和开新，必得理解人的生命产生和存在的自身特质。首先，人的生命诞生于他者，并且诞生于他者生命的是个体化的实存样态。其次，作为个体化的实存样态的人的生命，需要资源来滋养才可继续存活下去，所以人因生而活、为活而生且生生不息的努力，所解决的首要的也是根本的并且永恒的问题，就是使生命能够继续存活下去的资源，包括物质资源、精神资源以及情感资源、知识资源等。最后，作为个体生命的人，要解决其生命能够继续存活下去的资源，单靠自己的努力不能做到，必须走向他人互借智－力共同劳动，共担风险，共享利益和安全。由此三者决定了任何个体生命之“因生而活、为活而生且生生不息”的努力，就是自我生成，而其自我生成的本质就是创造和开新。创造的是生命继续活下去或活得更好所需要的资源，开新的是继续活下去和活得更好的基础、环境、条件，尤其是人与人相与生活的存在关系。并且，只有创造和开新，人才能够实现其“因生而活、为活而生且生生不息”。人一旦以“因生而活、为活而生且生生不息”的方法来展开持续不已的创造和开新，必然敞开存在之意义，即必须敞开人的生与活的意义，或者必须敞开人“因生而活、为活而生且生生不息”的意义。

生活敞开的本质与意义生成　生活即人的存在敞开，人的存在敞开就是因生而活、为活而生且生生不息地创造和开新。对人而言，生活的本质，就是人的存在敞开；人的存在敞开的本质，就是生活本身，即人的因生而活、为活而生且生生不息地存在敞开本身，亦即生成和开新本身。关于生活的这一同义反复，并不是语言的绕口令，而是彰显、照亮生活的主体人自己。

首先，生活属人。

人是生活的主体，而非生活的工具。并且，人的生活，由人来规定，而非人之外的力量来指手画脚。当人之外的力量来替代人这个自身主体，将人规定为生活的工具，人的生活事实上不复存在。或者，如果有人之外的力量将人规定为工具的生活，这种规定本身使人非人化，而且这种规定的力量本身也不是人。就前者言，把人的生活规定为工具的生活，这是人之外的力量对人的生活的篡改；就后者言，这种可以任意篡改人的生活并使人的生活沦为工具的生活这种篡改力量，绝不是人的力量，这种力量要么源于魔鬼，要么源于牲畜。

其次，生活属己。

生活属己有四层基本语义规定。第一，生活属己的首要语义规定，是指生活从自己出发，并必然回归于自己。具体地讲，我的生活从我自己出发，通过因生而活、为活而生且生生不息地创造和开新，最终回归于自己，这样才能使生活成为自己的生活，而不是使**生活在别处**。生活属己的基本语义规定，是生活从人的自己出发，并必然地回归自己，而不是从非人的自己出发，因为非人的自己——比如没有思维、没有头脑、没有是非善恶的判断能力的人——是没有自己的，从没有自己（非人）的自己出发，最终不能回到自己，只能回到他处，比如回到威权、回到假想的崇高、回到抽象无实义无逻辑的美华语词，比如“理想”或“梦想”语言或概念、口号。第二，生活属己的基本语义规定，是指生活从正常的人出发，最终回到自己。所谓“正常的人”，是指同自己一样地拥有自己的人。人之所以要从正常的人出发而最终回到自己的生活，是属己的生活，这是因为人因生而活、为活而生且生生不息的努力于创造和开新，必要借助他人的智－力才可实现。因而，人“为了自保，为了享受幸福，与一些具有与他同样的欲望、同样厌恶的人同住在社会中。因为道德学将向他指明，为了使自己幸福，就必须为自己的幸福所需要的别人的幸福而工作”① 的这种努力创造和开新，最终仍然必须回到自己的生活中来，构成自己生活的有机内容。因为，人的因生而活、为活而生且生生不息的创造和开新不过是不断地向他人和自己证明“在所有的东西中，人最需要的东西乃是人”②。第三，生活属己的重要语义规定，是指生活从物出发，同样必然地回归于自己。因为人因生而活、为活而生且生生不息的所有努力，都是基于两个基本事实：第一个基本事实是自己作为一个活着的存在者要得以继续存活下去的绝对前提，就是有充沛的生活资源；第二个基本事实是能够保证自己继续存活下去的所有生活资源，都只能来自自然世界，来自物理环境和生物环境，所以，人因生而活、为活而生且生生不息的全部创造和开新，都必须来自自然世界、物理环境和生物环境，并必须维护自然世界及其物理的和生物的环境，使其生境地存在，这种有限度地向自然世界及其物理环境和生物环境的摄取与维护的努力，均是为人的生活始终得到自然世界及其物理的和生物方面的环境保障，这就是人的因生而活、为活而生且生生不息的创造和开新不得不从物出发，最终还是要回归自己的真正原因和最终理由。第四，生活属己的根本语义规定，是指生活从社会和世界出发，并最终必然回归自己。这是因为，人是生活的主体。拓展开来，我是我的生活的主体，你是你的生活的主体，他是他的生活的主体，我们每个人都是自己生活的主体。由于人在存在本质上既是他者性的存在者，也是世界性的存在，每个个体的存在都必须与他者和世界发生存在关联，并在这种必然的存在关联中展开生活、开创生活和开新生活，但这仅仅是手段和方式，其最终目的是通过社会性甚至世界性的生生努力来实现本己的“因生而活、为活而生且生生不息”。

其三，生活就是此地此时。

生活，既不是抽象的概念，也不是静态之物，而是你、我、他的存在事实。这种从己出发、必要经历人、物、事、环境、自然而最终回归于己的存在事实，既是基于“因生而活、为活而生且生生不息”之命运安排而启动

---

① 周辅成：《西方伦理学名著选辑》（下册）商务印书馆 1996 年版，第 189 页。
② 周辅成：《西方伦理学名著选辑》，第 189 页。

“因生而活、为活而生且生生不息”的方法来展开自为创造和开新的生成进程，更要以能感觉、能触及和可体认的方式来呈现只有此在和在此的感性状态，即生活之于我们总是以**此地此时**的此在和在此的场态方式敞开，使生活本身的意义得到呈现。

生活以其场态的方式敞开，不仅意味着生活于己于人于物于事的是空间化的，更是时间性的。生活的时空特性及其敞开的倾向，揭示了生活的两个特点：第一，生活是此地此时的。生活的此时此地性，并不是说生活没有历史的内涵，没有未来的维度；恰恰相反，生活的历史与过程必须现在化，生活的历史向现在呈现和现在呈现的生活向历史追本溯源。并且，“因生而活、为活而生且生生不息”的生活本身是朝向未来和未有的，这种对未来和未有的朝向源于**生活本身**是未完成、待完成和需要不断完成的生成进程，这一生成性质的进程本身却源于**生命本身**是未完成、待完成和需要不断完成的生成进程。这一双重的生生进程决定了生活的此地此时性，必然与生活的历史向现在呈现和现在的生活向历史追本溯源同步的是，期待于未来的生活向现在会聚和会聚于现在的生活向未来期待。第二，生活的此地此时性所形成的生活的历史向现在呈现和现在呈现的生活向历史的追本根溯源与期待于未来的生活向现在会聚和会聚于现在的生活对未来的期待之双重要求，生活必须是此地此时的生成。生活必须在此地此时生成，即生活必须在此地此时生成存在的意义，生成存在创造和开新的意义，生成博观与慎取的意义，生成吐故与纳新的意义，生成去蔽与洁化的意义，生成生活的傲然挺拔与人的存在的意义。所以，生活生成的意义本质，是人以此地此时的方式创造与开新、博观与慎取、吐故与纳新、去蔽与洁化地存在。在这种性质的人的存在中，一切皆小，一切皆可有可无，一切皆可均需按人这一因生而活、为活而生且生生不息地傲然挺拔地存在为绝对前提。

第2篇

事实

第三章　存在事实

肖恩·卡罗尔（Sean Carroll）说，“生命的意义不能归结于简单的格言”①。生命即存在，生命源于存在且汇入存在，生命的意义终源于存在的意义。存在的意义即存在本身的意义，它不归结于任何形式或性质的简单的观念和态度，任何形式和性质的观念和态度都必须基于存在事实本身。当然，在继发的意义上，观念和态度确实可以构成意义的来源，也可以生发出意义；但在原发意义上，意义始终根源于存在事实，存在事实生发意义。在第一部分讨论意义（的来源和呈现）的基础上，须进入第二部分事实的领域，通过对承载意义的载体即存在事实的考量，然后才可进入第三部分正视价值的产生及其内在逻辑。从存在论观，意义源于存在，但呈现其存在意义所需要的载体却应该是事实。事实，也是存在，是存在事实。所谓存在事实，意指凡事实，都是存在，是**存在的**事实。作为存在的事实，始终是具体的，或存在的物质性实体，或存在的非物质性实体。虽然讨论存在事实，就是讨论存在实体，但二者却有区别。存在实体与实体（或曰存在事实与事实）的区别主要体现在：实体是存在，存在并非就是实体，实体也不等于存在。这是因为，存在即存在，但存在实体只是存在之存在者。或曰，存在，乃整体存在，或存在之整体，它意味着**存在**存在。存在实体，是具体的存在，是存在者存在。以此看存在事实，即存在之具体存在，或曰存在者存在之事实。所以，存在事实简称事实。

---

① ［美］肖恩·卡罗尔：《大图景：论生命的起源、意义和宇宙本身》，第9页。

以存在为参照，存在事实也在实存样态方面呈现宏观与微观的区分。比如当面对存在而论说宇宙、自然时，宇宙、自然也是存在事实。存在事实从整体到具体，或从微观到宏观，林林总总，无以计数。但基本的方面只是自然存在事实和人为存在事实，或曰自然事实与人为事实。自然事实和人为事实构筑起事实世界的基本框架，将此二者统摄起来形成连动的事实世界的那些内容，就是**规则事实**。

一　自然事实

自然事实，是一类存在事实，它相对人为事实论，指存在于自然中的事物、现象、规律或真相，是**先在于人**或**自在于人**的存在事实，虽然它可能会因为人的意愿性策划和目的性干预等行为而承受影响，甚至可以改变其存在样态，却不能改变其存在本性及其自在本身所遵从的法则。比如水，人力可以改变它温度的升降，可以使它结冰，也可以使它沸腾，却无法改变它**持平的**本性和**走下的**法则。自然事实的存在，呈客观性，具有可观察、可实证的特征。不仅如此，自然事实之自存在本性以及其存在敞开遵从的法则，亦呈普遍和一致，体现普遍存在的规律或原则，不随时间、地点或个体差异而改变。自然事实的自身特征，使它作为自然存在者，即成为意义的具体来源，也是意义呈现的实际载体。

1. 原创的自然事实

自然，即宇宙和地球的总称，也可称存在世界，或简称存在。因而，自然、宇宙和地球、存在世界、存在，此四者可等义、可互为指涉。自然事实，即自然的事实。自然的事实，指自然的实存样态。在宇宙之下和地球之上，自然的实存样态是物理存在和生物存在。从存在言，自然即存在世界，或自然即存在。从存在事实言，宇宙和地球即宏观的自然事实，若具体论之，物理存在和生物存在乃自然事实的总称，山川、河流、海洋、陆地、万物、生命，即具体的自然事实。自然事实，无论从宏观论，还是从微观讲，都是创造物。这是因为自然源于创造，世界源于创造，存在源于创造。

创造有两种，原创与继创。无论原创还是继创，都是**有中生有**。这个原创之有，无论从科学（比如生物学或物理学）讲，还是以哲学论，皆指能够创世界的本原，这个能够创世界的本原又从何而来？按科学或哲学的思维路子都不能求其解，最后只能求助于神学。神学给出的解释是，原创世界者只能是造物主（或曰创世神、上帝）。所以，原创即创世界，创世界所遵从的“有中生有”的法则中，第一个“有”，是创世之神，即造物主、上帝；第二个“有”即被原创出来的“世界”。原创世界，就是造物主遵从“有中生有”的创造法则创造出来的世界，因而，世界是造物主创化的成果，是造物主的创造物，但造物主创世界所用的材料却是“无”：造物主是从“无”中创造出来这样一个“有”的世界。以此观之，造物主创世界，实际上遵从了“**无中生有**”的法则，即启用从无中创造有的法则来创造出存在世界。与此不同，继创却是遵从“有中生有”的法则而展开，即被造物主创造出来的世界遵从世界的法则来再创世界。造物主创世界所赋予世界的法则，就是**生**的法则，即造物主原创出来的存在世界，从整体到具体都处于未完成、待完成和需要不断实现其完成的这样一种状态，这一存在状态蕴含着继创的法则，即实现其未完成、待完成和需要完成其存在态的法则。被造物主原创的存在世界就是必要遵从这样的法则来展开自我完成性的创造，这种完成性创造就是继创，这种完成性创造的世界，就是继创生的世界。比如丘陵开出河道的创造，沙漠生出草原的创造，平原生成出沟壑的创造，以及牛生出牛、马生出马、大地长出嫩草和绿叶的创造等，都属于继创出来的世界图景和存在事实。

造物主创世界，是对世界的原创。造物主创化的这个世界，就是存在，就是存在世界，或曰存在自然，它的实在样态是宇宙、地球、万物、生命。所以，造物主创化的世界是由宏观存在事实和微观存在事实构成的实存世界。在这一实存世界里，其宏观存在事实是高居于大地之上的宇宙和存在于宇宙之下的地球，这刚好构成两相对应的天地，由天及地且由地而天的广袤空间，就是太空、大气层流和气候运动，它们也是自然存在事实，是流动的自然存在事实。造物主创化的世界之微观存在事实，就是物与生命，就是所有形态的物和一切形式的生命。万物，是所有物质存在的总称；生命，是所有生物存在的总称。因为生命和万物，地球和宇宙才充盈，才富有生气、生意。并且，万物和生命的继创生，也是宇宙和地球获得了实实在在的继创生。

造物主创世界，不仅创造了宏观存在之宇宙和地球，也不仅创造了微观

存在之万物生命，而且还创造出其宏观存在事实和微观存在事实得以**联动地存在**，这就是宇宙、地球、万物、生命关联存在以及连动地继生存在的本性、生机、法则、原则。而关联其宏观存在和微观存在之关联存在和连动地继生存在的本性、生机、法则、原则，就是造物主创化的世界的第三种存在，即**存在法则**，或曰自然法则。比如，造物主的创世界，创造了世界的未完成、待完成和需要不断去完成的继创空间、继创条件和继创法则。这个继创空间，就是造物主创造的世界，无论宏观的宇宙和地球，还是微观的万物与生命，都是未完成态的，这种未完成的待完成和需要去实现其完成性所敞开的空间，就是造物主原创世界时设计或给定的继创空间。这个继创的条件，就是被造物主原创出来的宇宙和地球、万物和生命，它们本身成为去实现自身之未完成、使之成为完成态的存在事实的根本条件，没有被原创出来的存在世界，根本不可能有任何的继创。这个继创的法则，就是造物主创化世界时赋予其创造物，即宇宙、地球、万物、生命的生之本性，生生法则和简单创造复杂与复杂创造简单互为催发的创造原则，这是继创得以展开并实现的最为根本的条件，也是造物主创化的世界的根本存在事实，或可说是本质的、本体的存在事实。造物主创化的世界，从宏观的宇宙、地球到微观的万物，都是物理存在事实。而一切形式的物理存在事实都因为造物主的原创化而内注了物理的法则，即热力学第一定律和热力学第二定律。对一个封闭的物理系统言，所遵循的是热力学第一定律，“就是能量守恒定律，不过是在热力学环境下说的。我们强调热力学，是因为我们现在考虑热运动的能量，即组成系统的单个粒子的运动。这个能量是系统的热能，我们定义系统的温度等于每个自由度的能量。例如，当空气的摩擦阻力减缓粒子的运动时，尽管动能因运动轨迹的摩擦而损耗了，但并不违反总的能量守恒定律（即热力学第一定律）——摩擦产生的热，使空气和轨迹中的其他分子在随机运动中变得更有活力了”①。热力学第一定律是一个等式定律，它由能量守恒、确定性和时间可逆三个要素构成，其中，能量守恒，是指它是一个孤立系统在某一时刻的总能量等于它在其他任何时刻的总能量。确定性，是指这个孤立的（也即封

① ［英］罗杰·彭罗斯：《宇宙的轮回》，李冰译，湖南科学技术出版社2015年版，第3—4页。

闭）系统不接受任何外来信息（或能量）干预而保持完全的稳定运动。时间可逆，是指这个孤立系统的能量运动是以自守恒方式做循环运动而始终保持能量总量。然而，造物主创化的物理存在，无论是宏观的宇宙、地球，还是微观的万物，其存在敞开运动始终处于相互关联之中，远离孤立本身而成为一个开放性生成的存在系统，这种性质的物理存在却必须遵从不等式的热力学第二定律，它揭示“一个孤立系统的某个特定的量（我们称为**熵**）——它是系统，**无序性**（即‘随机性’）的度量——在后来时刻的数值，将大于（或至少不小于）它在以前时刻的数值。由于陈述显而易见的薄弱，我们会发现，对一般系统而言，熵的定义也存在一定的**模糊和随意**。而且，在大多数表述形式下，我们会发现一些**偶然或例外的情**形，必须认为**熵随时间**（尽管是暂时的）**而减小**，虽然就总的趋势来说，熵还是增大的”[①]（笔者加粗）。物理学家彭罗斯制作一个实验影片，即使一个鸡蛋从桌面滚下，落到地面砸碎。然后倒放其影片，使地板上破碎的蛋壳神奇地重新组合，蛋清和蛋黄也各自聚集地钻进蛋壳里，然后是重新完整的鸡蛋跳回桌面。彭罗斯指出，这正反两个方向播放的影片所表现的情景，都满足牛顿动力学，但自我复合的鸡蛋却不符合第二定律，而且是极其不可能的事情，我们完全可以认为它不可能在现实发生。热力学第二定律揭示：事物总是变得越来越“随机”，即事物总是处于关联存在的生成进程之中，这就是世界的继创生。

造物主创世界，不仅创造了宇宙、地球、万物、生命，还创造了继创生的本性和法则，并因此三者而开启了存在，而成为历史的开端，或宇宙史、地球史、自然史、存在史以及生物史和人类史的开端。由于它是一切的开端，所以当人从自然人类学的黑暗深渊中走出来而朝文化人类学方向展开，其自然主义的记忆必然被人文性的心智开启而创造出世界起源的神话，并使之口耳相传下来进入人类的历史档案。关于世界起源的神话中最核心的神话却是宇宙创化的神话。所以，“总是有一个描绘世界起源的核心神话，也就是说，在世界成为今天这个样子以前发生了什么。因此，总是有一种太初的历史，这个历史有一个开端，一种真正意义上的宇宙诞生神话，或者描述处在最初

① ［英］罗杰·彭罗斯：《宇宙的轮回》，第4页。

的、胚胎阶段的世界的神话。这个起点总是暗含在那些讲述在宇宙诞生之后发生的诸多虚构事件的神话片断中，即有关植物、动物、人类的起源，以及婚姻、家庭、死亡等起源的神话。总之，这些起源，神话构成了一段一以贯之的历史。它们揭示了宇宙如何形成、变化，人类如何创生、如何有男女之别，以及如何要被迫劳作而求得生存；它们还展示了超自然存在和神话祖先的所作所为，为何抛弃世俗而隐遁。我们还可以说，任何仍然具有完整形态的神话不仅包含一种起点，而且还包含终结，这个终结取决于超自然的、文化的英雄或者祖先的最近显现”①。并且，“此种由具有重大意义的整体的神话整合而成神圣的太初历史，由于它解释并论证了世界、人类及社会的存在，因此是必不可少的”②。

2. 继创的自然事实

从形态学讲，原创的世界由宏观存在、微观存在和存在法则三部分构成，这是纯粹的客观事实世界。从内容观，原创的世界包括物理存在、生物存在和存在法则，并且统摄物理存在和生物存在的存在法则，包括物理法则和生物法则。但其物理法则一旦转换成生物法则，其热力学定律就演绎成生物的生育定律。因为在原创的世界里，众多的物理存在也是生物存在，而凡生物存在都遵从其生育法则。生育法则既体现热力学第二定律，也体现热力学第一定律。因为生育繁衍是生物消耗自身能量使之变成熵的过程，亦是将其生命能量对象化置入新生命体使之迅速成长的过程。如果从创化行为观，原创世界的原创行为本身构成一种存在事实，这一存在事实敞开两个维度。首先，原创行为源于原创者。原创者是一切存在的存在，是最初的存在，也是最终的存在。原创行为通过原创的世界而自持、恒存、不变，这一自持、恒存、不变的最终存在即造物主。其次，原创的世界和存在事实既是完全的敞开，也是始终之魅。原创的世界和存在事实始终是持魅的、是聚魅和创魅的。与此不同，继创的世界和存在事实，既持魅和创魅，也散魅和祛魅。这是因为，

① ［美］米尔恰·伊利亚德：《探寻宗教的历史和意义》，晏可佳译，上海书店2022年版，第94—95页。

② ［美］米尔恰·伊利亚德：《探寻宗教的历史和意义》，第95页。

宇宙、自然、万物、生命在其发生学上都属于**被创生**的存在事实，具体地讲，造物主创化的世界是被创生的存在，这些被创生的存在无论是宏观的宇宙和地球，还是微观的万物和生命，一方面内在地自持恒存和不变，同时又始终以**变**和**易**的方式存在、敞开。自持恒存和不变，必然地自为遮蔽，即遮蔽自当遮蔽的内容；以变易的方式面对存在，必然地自为敞开，即敞开自当敞开的所有方面。所以，被创生的存在事实，既敞开也遮蔽；由此形成被创生的存在事实，既是魅，也去魅，更返魅。由此形成被创生的存在事实一旦进入文化人类学的视野，必然开出神秘主义和自然主义的二元对立来。

原创出来的存在事实，是被创生的存在事实。被创生的存在事实始终是未完成、待完成和需要不断地实现其完成的存在事实，由此形成被造物主创造出来的存在事实，必然地要展开继创生，形成继创生的存在事实。继创生出来的存在事实，是被存在世界所再创造出来的存在事实。

对自然世界言，其继创生运动从总体上体现如下共性要求。其一，继创生的最终依据是造物主的原创，造物主的原创开启了尔后所有形态和方式的继创生。其二，继创生的蓝本只能是其原创的自然存在，造物主原创化的宇宙、地球、万物、生命，构成继创生的具体依据、根本框架、现行条件和存在范型。其三，继创生的目的是解决宇宙、地球、万物、生命之存在的未完成问题，以不断地实现其**自完成**。继创生之所以要不断实现其自然存在事实之自完成，是因为造物主原创出来的自然存在——无论是宏观的宇宙或地球，还是微观的万物或生命——都是生性的和充满生机的自然存在，其未完成、待完成和需要去实现的完成态，始终是**生性态**和**生生态**的，这种生性之态和生生之态的自然存在，只能是始终处于未完成、待完成和需要不断去完成的存在状态。比如，宇宙的完成态应该是**静持**之态，但造物主创化出来的宇宙却是以运动的方式存在，这就形成宇宙本身始终难以获得一种静持的完成态，地球同样如此。宇宙和地球以运动的方式存在，自然形成了日月之行和盈缩之期的**动变**，并由此带动了整个自然世界里所有自然事实都处于静持与动变相反相成的无限进程之中。其四，继创生遵循的基本法则，是其生之本性所开启的生生法则。继创生就是再生，新生，就是自生；互生，就是共生。继创生就是从整体到具体、从具体到整体，或者从宏观到微观、从微观到宏观

的自生、互生、共生和生生不息。宇宙和地球、万物和生命、物理存在与生物存在以及物与人的自生、互生、共生和生生不息，构成存在世界之继创生本身。

对原创化的自然存在的继创生，亦有其视野与内容的区分。在视野层面，自然存在事实的继创生展开为宏观和微观两个维度。宏观维度的继创生，就是宇宙和地球的自生、互生和共生运动生生不息地展开，既开启了日月之行和盈缩之期，也开启了太阳辐射和大气环流，同时还开启了气候的周期性变换运动，包括宇宙的大爆炸运动及其共形循环运动。其微观维度的继创生，也就是万物消长不息、生命新陈代谢不止。并且，万物的消长不息和生命的新陈代谢不止，总是以其运动的层累方式影响气候的周期性变换运动和大气环流，进而影响宇宙运行和地球运动。反之，宇宙运行和地球运动也直接地影响太阳辐射，并由此整体地推动大气环流和气候的周期性变换运动，从而影响万物消长和生命吐故纳新的方式和速度。从内容观，自然存在的继创生从物理存在和生物存在两个方面展开。在自然世界里，物理事实的继创生亦呈现宏观物理事实和微观物理事实的动变，比如，海陆分布结构及其海陆分布区域的不断变迁，这是宏观物理事实以动变的方式继创生；在持续动变的海陆分布的大框架下，沙漠、草原、平原、山脉之间存在疆域的扩张或缩小运动，比如昨天的绿洲变成了沙漠，昔日的山脉成为现在的丘陵，广阔的湖泊成为一望无际的平原，如此等等，同样是宏观物理事实的动变呈现。大气层臭氧的稀薄化、气候周期性变换规律的改变、降雨的逆生化，以及由此而来的地球生境的整体性破碎等，也是宏观物理事实继创生的动变方式。河流的改道、梯田变成荒坡、岩石滑坡、山体位移等，则是微观物理存在的继创生运动。在生物世界中的继创生更是时时刻刻发生着，生物物种的灭绝，生物多样性的增多或减少，以及地球生态链条的断裂或重新续接，个体生命的健康或疾病、死亡和新生等，都是生物世界里动物、植物以及微生物继创生的日常方式和日常状态，即使是肉眼看不到的微生物病毒的迭代变异，也是其生命世界继创生的典型敞开。

在自然世界里，继创生必须进入日常态。因为唯有继创生，才可维持自然存在。由于造物主原创自然世界是赋予其生性和生机使它必须不断地完成其未完成态时，它才可真正的存在，所以，继创生构成原创化的自然存在，自然存在必须以继创生方式来维持和敞开。但是，继创生之于自然存在，无论整体还是具体，无论物理存在还是生物存在，始终不是任意，而是有规律可循、有法则可依。这个法则即**生生**，它的最终依据是造物主赋予世界的**生性**。这个以生之本性为依据的生生法则的功能释放，就形成继创生运动必须遵循的基本规律，这规律即**简单创造复杂**的原则和**复杂创造简单**的原则的互为催发与互为推进。自然世界遵循简单创造复杂的创生原则，是要开启自然世界的创生空间并维护、积蓄、强化自然世界的创生力量，因为简单创造复杂的创生运动，就是有序解构为无序、确定性滑向混沌的运动。反之，自然世界遵循复杂创造简单的创生运动，即开启从无序走向有序、从混沌走向确定的创生运动。火的燃烧，是有序遭遇解构沦为无序状态；火的熄灭，则是无序中止而开启有序的重构的开始。由秋而冬，进入万物肃杀的解构运动；但严冬之后的初春，又开启了万物复苏的生生运行。创构与解构互为发力、互为催进的生生运动，构成自然世界继创生的基本状态和根本方式。

二　人为事实

造物主原创化的世界，只是**物的**世界，或物理之物的存在世界，或生物之物的存在世界。只是继创生的开启，并且只有在继创生开启的纵深运动进程中，存在的世界才由纯粹的物的世界变成了物与人**相杂陈**的世界。所以，在存在世界继创生的纵深之旅中，自然人类学的人向文化人类学方向开进并不断地扩大其文化人类学的领域和存在空间，由此形成造物主创化的存在世界两分为自然存在事实和人为存在事实。

自然存在事实，既指造物主创化的存在世界，也指存在世界遵从造物主的创生法则而始终不渝地继创生的存在世界。与此不同，人为的存在事实，意指人作为一种既根源于自然存在事实又截然超出自然存在事实而创造出来的非自然的**人力存在**事实。虽然如此，人作为一种由超越自然存在事实而构成的存在实体，它仍然既是自然人类学的，也是文化人类学的；并且首先是自然人类学的，然后才是文化人类学的，最后还是自然人类学的。这是讨论人为存在事实必须具备的基本视野。

1. 自然实体的身体

人，作为自然人类学，是造物主原创的世界构成内容，虽然只是一普通的构成物，但也是不可或缺的构成物。人作为自然人类学的自然事实，其在世界的继创生中与万物生命一样经历以繁衍的方式展开继创生，而不断地丰富着继创生的生物世界。在其繁衍的继创生中，人类从自然人类学开启文化人类学，其继创生不再停留于物种繁衍状态，而是在物种繁衍的过程中新生出进化和人文。进化，意味着身体的变化；人文，即文化的生成继而向文明方向展开。

人的实然存在的身体的性质　从自然人类学到文化人类学，人是**身体地存在**。在原发意义上，人的身体与动物的身体，虽然在形态学上有诸多差异，但在存在本性、根本性质和基本功能等方面都是同构的，都是自然性质的，都是存在的自然主义。人的身体的存在的自然主义，可表述为人的身体在原发意义上是自然人类学性质的。

人作为自然人类学，其存在事实的实体原型，就是身体。人是身体的存在，并以身体的方式存在。人的存在身体，既是物理学的，也是生物学的，既遵从物理学的运动创生法则，也遵从生物学的进化存在法则。但身体的物理运动法则和身体的生物进化法则都**汇聚于身体本身**，而构成身体的存在法则和身体的创生法则。

人的身体的存在法则，规定身体必是**物在**形式，并且只是物在形式。

人的身体作为物在形式，就是**身体地存在**。身体地存在敞开两个方面，一是身体自在地存在，由此使身体的自在构成对身体存在的基本要求，这一要求演绎为他对身体的要求性，比如窥视同类或他种身体性存在的身体，即其身体自在对身体的要求使然。二是身体自为地存在，由此使身体自为构成对身体存在的基本要求，比如身体的不可控性恰恰是人的身体的自为行为敞开态；身体被他人窥视，以及身体欲求对身体的出卖或付出（两性的身体性交易或性冲动引发的身体与身体的交媾）等，都可看成是身体自为冲动的行为展开方式。

身体的自在性和自为要求，使人身体地存在。身体地存在，既是人的自然人类学的存在方式，也是人的文化人类学的存在方式。人从自然人类学进入文化人类学，其存在的根本方式仍然没有发生根本的改变：人，仍然是身体的存在。人身体的在世界中存在体现三个维度，即作为自为的身体的存在、作为为我的身体的存在和作为为他的身体的存在。

作为**自为的**身体的存在，是人的身体地存在的基本存在形式，因为身体“自为的存在必须完完全全地是身体，它必须完完全全地是意识；它不能与身体相联合”[①]。“换句话说，身体并非仅仅与使行动者个体化的谋划保持外在的关系。因此，身体是存在的‘处境’中必不可少的一部分，是一种手段，经由它，我们处境的其他‘必然的偶然性’，比如我们的种族、我们的阶级以及我们的过去全都混合在一起。换句话说，作为自为存在的身体是我们人为性的最基本形式。”[②]

作为**为我的**身体的存在，意即“我是一个身体被他者所知道的为我的存在”[③]，或者“作为被他者知道的我的身体”，即“我们在他者面前的在世之在中有着真实但无法掌控的一面——诗人所说的‘就像他者在看我们’”。[④]身体问题的荒谬之处，根本地来自我们不能在本体论的水平上凝视我们的身体，往往采取来自我们对为他的身体存在的物化分析。尤其是后者的分析方式将实际存在着的身体看成事物中的事物，因而将身体与意识和其他身体的关系看成外在的。但萨特却持相反的方式，将身体看作自为的存在，身体是作为我在世界中存在的方式。因为“就此而论，身体是（前一反思地）**‘活生生地存在着的’**，而不是（反思地）‘被认识的’，它是我是其所是的手段的绝对中心，而不是我所运用的工具，同时它还是我此时此刻的观点，我在世界中由此出发去行动的立脚点”（笔者加粗）[⑤]。

作为**为他的**身体的存在，是指我们原本自为和自在存在的身体现在却是作为他者的肉身（flesh）而出现的，或者更准确地讲是为他者的存在而出现的，这种性质和方式的出现是身体本身已丧失自在和自为而成为陪衬、衬托

---

① Jean-Paul Sartre, *Being and Nothingness*, trans., H. E. Barnes, New York: Philosophical Library, 1956, p. 305.

② ［爱尔兰］理查德·柯尔内：《20世纪大陆哲学》，鲍建竹、李婉莉等译，中国人民大学出版社2016年版，第88页。

③ Jean-Paul Sartre, *Being and Nothingness*, trans., H. E. Barnes, New York: Philosophical Library, 1956, p. 351.

④ ［爱尔兰］理查德·柯尔内：《20世纪大陆哲学》，第88页。

⑤ ［爱尔兰］理查德·柯尔内：《20世纪大陆哲学》，第88页。

他人的身体的身体出场方式，这就是萨特所讲的人的肉身意味着“他者的，在场的纯粹偶然性”①。最典型的也是最日常的方式，就是“女为悦己者容”，这种“女为悦己者容”最终被女性——但具体来说是包括男性和女性在内的整个世界——扩张为女性的一种存在方式，即万千装饰和打扮只为人，这就是身体的为他存在。

人的身体存在敞开的本性 人身体地存在敞开自在和自为两个维度，实源于人身体地存在的本性。人的身体地存在敞开的为他性，既是人身体地存在的异化方式，也是身体在具体的存在情境中维护身体和身体地存在的自在自为的一种曲折方法，它仍然体现人身体地存在的本性。

人身体地存在的本性，既是人作为生物存在的生物本性，也是人作为物理存在的物理本性，更是人作为造物主创化世界使之生生存在的本性的具体呈现。要言之，人身体地存在的本性，无论是以自然人类学的方式敞开，还是以文化人类学的方式敞开，都体现了世界原创化和继创生的生之本性。人身体地存在和张扬的生之本性敞开以下三个方面的内涵。

首先，人身体地存在敞开生存的本性，即自由。

身体存在敞开对自由的诉求，就是身体使身体存在自由。身体使身体存在自由的本原冲动，是源于身体的存在本性依然是生，是生性，是由生性滋生出来的生生不息的肉身化朝向，身体存在敞开自身的这种生生不息的肉身化朝向，是不可逆的。这种不可逆的肉身化朝向，既因为身体被天赋的生性激发，更因为身体被天赋的生机鼓动。这种天赋的生性和生机与身体共存亡，身体存在，其天赋的生性和生机存在；天赋的生性和生机存在，身体存在。这是人身体地存在的肉身之所以具有生生不息地生的不可逆朝向的根本神学理由和最终的存在论依据。

基于身体地存在之自由本性，对身体的限制，就是对自由的限制，也是对生之本性和生生生机的弱化。功利主义思想家边沁关于全景敞视塔式监狱的构想，启发福柯提炼出现代社会的原型，并认为现代社会的基本努力就是构筑这样一个全景敞视塔般的露天监狱社会，因为这种“全景展示的方案，

① Jean-Paul Sartre, *Being and Nothingness*, trans., H. E. Barnes, New York: Philosophical Library, 1956, p. 343.

无须作为此种形式而消失或失去它的任何特性，注定了要延伸到整个社会；它的天职就是成为一种一般化的功能"①。在这样一种全景敞视主义的社会里，权力可以其绝对自由的意志通过警察组织、学校、工厂、特务机关、安保部门等社会组织和机构以及庞大的监控和监控记录—分析系统营造出一种可普及社会的任何一角落并可展开无限可能地持续的监视，这就意味着在每一个存在个体的周围都存在着一种绝对客体化的和无任何个性彩色的**凝视**，"那里不需要军队，有形的暴力，物质的约束，仅仅是一种凝视，一种检查的凝视，每一个人在它的重力之下将通过内化而成为其自身的监工，每一个人因此使用这一监视来对付并反对他自身"②。在这种无孔不入的凝视主义的监视、监控、监管中，人身体地存在沦为**被凝视的存在**，因为呈现人的存在的身体成为"**被为他的身体**"。这种被为他的身体首先被清除掉了内在生之本性和外在自由本性而成为福柯所讲的经由"纪律"予以再生产的"**驯顺的身体**"，这一被生产化地"驯顺的身体"，结果证明毕竟常常并不如此驯顺。③ 这种通过凝视、监视、监控、监管的方式予以纪律的再生产化的"驯顺的身体"，只能是被萎缩的身体。这是天赋生之本性和生生不息生机的身体当被全景敞视塔的纪律主义的凝视、监视、监控、监管之后必然沦为萎缩的身体。这种性质的萎缩的身体即**身体的萎缩**。**这种性质的身体的萎缩，不是身体的萎缩，因为勃勃生之本性和生机的自由的身体始终不会萎缩，而是身体的被迫萎缩或被萎缩**。**身体的被萎缩从根本上违背天赋身体的本性，也根本地违背了天赋身体的人本存在**。所以吉登斯（Anthony Giddens）反对组织行政力量的扩张以身体被萎缩和民主被丧失为代价，指控"监控的密集化，虽然是现代社会及整个世界体系中组织发展的基础，也是迈向民主参与的趋势和压力得以实现的条件"④。

---

① M. Foucault. , *Discipline and Punish*, Trans. , by Alan Sheridan, New York: Random House, Inc. , 1995. p. 207.

② M. Foucault, *Power Knowledge*, Colin Gordon (ed.), New York: Pantheon Books, 1980, p. 155.

③ A. Giddens, *A Contemporary Critique of Historical Materialism Vol. I: Power, Property and the State*, London: The Macmillan Press Ltd. , 1981, p. 172.

④ ［英］吉登斯：《民族—国家与暴力》，胡宗泽、赵力涛译，生活·读书·新知三联书店 1998 年版，第 365 页。

其次，人身体地存在敞开其自由诉求的同时，也生发出**盲从和烦盲**。

身体基于天赋的生性和生机，并为实现其生而充分释放其天赋的生机，必推动人身体地存在的自在自为，凝聚为一种以何种方式敞开身体地存在的自选择能力，这种自选择能力本能性地诉求其趋利避害、避苦求乐。这种本能性地诉求其趋利避害、避苦求乐的存在方式，很自然地体现出身体的盲从性和烦盲性，即身体盲从于当下并烦盲地投其所好环境，追逐身体地存在之轻松和快乐。身体存在敞开的这种盲从性和烦盲性，从根本上抑制了身体的创生存在，人身体地存在滑向物质主义和性肉主义的存在这种状况，实质上是身体诉求存在敞开自由之本性的盲从和烦盲所促成。布尔迪厄（Pierre Bourdieu，1930—2002）之所以避开身体的创造性讨论而更富激情地揭露身体的实践活动对客观结构的盲从和烦盲再生产的动力机制及其规律，指出社会及其实践活动的客观结构的优先性对人的侵蚀的显而易见性，指出“只有当遗产已经接管了继承人，继承人才可以接管遗产”[①]。具体地讲，只有“当同样的历史弥漫于习性和生活环境、倾向性和位置、国王和他的宫廷、老板和他的公司、主教和他的主教管区的时候，历史在某种意义上与它自己沟通，将它自己的反省反馈给它自己”[②]，揭示“对主体的去中心化是结构化理论的基本诉求，但并不认为这意味着主体性将消逝在符号的虚无世界之中。相反，在我眼里，紧密渗入时空中的社会实践恰恰是同时建构主体和社会客体的根基”[③]。基于这一基本认知，布尔迪厄明确指出，对透过表面的意识分析而深入存在本身，则必须深入身体存在的层面来思考问题[④]，因为身体原本自在和自为地存在所拥有的实践知识（习性）不言而喻地敞开其生存自由的本性，这种自由本性体现无意识特征。布尔迪厄关于身体敞开存在本性的无意识实是接受了涂尔干（Émile Durkheim，1858—1917）集体无意识理论的启发[⑤]，指出“无意识是历史——是生产了我们的思想范畴的集体的历史，和通过它

① P. Bourdieu, *Pascalian Meditations*, Trans., by Richard Nice, Cambridge: Polity Press, 2000, p. 152.

② P. Bourdieu, *Pascalian Meditations*, Trans., by Richard Nice, Cambridge: Polity Press, 2000, p. 152.

③ ［英］吉登斯：《社会的构成：结构化理论大纲》，李康、李猛译，生活·读书·新知三联书店1998年版，第41—42页。

④ ［法］布尔迪厄：《男性统治》，刘晖译，海天出版社2002年版，第55—56页。

⑤ ［法］涂尔干：《教育思想的演进》，李康译，上海人民出版社2003年版，第14页。

这些思想的范畴被灌输给我们的个人的历史”①。只有当进入这样的历史框架，才可真正地探查身体的本性演绎出来的习性必是一种无意识的建构，才可以此为入口去真正地领会**身心关系即统治关系**的实质，才可避免不再被意识的表象欺骗，因为现代社会统治所构筑起来的体系化的符号暴力正是通过人的身体、通过人的肉身而化为人的信念的方式隐去了暴力的实质，“符号暴力的作用之一是统治关系的变形身心并从属于情感关系，权力转变为个人魅力，或转变为适宜于唤起身体性情感吸引的魅力”，进而言之，社会化的“符号暴力是建立在‘集体期望或社会化地灌输的信仰之上的**强取身体服从**的暴力”（笔者加粗）。②

其三，人身体地存在敞开其自由诉求避免盲从和烦盲的根本方式，是自在自为放大其身体的理性潜力。

人身体地存在，意为身体以自在自为的方式敞开人的存在。身体以自在自为的方式敞开人的存在，根源于人在本原上是物理的和生物的存在。人作为物理的和生物的存在的原本形态就是身体存在。这是人的存在从自然人类学进入文化人类学进程之后，仍然**以身体存在的方式存在**的根本理由。由于人身体地存在的本原方式是造物主创化世界时赋予人的，人也因此获得了造物主赋予的生之本性和生生的生机，这种生之本性和生生的生机集中地聚合为身体存在的自在和自为诉求，并敞开身体存在的自由向往，这种自在自为的诉求和自由存在的向往当被本能放大时，就沦为盲从和烦盲；当因为生而激发为了未来的节制潜能，就生长出理性。人身体地存在的本身也具有理性性质和诉求，并基于其理性的自我唤醒而生发出理性的选择性。由此形成人身体地存在，或者因为自在自为地存在的身体，一方面朝向趋利避害、避苦求乐，另一方面也可能朝向趋害避利、避乐求苦。比如严寒酷暑下锻炼身体、高难度的心志训练等，都体现这种基于长远的存在意识而身体存在接受理性的行为及其调节方法。

正是因为身体存在对理性潜能的激发和由此形成身体行为对理性的选择性，身体存在敞开并不具有被压抑的特征，这是因为压抑仅存在于话语意识

① P. Bourdieu, *Pascalian Meditations*, Trans., by Richard Nice, Cambridge: Polity Press, 2000, p. 9.

② P. Bourdieu, *Practical Reason: On the Theory of Action*, Cambridge: Polity Press, 1998, p. 103.

和无意识之间游走。[①] 吉登斯赋予身体有限主体地位，指出身体的有限主体性呈现身体的二重性特征，揭示身体与结构之间并不形成二元论的关系，身体的实践活动与结构性特征之间构成互为中介和互为的结果关系。[②] 因为人的身体存在敞开遵循一种充满不确定性的模糊逻辑，并且其模糊逻辑的敞开既无语言的命题，也没有工具性的计算，更缺乏对象化的思考[③]，也因此而缺乏可用于准确预测的法则。所以，将身体视为非理性取向的存在方式只是一种理智主义偏见，"身体习性的倾向性已经暗示了一种规则性，实践总有实践的道理，总有其社会历史的缘由"[④]。吉登斯对身体的存在论思考，揭示了身体存在敞开自在自为地具有一种理性化的能力，他将身体的这种理性化能力称为肉身"行动的理性化"。人的肉身的这种行动理性包含着对社会规则的自觉意识，这种自觉意识构成人的身体化的存在反思性监控的基础；不仅如此，人的身体存在敞开行动的理性化赋予个体对自在自为的生存行动的因果力量，即行动者的行动具有一定的理由："做一件事是有理由的，并不等于出于某些理由做某件事，而且，正是二者之间的差异向我们揭示了行动理性化的因果影响。"[⑤]

2. 人文实体的精神

人作为相对自然事实而在的人为事实，展开两个扇面，即作为自然实体的身体和作为文化实体的精神。由于人的本原存在是自然人类学性质的，其继创生的高级存在形式虽然是文化人类学性质的，但依然源于自然人类学并最终以自然人类学为依据。所以人作为文化实体的精神仍然是其自然人类学的**身体之变**。

人的自然人类学的身体之变，既体现物理学性质，也体现生物学性质，更是文化学性质的。相对而言，人的身体的物理学性质之变，是身体的物理

---

① ［英］吉登斯：《社会的构成：结构化理论大纲》，李康、李猛译，生活·读书·新知三联书店 1998 年版，第 67 页。

② ［英］吉登斯：《社会的构成：结构化理论大纲》，第 89 页。

③ P. Bourdieu, *Outline of A Theory of Practice*, Trans., by Richard Nice, Cambridge: Cambridge University Press, 1977, pp. 120、123.

④ 郑震：《身体：当代西方社会理论的新视角》，《社会学研究》2009 年第 6 期。

⑤ ［英］吉登斯：《社会的构成：结构化理论大纲》，第 486 页。

结构之变，具体地讲，是人的身体的体质结构学和体质形态学之变。其突出的方面是“两脚走路，两手做事”，人的身体由四脚爬行变成两脚直立行走，身体的后两只脚的爬行功能变成直立行走的功能，身体的前两只脚变成了手，完全地改变成为具有工具的功能、技术的功能和创造的功能。大脑由原来的感觉的器官逐渐变成了思维的器官、认知的器官、心智的器官和顶天立地、上下左右、灵动地张望、想象和思想的器官。人的身体的生物学性质之变，是其身体的生物基因之变和生物构造之变，包括人的身体面对世界的体态和方式的改变，人的生殖器官、结构和形态的改变以及人的交配体态、位态和方式的改变，尤其是人的生殖器官由原来相对单一的物种繁衍的交配器官变成了主要是性交娱情的身体化工具，而交配繁殖的功能反而成了附加方式。身体功能的这一系列的改变最终在整体上改变了身体的体质体态结构。人的身体的文化学性质之变，既是其身体修饰之变，也是其身体存在的美学形态学之变，更是身体存在敞开的本质内涵之变。

身体与文化互为催发的自创生　从整体观，人的自然人类学的身体之变，敞开从其物理学性质向生物学性质再向文化学性质方向的演变，是人的自然人类学的身体从物在形式向人在形式进化，同时也是其人在形式向其物在形式融合会通的体现，这种融合会通体现为人的物在形式获得人在形式的本质规定，其人在形式又总是以**具身的**方式敞开。

人的存在敞开的具身方式从两个方面敞开：一是身体的文化化；二是文化的身体化。

身体的文化化，是指身体创造文化，身体含纳文化和身体承载并彰显文化。马克思（Karl Heinrich Marx，1818—1883）曾从劳动角度发现劳动通过身体，且身体承载劳动既产生价值，也创造出价值，所以马克思提出一个很重要的观点：身体孕育了资本[①]。意志论哲学家尼采（Friedrich Wilhelm Nietzsche，1844—1900）发现身体承载思维，身体创造思想，身体开辟哲学，因为身体使人成为存在的生命实体，而且正是身体本身才使人成为能思考的人。以此观之，身体是人成为人的**存在根基**，权力意志唯有通过身体并在身体中

① ［法］乔治·维加埃罗主编：《身体的历史：从文艺复兴到启蒙运动》，张竝、赵济鸿译，华东师范大学出版社2013年版，第3页。

建构着人的存在。[①] 尼采如是写道：“兄弟啊，在你的思想和感情的后面，有个强有力的君主，一个不被了解的智者，它被称为自我（self），它居于身体之中，它就是你的身体。”[②] 梅洛－庞蒂强调身体的文化化，是通过身体知觉而生成。在梅洛－庞蒂看来，身体知觉混合物质和精神并使其互为含混地存在。[③] 在身体化的知觉中，事物不是作为对象被赋予意义，而是以自为显现的方式本真地到场并本真地在场，所以在身体化的“知觉领域中，物体是真实的”[④]，在身体存在的世界里，只有当身体以知觉方式到场，所有形式或性质的意识才纳入存在。[⑤]

身体是文化化的，但文化更是身体化的。身体的文化化，是以**身体知觉**的方式敞开；文化的身体化，是以**具身**方式实现。人这种存在物，其在继创生进程中从自然人类学走向文化人类学，所凭借的实体原型却是天赋的心智，其天赋心智的进化才推动了人的自然存在的身体向人文存在的身体的进化。从内在性讲，人的进化的原动力仍然是其自然存在的身体，即身体行动对心智的应和与心智对身体的激发。心智对身体的激发和身体对心智的应和之互为催发，则生成其自创生（autopoiesis）。所谓自创生，就是自我生产（self-producing）。人身体地存在展开的一切生命活动，都在于维持自我生产的组织不变性。自创生理论虽然由智利生物学家马图拉纳和瓦雷拉在20世纪70年代才提出来，以谋求解决“生命究竟是什么？”但自创生现象生发于自然人类学向文化人类学方向进化，它的内在依据是造物主创化万物生命时赋予的生之本性，其遵循的根本法则是造物主赋予存在世界及其万物生命继创生的生生法则。根据生命存在的生之本性和生命敞开其存在的生生法则，以身体存在方式敞开的生命体与环境交互作用始终由生命化的身体的自身结构所决定，这个生命化的身体的自身结构既指人的身体的体质结构和形态结构，更指人

① 郑震：《身体：当代西方社会理论的新视角》，《社会学研究》2009年第6期。

② F. W. Nietzsche, *Thus Spake Zarathustra*, Trans., by Thomas Common, New York: Boni and Liveright, Inc., 1917, p. 51

③ ［法］梅洛－庞蒂：《哲学赞词》，杨大春译，商务印书馆2000年版，第148页。

④ ［法］梅洛－庞蒂：《知觉的首要地位及其哲学结论》，王东亮译，生活·读书·新知三联书店2002年版，第11页。

⑤ M. Merleau-Ponty, *Phenomenology of Perception*, Trans., by Colin Smith, London and New York: Routledge, 2002, p. 446.

的身体的本体结构即人的心智结构，尤其是人的身体的本体结构之心智及其结构的动变，才构成身体化存在的生命个体（人）与环境交互作用的根本决定因素。

文化的身体化源于心智与身体互为催发的自创生。心智与身体互为催发自创生的核心理念是心智的具身化（embodiment）和具身化的心智的生成。现代认知科学指出，人的认知根本地依赖于人的生活经验和身体存在，其认知是通过人的具身行为的敞开而涌现性生成。人的心智的具身蕴含两层基本语义，一是人的认知依赖其经验这些经验直接地来自具有各种感知运动的身体；二是这些启动并生成个体经验的感知运动能力却内在地蕴含在一个更为广阔的生物、心理和文化的情境中。人的具身行动敞开身体感知与经验运动的过程，身体的知觉与行为本质上在活生生的（lived）认知中具有不可分离性。心智的具身化和具身化的心智通过经验和知觉的互为调动而生成认知，它是从身体、神经系统与环境之间再现的感知运动耦合（recurrent sensorimotor couplings）中涌现出来。[①]

人文实体的精神图景　身体的文化化和文化的身体化，标志着人的自然人类学的身体与象征人的文化人类学的文化互为催发的自创生生生不息的敞开，身体与文化互为催发的自创生构筑起人的人文精神实体，是其身体化的物在形式与人文化的人在形式的会通性敞开。

这一会通身体化的物在形式和人文化的人在形式的精神实体的原型框架，却是天赋的心智。天赋人得以自然人类学方式与世界同在并以文化人类学方式进化心智，既是神学的，也是心灵论的，更是历史学的。心智的神学性，源于人的心智是造物主创世界时对所创的世界的赐予，人这种物种生命也因此享其殊荣。心智的心灵化，是因为自然人类学的人向文化人类学进化的外在化，就是其与世界一体的身体之体质结构和体质形态的人文化重建；其自然人类学向文化人类学进化的内在本体化，就是其天赋心智的人文化进化。心智的历史学，是指人类从自然人类学向文化人类学进化最终是将自然人类

---

① Thompson, E., Lutz, A., & Cosmelli, D., *Neurophenomenology: An Introduction for Neurophilosophers*, In A. Brook, K. Akins (Eds.), *Cognition and the Brain: the Philosophy and Neuroscience Movement*, New York and Cambridge: Cambridge University Press, 2005, pp. 40 –97.

学的**知觉记忆**进化成文化人类学的**心觉记忆**，并因其身体文化化和文化身体化互为催发的进程不断强化其心觉记忆，从而开出人的世界存在史、自然史、文化史、存在演变史，使身体化存在的人类成为历史存在的人类。

由于如上的基本努力，会通身体化的物在形式和人文化的人在形式的精神实体的底座，只是心灵。心灵是天赋心智的进化形式。天赋心智的人文进化，既敞开形态学的框架，也生成本体论的基石，前者即天赋的心智被进化为由心商、情商、智商三者构成的人文心智结构；后者即其心商、情商、智商的内在潜沉而凝聚为由自由意志、灵魂、生命激情为构成要素的心灵结构，这一心灵结构构成了人文精神实体的本体论基石，也构成人类文化的底座。

以人文心智为形态学框架，以心灵为本体论基石，作为构成其人文实体的精神敞开互为生成的三个方面，即人文精神的本体论内容、人文精神的形态学内容和人文精神的历史土壤。

首先，人的人文精神的本体论内容，由信仰、思想、知识三者构成。其中，信仰是其人文精神的本体论坐标，思想是其人文精神的本体论基础，知识是其人文精神的本体论框架，包括思维框架、认知框架和方法论框架，均蕴含在人类探索生成建构起来的知识体系之中，它的灵魂是真理。

其次，人的人文精神的形态学体系的基本构成内容，有伦理、政治、法律、经济、教育。伦理，为其人文精神设计公理、原则和价值坐标系；政治，为其人文精神构建探索限度、边界和约束机制；法律，为其人文精神的社会化践履和发展，提供“为”与“不为”的普遍论依据和行为的疆界及其规训的刚性操作体系；经济，为其人文精神健康发展创造一个平权的物质环境、存在安全和生活保障的屏障；教育，为其人文精神的能够连续统展开和进化，开辟自育和互育的土壤、条件和方式。

最后，人的人文精神的历史土壤，大而言之，即文化；具体地讲，包括传统、习俗和禁忌、图腾，或者传统、习俗、禁忌、图腾等都是文化的底座性内容；文化的形态学内容，是人类行为的物化成果，包括人造的物质产品和物化的精神产品，前者如商品、工具、食物等，后者如文学、艺术、书籍、技术等；文化的核心内容是其社会行为模式，包括社会行为规范之制度结构体系和社会行为导向模式，包括行为的价值认同模式、行为的观念模式和行为的认知模式。社会行为导向模式和社会行为规范之制度结构合生性建构起社会的意识形态、政治价值观和生存方式、生活方式。文化的本体内容却是信仰、思想、知识和人文精神，它们与社会意识形态、政治价值观和社会生存方式、行为方式合生构建起国民凝聚力、生活习俗和传统。文化的土壤是由个体、民族、人类的心灵与情感融流会通所生成。

怀疑主义者皮浪（Pyrrho，约公元前365—前275）认为，在人类世界里，没有任何事物是光荣或卑劣的、公正或不公正的。并且，人类生存奋进层累性积淀起来的风俗和习惯，是人们一切行为的基础，没有一件事物本身是这样而不是那样。皮浪所论之光荣或卑劣、公正或不公正、风俗或习惯等，都是文化的构成内容。不仅如此，人类在从自然人类学走向文化人类的进程中，无论是有意生产还是无意制造出来的一切，都构成了文化的内容，文化是人类生产和制造出来的全部内容的汇聚性生成。所以，文化是一种创造，文化更是一种存在。

文化存在是一种精神存在，这种精神是借助语言、人造物、制度等物质的和非物质的形式来呈现的。文化存在并非世界的原发存在，因为它并非由造物主创化，而是因为人而创化，并由人创化。

文化存在的发生学事实，是继创生。文化作为继创生的产物，它是自然人类学的人**质变**为文化人类学的人为标志，当人类成为文化人类学的人类，它继创生的所有内容就汇聚成为文化。文化存在，作为一种继创生的存在，必是一种混合性的存在。这种混合性的存在内容混合了美丑、善恶、真假、利义。文化源于人类对世界性存在的继创生呈现两可性，或者，文化的继创生就是与假丑恶以及极端求利做无情斗争的存在运动和历史进程，这一存在运动和历史进程将源源不断地开出真善美义群的人间文明；或者，文化的继创生就是与假丑恶以及极端求利沆瀣一气地压制、解构标志文类文明的真善美义群的存在运动和历史进程，这一存在运动和历史进程将源源不断开出假丑恶利的人类兽性和人世堕落。所以，文化存在之于人类虽然总是结出现实的果，却同时始终敞开更新存在的可能性。探索其更新存在的可能性，构成了文化继创生的社会化动力。

三　规则事实

讨论事实，是以人为出发点并最终又回到人，既揭发事实对意义的载体功能，又通过事实来架通意义与价值的桥梁。事实的如此功能释放，需要自然事实与人为事实的自身统一，并且其统一仍然要归于事实。能够统一自然事实和人为事实的事实，只能是规则事实。因为无论自然事实的形成或敞开，还是人为事实的创造与呈现，都需要规则的牵引。

1. 规则存在释义

对于规则，既是人造的，也是神造的。并且，神造的规则才构成人造的规则的依据，或可说，人造规则的规则，只能是神造的规则。但在人的习惯性看待中，普遍认为它是社会共同约定的准则，以指导和规范人们的行为，使其有边界和约束。人的这一基本看待所形成的规则呈现五个方面特征，其一，明确的方向。规则一旦形成，就有自为明确的方向。规则自为的明确方向对遵守规则做了两个方面的设定：一是目标设定；二是边界设定。前者指按此规则“能够达到什么”；后者揭明据此规则“应该做什么”和“不应该做什么”。其二，界限的清晰。制定规则，就是清晰公共行为的界限。制定出来的规则一旦实施，就产生界限清晰的约束功能。所以，规则规定了人的公共行为边界，划定了人们的公共行为范围，以确保人的行为不逾越规则本身确定的范围或界限。规则的约束性，实际上规定了公共行为领域的哪些行为是被允许的，哪些行为是被禁止的。其三，普遍意愿与遵从。这是因为规则通常融进了社会公共体成员的普遍意愿或生活需求，适用广泛的情境和参与者，并可被大多数人所理解和遵守。其四，功能发挥的一致性。一般来讲，规则的制定有其可普遍推行的依据。规则一旦形成，必呈现共同的标准和原则，能够为人们所遵循。所以，规则的一致性源于普遍性，它能够排除任何形式的任意性而获得功能释放的可靠性，产生无须质疑的可信任度，并确保公正和可预测性。其五，可规范执行。规则的实际边界和约束功能源自它可普遍实施，而可普遍实施表征为规则的共享度，这是由它本身能被监督和执行来标识的。所以，规则必然具备定义明确的标准和适当的制裁措施，这是规则能够被不偏差地普遍执行的前提条件。

规则的如上规定，实由规则的社会功能所决定。规则之成为规则，其具体的行为功能是为公共行为提供边界和约束机制，但其整体的社会功能，却是构建公共秩序、维持社会稳定。由此两个方面，规则呈现社会共识的意义和价值。这种被社会共识的意义和价值的核心内容有二：一是保障权利，使权利不遭受任何形式的侵犯；二是限制权力，防止任何形式的权力滥用。由此两个方面要求，规则应该是一种剔除任何情境和个性而诉求完全客观和普遍共性的社会存在事实。规则作为一种社会**存在事实**，也存在两可性，即一种规则的形成和实施，可能是客观的、有明确的边界约束功能和不可任意改变的一致性、普遍的公正和可公信度，也可能更多地呈现任意性、主观性或突出的个性特色。规则的两可性源于规则的制定、制定规则的依据和对规则遵循的条件设定。

首先，规则作为一种社会存在事实，它是被制定的。哪怕是对自然法则、物理原理、事物规律的遵从或不遵从，都涉及人的智－力制定规则的牵引或规范。比如，遵从水走下的本性和物理法则，给暴积的洪水以出路，就是根据水走下的本性和物理法则而泄洪，但在何处开口泄洪，往往有可能不根据自然法则、物理原理和事物规律，或有可能是决策者的意志强力或意愿性判断，如果是这样的话，原本属于自然灾害的洪水漫灌，就成为赤裸的人祸。所以，在规则制定中，有权制定规则的人们的主观偏好或意愿性方式往往构成制定规则的依据。一旦制定规则的人们的主观偏好或意愿性方式构成制定规则的实际依据时，制定出来的规则必然会违背规则本身的方向性、约束性、普遍性、一致性和可客观执行的公正性和可公度化等要求。

规则能否成为体现社会共识和共同价值，以及能否构建实质的公共秩序，从根本上取决规则的制定主体。制定规则的主体或由特定的群体、特定的人构成，或共同体所有成员。这触及规则制定的权力来源问题，即制定规则的权力是来自少数人或个别群体，还是来自社会共同体所有人和所有社会团体。一般来讲，如果制定规则的权力来源于前者，所制定出来的规则或体现或潜伏着更多的个体性意愿和利益偏好。客观地讲，每个人都是利益谋求者，其关涉他者（他人、群体、社会，甚至物、环境）的行为都会呈现私我和利己的本能性倾向，尤其是个体成为制定社会规则的权力主体时，这种谋求个体

性意愿和利益偏好的本能性倾向则会更强烈。当在制定规则的过程中没有遭遇任何阻碍时，那么规则的权力主体都会不约而同地以最大的努力将自己的个体性意愿或利益偏好置入所制定的规则之中，由此形成规则制定中的博弈，不是权力与权利的博弈，也不是权力主体与权利主体的博弈；而是权力主体与权力主体的博弈，即有权制定规则的权力主体之间的利益博弈，这种利益博弈所达成的最终结果，是规则制定的主体都最大程度地满足了对方和自己的利益偏好和个体性意愿。这种由规则制定者之间的权力博弈所形成的规则，根本不可能体现社会共同体的共识和共同价值，规则的客观性、普遍性、边界和约束的一致性，必然会束之高阁，而实际地成为或扭曲或压制或剥夺共同体成员之基本权利的权力规则。

解决规则制定的客观约束和普遍公正问题的根本前提，是解决制定规则的主体资质和条件。这涉及三个方面，第一个方面是明确“谁有权制定规则”？这个问题必然牵连出所制定的规则**应该指涉**的范围。客观地看，基于人性的自然取向，有权制定规则的主体应该是所要制定的规则指涉范围内的所有存在者，这即：规则的受纳和遵从者首先应该是规则的制定者。从实际操作角度讲，规则受纳和遵从者对规则的意愿所达成的共识和价值，必须成为规则制定的基本准则和真实的依据。第二个方面，规则的制定往往需要实际的操作者，这些操作者相对所制定的规则的受纳和遵从者言，只能是少数人，并且这些“少数人”只能从规则的受纳和遵从者中遴选出来，这就涉及如何将更具公心、公意、公德的人遴选出来的问题。解决这个问题的基本方法就是制定遴选规则制定的代表者的规则，包括制度和法律。第三个方面，即使以社会大众的共识和共同价值为依据而制定出客观、公正的遴选制定规则的代表的规则，然后按其客观、公正的遴选规则遴选出值得信赖的、能够完全代表民意的规则制定者，同样不能保证这些被充分信赖的代表能在制定规则的过程完完全全做到客观、公正、无私。为保证规则制定从开始到最后的规则形成都充分体现客观、公正、无私，还必须考虑规则制定的程序本身的客观、公正，并完全杜绝任何形式的偏私、个体性意愿或利益偏好。

其次，规则作为一种人为的事实，一旦形成就成为普遍的社会存在，无论好坏，当更优的新规则没有产生出来之前，它始终发挥着社会存在的功能。

规则作为一种普遍的社会事实要发挥其根本的社会存在功能，不仅在制定方面必须充分考虑制定规则的主体资质、权限及其程序客观、公正、无私；即使这些方面都做到了，也只为所制定出来的规则成为完全客观、普遍公正和完全无私提供了可能性。因为规则的形成及实施要发挥出完全的社会存在功能，还要取决于另一个更为客观的因素是否真正进入了规则的制定及实施体系，这就是规则得以制定和普遍实施的依据。

如上三个方面表明：不是任何人都可以制定社会公共规则，地痞、流氓不能成为规则制定的主体；文盲不能成为规则制定的主体；私欲主义者、无公心公德公正者不能成为规则制定的主体；具体的利益群体、具体的利益团体、具体的政治团体，都不能成为社会公共规则的制定主体；无论个体还是群体，自己不能不自己制定公共规则；政府不能成为社会公共规则的制定主体。社会公共规则的制定主体只能是社会公共主体，即必须是社会共同体所有成员，即使需要以民意代表的方式遴选出规则制定的操作主体，但也必须是社会共同体所有成员平等的真实意愿、共识和价值的完整表达。

一般认为，既然规则是人们基于共同生活的需要和公共行为的边界约束要求，那么制定规则的依据也只是来自人的智 - 力逻辑和律法。这种看法当然有道理，但社会规则制定的依据如果仅源于人的智 - 力逻辑和律法，那么以此为依据制定出来的规则往往难以具备完全的客观、普遍的公正和完全的无私，因为它很难形成真正意义的公共理性。其原因有三：第一，规则作为一种普遍的存在事实，是要统摄自然事实和人为事实，使其自然事实和人为事实能够达到一种**预定的和谐**。因而，社会规则的制定就不能单纯地以人的智 - 力逻辑和律法为依据。第二，即使是人为的存在事实，也是建立在自然事实的基础上，人作为世界性存在者是存在于存在世界之中的，存在世界之宇宙运行、地球运动和万物动变以及一切生命存在的生生不息存在都以或这或那的方式影响、制约、激发着人的社会性存在，人的任何形式、任何方式的选择都不可绕开存在世界及其复杂创造简单和简单创造复杂的互为催发的运动。第三，人虽然是文化人类学的存在者，但它的根源仍然是自然人类学，它的存在的本体深扎于造物主的原创世界和继创生的世界之中，它从自然人类学向文化人类学的进化，从动物存在上升为人文存在的所有这一切仍然至

今遵从造物主创世界的生之本性和生生机制，依然按照存在世界（宇宙和地球、万物和生命）的继创生原则，即简单创造复杂和复杂创造简单互为催发的创造原则而展开人类自己的继创生。

基于如上三个方面的牵引与规训，人的世界中的规则制定的普遍性依据，既不是某一单一的因素，也不是单纯地出自人的世界，而是存在世界——具体地讲，是造物主原创世界和继创世界——为之提供。并且，为之提供依据是一个体现创化逻辑生成的依据体系。这一体现创化逻辑生成的依据体系主要由自然律法、人文律法、社会律法三方面的要素构成。

自然律法是规则制定的终极依据。它就是造物主的创世律法。造物主的创世律法具体敞开两个方面，一是创造的律法，它具体敞开简单创造复杂和复杂创造简单的创造原则；二是生生的律法，即无论原创还是继创，都是基于生，都是以生为原发动力并以实现生生为实际的目的。造物主的创世律法所敞开的这一创造的律法和生生的律法，最终通过生之本性而统摄起来，使造物主的创世律法成为原发生成的体系。因为造物主创世生成的以创造和生生为两翼形态的创世律法（即自然律法）的具体形式，即物理学性质的宇宙律令和生物学性质的生命原理。

以自然律法为其根本依据或者说元依据，人从自然人类学向文化人类学方向进化也就是遵从造物主的创世律法，并将造物主的创世律法具体化为以其宏观的物理法则和具体的生命原理为基本内容的人文律法，即牵引人能够与宇宙自然同在并与万物生命共生的生、利、爱、群的律法。

社会律法并不是遵从人的智－力逻辑建构起来的律法，而是既融进人的智－力逻辑，又超越人的智－力逻辑的律法，这一律法体系是以造物主的创世律法即创造原则和生生原则为最终依据、并以生、利、爱、群为基本内容的人文律法为指南所生成建构起来的律法体系。这一社会律法体系以自然·生命·人共生存在和人·社会·环境限度生存为目标，以自由、平等、公正、人道和权责对等为基本原理的律法体系。

从根本讲，普遍可实施的规则作为一种社会存在，始终具有统合功能。但这一统合功能形成的生成机制却是存在世界与人的世界，具体地讲，就是自然存在与人的存在的自相合生。正是这种自相合生，可能生成自然存在与人的存在的共生。它的最终依据是逾越人的智－力逻辑和智－力律法的自然律法，它由其生之本性和生生机制所生成敞开创造的律法和生生的律法共生推动的律法。所以，唯有以自然律法为最终依据、以人文律法为指南、以社会律法为根本要求所制定出来的规则存在，才是真正充满生机、生气、生意的存在。

2. 规则存在类型

> 我们生活世界既定的理由交换的前提是客观的规范性标准：好的理由和坏的理由同时存在，现有的理由之好坏取决于论据的好坏，而不是情感状态。但显而易见的是，论据自身并非完全脱离情感因素，而往往由利益与感受（共同）决定，什么可以被视作损害了对人类生存极为重要的自尊。尽管如此，指导我们行为及引领我们形成意见的事实成为分析的中心。①

客观地看，文化人类学创建起来的生活世界，是好坏、真假、善恶、美丑、利义、己群并存的世界。判断人的生活世界之好坏、真假、善恶、美丑、利义、己群何者为主导者，不是个体（个体的人、个体的群体、个体的利益集团，比如经济团体、政治团体等）性的感受或评价，也不是利益的得失大小，更不是个性或人格化的尊严，因为所有这些东西都呈主观性意愿和利益偏好，而超越主观性意愿和利益偏好的那个东西才有资格成为对人的生活世界之好坏、真假、善恶、美丑、利义、己群的评判的准则。这个东西就是有充分依据的、客观的、普遍的、绝对共性的和成为共识的公共规则，这种性质的公共规则也被称为普遍规则或普遍的原则。

以自然律法为最终依据、以人文律法为指南、以社会律法为根本要求的社会规则，是一般的（general）、普遍的（universal）、规范的（normative）和公开的（public）。**规则的一般**，是指规则只能是全称命题，而非特称或单称命题，凡特称或单称命题，都不能构成规则，因为它体现个体性，只有全称

① ［德］尤利安·尼达－鲁莫林：《哲学与生活形式》，沈国琴、王鸷嘉译，商务印书馆 2019 年版，第 45 页。

命题的规则，才体现共性。所以，规则的一般意味着规则必须蕴含原理并能释放原则的功能，并且必须是形式和实质的合一。**规则的普遍**，是指规则对符合某个条件的全部场合完全适用，具体讲，是指能够统摄自然事实和人为事实并达到人的存在与自然存在的预定的和谐的规则，这种视域和性质的规则，才是普遍适合于社会所有领域所有方面的公共规则，这种公共规则必须实际地剔除任何形式的个性和利益偏好的共性规则。**规则的规范**，是指它适合于社会公共生活领域的所有行为，对所有的社会公共行为具有启动或禁止、牵引或规范的功能，并且能够达到“令行则止”。规则的一般、普遍、规范从三个不同层面揭明所制定的规则必须体现一般、普遍和规范，必须使其功能没有边界、绝对共性客观和必能可重复牵引、规训、激发、限制、约束。罗尔斯在其《正义论》中将这种意义的“一般性”（generality）和“普遍性”（universality）理解成其正义原则（principles ofjustice）的形式标准。① 其实，真正承载一般和普遍并发挥普遍平等、公正的规范功能的规则，既是形式标准的，更是涵摄本质原理和根本原则的。原则（principle）一词源自拉丁语prineipium，有起源、开始、基础等本义，真正体现一般、普遍、客观规范和完全公开性的规则的最终依据，是逾越形式并统摄形式和本质的自然律法、人文律法和社会律法，所以，这种性质的规则本身具有起源、开始、基础的含义。**规则的公开**，是指凡规则必须面向全体，没有内外，没有层级，没有私域性。并且，规则必须透明，包括形式的透明，内容的透明，范围和边界的透明，限度和约束的透明，依据、法则、程序的透明，没有任何可隐逸的，更没有隐匿的任何可能性空间，否则，规则就没有公开品质而只有**以为的**公开性。维特根斯坦对此做过深入的辨析，明确提出“遵守规则”与“以为自己在遵守一条规则”之间是有根本区别的，因为“一个人以为在遵守一条规则，并不就是在遵守一条规则。因此，规则是不可能‘私下地’遵守的：否则的话，以为自己在遵守一条规则，就会与遵守规则是同一回事了”②。维特

① John Rawls, *A Theory of Justice*, revised edition, The Belknap Press of Harvard University Press, 2000, pp. 113 – 114.

② Ludwig Wittgenstein, *Philosophical Investigations*, translated by G. E. M. Anscombe, The Macmillan Company, 1964, p. 82.

根斯坦的这一思想其实早被亚里士多德思考过。亚里士多德认为“符合”规则和“遵守”规则之间是有根本区别的，他以文法的表述为例来说明：尽管人们有可能出于偶然或受他人指教而做出某种合乎文法的表述，但是一个人要想做一个文法学家，就必须既做某种合乎文法的表述，也应该像文法学家表述它的那种方式去表述，即表达出自身完备地具有文法知识。[①] 所以说“规则的存在是公开的，其基本理由是因为有关规则的知识就像任何知识一样，本质上具有公共性”[②]。

一般、普遍、规范和公开化，此四者是任何类型的规则的基本要求。基于这一基本要求，规则作为普遍、客观、透明、公开的存在事实，可呈现三种基本类型。

作为规则依据的规则　在习惯性认知体系里，规则是人造的社会规则，即人们依照共同生活的需要而生产出来的公共行为规范。而“作为规则依据的规则”，则是规范人造的社会规则的规则，只能是自然规则。

自然规则以造物主创世的律法——创造的律法和生生的律法——为依据而生成构建起来的使存在世界之万物和生命（包括自然人类学的人）都遵从的规则。自然规则的具体形式有二：一是物理规则；二是生物规则。规范物理世界的物理规则，即**力学规则**；规范生物世界的生物规则，就是**生育规则**。物理的力学规则和生物的生育规则互相融通，就形成“向死而生”和“向生而死”互为循环开进的**生生规则**。以此观之，以造物主之创世律法为依据的自然规则突出两个方面的规则要义：第一要义是**生**；第二要义是**限度**。合起来，就是有**限度地生**，或曰**有限度的生生规则**。有限度的生生的自然规则体系，构成人的世界中的人造规则体系的规则，在人的世界中，对任何规则的制定都应该体现其有限度的生生规则，否则，所制定出来的规则违反有限度的生生，就一定是致人之死的规则，这种规则是**根本地**反人性的。

一般的社会规则　一般的社会规则，是指能够且实际地指涉**社会全域**的规则，或可简称为**全域规则**。“全域”一词有两层含义，即国家层面和人类层面的含义：能够且实际指涉国家社会共同体所有领域并构成生活于其中的每

---

① 参见亚里士多德《尼各马科伦理学》，苗力田译，中国社会科学出版社 1999 年版，第 33 页。

② 童世骏：《论规则》，上海人民出版社 2015 年版，第 12 页。

个成员的行为边界约束的规则，即全域性的国家规则；能够且实际指涉人类社会所有领域以及每个人种、民族、国家和个人之行为边界约束的规则，就是全域性的人类规则。

全域性的人类规则得以制定的基本视域是人类整体和人类生存发展所涉及的所有领域、一切方面，它由三个基本方面的内容构成。一是基本的人权规则，比如联合国于1948年通过的《世界人权宣言》中所列举的29条人的权利，就构成基本的逾越人种、民族、国家以及其他任何社会组织的人权规则。这一人权规则体系是任何国家和社会组织都不能逾越和违背的。二是人种、民族、国家的独立、平等、自由。三是人类共同体共同存在、共谋发展的基本规则，比如共同价值规则、共同利益规则、共享文明成就的规则等。

全域性的国家规则得以制定的基本视域是国家共同体及生存发展所涉及的所有领域、一切方面、每个人，由政体规则、制度规则和法律规则三者构成其基本框架。

一是政体规则。政体规则是选择的结果，即政体需要选择，并通过选择而形成政体规则。政体选择涉及的根本方面是**以什么为主体**？是以个人为主体还是以抽象的“社群”或“人民”“社会”为主体？如果选择前者，就形成个人主体论，个人既是政体规则构建的起点，也是政体规则构建的目标，如果选择后者，则形成社群（或“社会”）主体论，抽象的社群成为政体规则构建的起点和目标。政体选择的实质，是对权利（即民权）和权力（即公权）的关系定位。选择个体主体论，形成的政体规则是以权利安排权力和权利制约权力的规则，或曰权利博弈权力的规则，这一政体可表述为：公权是民权的赋予，民权是公权的来源。因而，民权是公权的边界，公权的范围即民权。反之，选择社群主体论，形成的政体规则是以权力规约权利的规则，或曰权力安排权利和权力管制权利的规则。这一政体规则可表述为：民权是公权的赋予，公权是民权的来源。因而，公权构成民权的边界，任意地规整民权，构成公权的“本分”和“职责”。

二是制度规则。制度规则制定的依据是政体规则。并且，制度规则构成政体规则的**形式定位**，所选择的政体规则必须通过制度而获得定型的和稳定的形式结构。所以，制度规则的核心和灵魂，是政体规则。政体规则如是**民**

权约束公权的权利规则，那么制度也必然是以个人为本位，并形成**民权主导公权**的权利制度机制。反之，政体规则如是**公权规约民权**的权力规则，那么制度也必然是以抽象的社会或人民为本位，并形成政府以及相关政治机构的**权力主导民权**的权力制度机制。

构成制度规则体系的根本规则有三，第一是财产权规则。个人主体论的政体，形成神圣不可侵犯的个人财产权规则；社会主体论的政体，形成财产公有化神圣不可侵犯的财产权规则。第二是平等和自由的规则。个人主体论的政体，形成个人平等和自由的权利天赋的规则；社会主体论的政体，形成个人的平等和自由权利是抽象的社群派给，具体地讲，就是公权分派个人的平等和自由的规则，形成公权给予个人平等和自由，个人就有平等和自由，公权不分派平等和自由，个人就无资格享有平等和自由。第三是社会分配规则。个人主体论的政体，形成社会分配以**权利**为导向、以**平权**为准则；社会主体论的政体，形成社会分配以**权力**为导向、以**等级**和**特权**为准则。

三是法律规则。从本质讲，法律是刚性的社会规则体系。这一刚性的社会规则体系是对制度予以行为的边界确立。客观地看，制度是对政体的形式定位，法律则是对政体的**规范定位**。由于政体规则的形成客观地具有选择的两可性，因为选择个人主体论和社群主体论，由此所形成法律规则体系的性质和功能完全不同。如果是个人主体论的政体规则，其边限规范的律法规则体系一定是**权利导向**的法律规则体系，即整个法律——从立宪法律到实体法再到程序法——规则体系的构建，都必须围绕平等的个人权利如何得到最大程度的保障而展开。如果是社群主体论的政体规则，其边限规范的律法规则体系一定是**公权导向**的法律规则体系，即整个法律——从宪法到实体法再到程序法——规则体系的制度，都必须围绕如何维护和保障公权的最大自由而展开。

领域性的社会规则　领域性的社会规则是指社会的**领域性**规则。就人的他者性存在和世界性存在之双重规定来看，社会虽然是一个存在整体，但其存在敞开却呈现开放性生成的众多维度和扇面，这些维度和扇面则构成了整体存在的社会的规则运作的领域性，由此形成以全域性社会规则为规范的领域性规则的建构。领域性社会规则是一个多领域、多层次、多维

度的体系，构成这一多元化的规则体系的最重要的方面有三：一是市场规则；二是技术规则；三是环境规则。因为市场规则是整个社会规则文明的晴雨表，透过市场规则的性质、内容及其运行的方式与方向，可以整体地感知到社会规则的向度及其利弊所在以及问题的根源所在。技术规则和环境规则却呈现人性、社会、自然三个维度的关系的静持与动变状态、趋势及其可能性。

首先是市场规则。市场是一种以经济的运行为主导的社会机制，它通过商品、技术、劳务、生产从而形成广泛的以生产、买卖、交换、服务为基本供求关系的集合体，或社会平台。由于市场是围绕生产、买卖、交换、服务为主题而展开利益的创造活动，所以，价格形成、竞争、自由交易、静持与动变的波动性等，构成市场的基本特征，这些基本特征形成市场规则制定的基本要求。

一般地讲，维持或激发市场正常发育和强健新生的展开的市场规则，主要是契约规则和法规则。契约规则的核心内容是勤俭、诚信、守时。其中，勤俭是契约的前提性规则，缺乏勤俭、没有勤俭的品质和能力，不可能有契约意识和遵从契约的意愿与努力。诚信，即诚实信用，是契约规则的灵魂。守时，是契约的保障规则，一个能够得到保障的契约，遵守时间，按时践履其信诺，这是最基本的准则。而法规则，是指守法的规则。守法的首要规则是客观，即法必须成为不可任意改变或不可任意忽视或弃置的客观存在。其二是平等，守法的规则就是将他人视为同等重要的存在，将他人的权利、利益视为与自己的利益、权利同等重要的内容，不能忽视，更不可轻慢。其三是公正，守法就是以法为准则秉持客观、不偏倚，不私念。其四是在市场中，凡法律没有规定的方面，都可行；凡法律规定了的方面，都不能任行。因而，根本的市场规则即“在一个有法律的社会里，自由仅仅是：一个人能够做他应该做的事情，而不被强迫去做他不应该做的事情。”因为“如果一个公民能够做法律所禁止的事情，他就不再有自由了，因为其他的人也同样会有这个权利”①。

---

① ［法］伊壁鸠鲁：《论法的精神》（上），张雁深译，商务印书馆2004年版，第183页。

其次是技术规则。技术规则是对技术的边界规定和约束机制。对技术的边界规定和约束机制的构建，取决于人们对技术本身的基本看待。客观地讲，技术是最古老的，也是最年轻的。技术的古老，源于技术伴随自然人类学向文化人类学方向展开，即当人有了意识地思维向意识地生活方向展开时，技术就随之形成。技术之所以相伴人类的产生而产生，是因为人类从自然人类学状况中走出来所面对的根本问题，就是存在安全和（物质性）生活保障的问题，解决这两个根本问题的根本方法就是发明技术，延长手臂能力。所以，技术之于人类存在及其发展，始终是手段性质的，始终是为解决人的存在安全和生活保障之基本问题而发挥其手段功能的。但技术又是最年轻的，这是因为每一个世代的人类都面临不同于前代的存在安全和生活保障的问题，为解决不断出现的存在安全和生活保障的问题，并且为了在更高水平上解决存在安全和生活保障的问题，人类不遗余力地开发技术。也正是因为技术能够帮助人类不断地解决存在安全和生活保障的问题，技术问题才在人的意识和生活中变得越来越重要和根本，由此产生了技术主义，形成了技术对人类存在及其发展的双刃剑：人类的前进和文明的发展全赖以技术，或者全是技术的推动；人类一代又一代所层累性生成的根本问题和存在危机，也是由技术制造出来。尤其是在今天这个时代，整个人类沦陷于由后人口、后环境、后疫灾、后经济－政治、后文化主义等构成的后世界风险社会①陷阱之中。这一后世界风险社会陷阱演绎出更为暴烈的全球殖民运动、海洋开发、太空争霸、战争蜂起、价值对决以及核威胁等，但其隐藏于背后的深层动力机制或者说启搏器，却是**技术主义**。技术主义体现三个特征，一是在形式上以技术和技术专家为中心的理念，技术专家和工程师参与管理经济和社会，以提高生产效率，全面迎合了无限度的经济增长主义和唯经济发展观。二是在本质上是一种崇尚技术、追求技术发展的思想体系，将技术发展定义为社会发展和人类福祉的最高目标，认为发展技术是解决一切问题的唯一途径，这为政治主义和唯威权主义开放了空间，提供了无限可能性和现实性。三是由此二者形成一种合力取向，这就是技术必然走向对经济和政治的垄断与经济

① 唐代兴：《后世界风险社会的不可逆转型》，《深圳大学学报》2021 年第 1 期。

和政治对技术的全面开放而忽视社会、文化、人性等根本因素，体现消解善恶边界的强劲态势。由于唯经济增长和政治权威的双重诱惑与推动，技术主义鼓动社会对技术的过度信仰，导致技术和社会之间严重失衡①；技术专家带动技术自身成为权力的源泉，并以悄无声息的方式掏空个人和民主制度②，解构人的生存自由和人类的存在尊严③。更为根本的是，“技术的发展和自我加速是一种无限循环的过程，人类社会面临着赶不上技术发展的风险”④，虽然为人们普遍盲信的“技术主义强调技术的进步是不可避免的，但技术的进步将正在全速地从根本上改变社会的性质，改变人类文明的方向”⑤，将生物人类引向自我毁灭之路。这条道路的起点是人的技术化存在，终点是作为生物工艺学技术的基本型式的人工智能技术对生物人类的心智的全方位超越和对人性的连根拔起，从太空星链对地球的精准监控，再到地面上数字集权工具的无所不在，均源于人工智能的深度学习能力已开始走向对人类能力和潜力的整体性超越，从 AlphaGo 轻易地打败国际围棋冠军到 ChatGPT 的强大生成性功能呈现，亦从不同方面敞开了技术主义难以有伦理边界制约的人类宿命。

客观地看，技术对人类的原本功能决定技术规则的制定，必须严守两个基本点，一是**纯粹的手段性质**；二是不能逾越的**物本位态**。由此二者对技术的自为规定，形成技术的**手段规则**和技术的**物本规则**，这两个规则明确了技术的定位，逾越其手段规则和物本规则，使技术本身获得主导人的主体功能和人本功能，这就是技术逾越自身的本原性规则的异化。人类文明的健康发展，必须解决技术规则的异化，使之回返到纯粹手段和必须务本的规则状态。

最后是环境规则。所谓环境，是人类所能意识的存在世界，它由万物和生命以及其他所有存在物相向嵌含的整体存在状态，这种整体存在状态敞开为三个相向生成的维度，即宇观环境、宏观环境和微观环境。

---

① Heilbroner, R. L. , “Do Machines Make History? ” *Technology and Culture*, 8 (3), 1967, p. 42.

② Veblen, T. , *The Engineers and the Price System*, B. W. Huebsch, 1919, pp. 69 – 79.

③ Ellul, J. , *The Technological Society*, Vintage Books, 1964, pp. 3 – 20.

④ Ellul, J. , *The Technological Society*, Vintage Books, 1964, p. 75.

⑤ Heilbroner, R. L. , “Do Machines Make History?” *Technology and Culture*, 8 (3), 1967, p. 42.

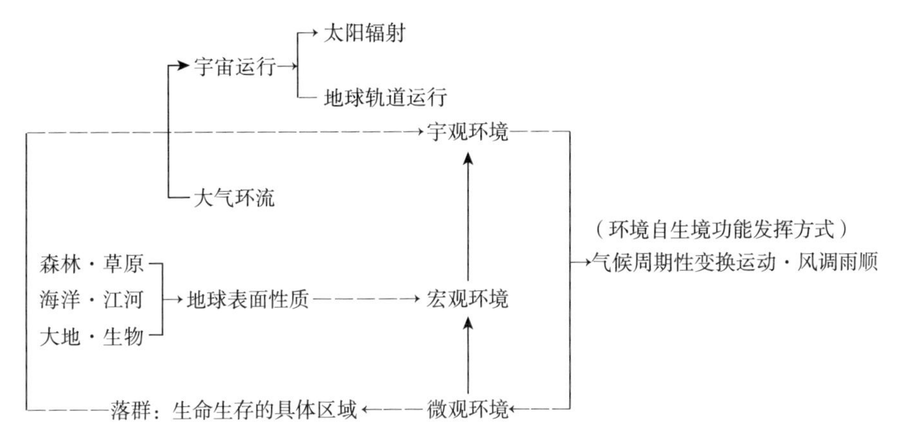

［**图3-1　环境自生境功能发挥方式**］

由如上简图可知，环境先于人而自性地和自在地存在，即**环境自存在**。环境自存在的前提，是环境内在地具有自组织、自生长、自繁殖、自修复、自建构的力量，这种力量是本原性的。这种本原性力量使环境本身获得**自生境本性**和**自生境功能**。环境自生境本性的改变、环境自生境功能的弱化或丧失，必然出现环境的逆生化。环境逆生化是指自存在的环境生境整体性破碎，最后陷入生境丧失状态。环境生境的破碎以及其生境丧失，是沿着从局部向整体、从区域向全球扩散。造成这种状况的根本原因，是人类指向存在于其中的自然世界、环境的活动，逾越自然世界、环境本身的限度。

人类干预自然世界、环境逾越了自然世界、环境本身对它的限度，这一限度形成人类必须遵从的规则，最为实际地从经济与社会、经济与市场、经济与环境三个方面得到定义。首先，经济与社会之间所形成的关系是一种嵌含关系，即经济是嵌含在社会、政治、文化之中，经济发展必然嵌含在社会发展运动之中，不能脱嵌。脱嵌的经济虽然可以获得一时的增长，但最终会导致整个社会的倒退，因为脱嵌意味着将经济建设置于一切之上而追求唯经济增长，必然造成对整个社会的“竭泽而渔”：在任何时代对任何国家来讲，“竭泽而渔”的经济发展方式所带给社会的必然结果是秩序崩溃、社会崩溃、国家崩溃。其次，社会与自然之间的关系也是一种嵌含关系，即社会嵌含在自然之中，社会（包括经济、政治、文化、科技等）发展必然嵌含在自然生变运动过程之中，不能脱嵌于自然。如果人类只为了自身目的和眼前利益而

以脱嵌自然的方式来发展社会，其必然结局是：**社会越发展，自然越逆生化。**自然逆生化的最终结果是人类自毁其存在基础和生存土壤，必然衰败并自取灭亡。这就是恩格斯的警告："我们不要过分陶醉于我们对自然界的胜利。对于每一次这样的胜利，自然界都报复了我们。每一次胜利，在第一步都确实取得了我们预期的结果，但是在第二步和第三步却有了完全不同的、出乎预料的影响，常常把第一个结果又取消了。美索不达米亚、希腊、小亚细亚以及其他各地的居民，为了想得到耕地，把森林都砍完了，但是他们梦想不到，这些地方今天竟因此成为荒芜不毛之地，因为他们使这些地方失去了森林，也失去了积聚和贮存水分的中心。阿尔卑斯山的意大利人，在山南坡砍光了在北坡被十分细心地保护的松林，他们没有预料到，这样一来，他们把他们区域里的高山牧畜业的基础给摧毁了；他们更没有预料到，他们这样做，竟使山泉在一年中的大部分时间内枯竭了，而在雨季又使更加凶猛的洪水倾泻到平原上。"① 最后，经济与环境之间的关系同样是一种嵌含关系，即经济嵌含在环境之中。在这种嵌含规律的控制下，经济发展与环境生境之间呈相反的矛盾张力取向：**经济发展必以环境为代价，经济每向前发展一步，环境就向后倒退一步；经济全速发展，环境就全速后退；经济无止境地发展，环境就遭受全面破坏而死境化**。所以，经济与环境的关系是"**用废退生**"的关系，这一关系的正面表述是：经济发展越缓慢、越有节制，环境就越具有自生境的恢复功能。反之，如果其经济发展违背"用废退生"的规律，其结局只能是环境全面崩溃，人类自取灭亡。

从整体言，社会规则，无论是全球性社会规则还是领域性社会规则，虽然落实在具体方面各有不同，但根本的方面有二：第一，凡社会规则，都是对人的社会行为的边界限制与约束。第二，社会规则对人的社会行为的边界限制和约束，仅仅是手段，所欲达到的目的是促进人和所存在于其中的社会生，或者说是促进个人与社会的**共生**，并生生不息地存在。这种基于边界和约束的生和生生之最终依据是造物主之创世规则。因而，遵从造物主的创世规则而构建边界约束的社会规则，必然促进人和社会的相互催发之生，且生

---

① 《马克思恩格斯选集》第3卷，人民出版社1975年版，第517—518页。

生不息。反之，如果违背造物主之创世规则而行人的个体性意愿和利益偏好之能来制定社会规则，虽然可能一时得逞地满足其个别人、个别利益团体的个性和利益偏好，但最终会因为行为的无边界、无约束而导致整个社会的衰竭或死亡。

第四章　生活事实

人间的意义，来源于事实，也为事实所承载，或敞开或遮蔽，或去魅或返魅，都要通过事实的承载来彰显价值的有无。事实作为存在，有两个来源：一是自然，二是人为，由此形成存在的自然事实和人为事实。规则事实既从自然事实和人为事实中来，又统摄存在的自然事实和人为事实而开启生活世界，演绎出生活事实，所以，生活事实的开启需要规则事实的带动；但生活事实的真正形成以及持续的建构或解构的决定性因素，却是人及人所处的存在境况。

生活事实相对于人的实存言，是人与他者发生实际交道的此在状态，这一“此在状态”即人的存在到场和在场。人的存在到场和在场，是指人的存在**向此在**到来。人的存在向此在到来，即人的存在**来到现在**并**上手现在**。① 人的存在来到现在并上手现在须通过“人与他者交道”中的“他者”，既可指具体的他人、群体（比如职场），也可指社会市场、环境生态、文化语境等内容。尤其是社会市场、环境生态、文化语境，此三者是任何个人之存在能否来到现在并上手现在的关键性因素。社会市场并不是一个比喻的说法，而是一种存在事实，因为市场是以生产、交易、价格三者组构起来的一个动变舞台，社会在实质上也是生产、交易、价格三者为基本框架的整体性运动方式。在社会中，每个人、每种身份、每个位置，其实都是标明了价格的，都是通过价格来实现生产或交易，包括物质的生产与交易、人的生产与交易、精神

① 关于“人的存在来到现在并上手现在”的详细分析，参见《限度引导生存》（中国社会科学出版社 2023 年版）第 4 章第一部分“‘生存’内涵的诠释”。

的生产与交易，尤其是包括权利和权力的生产与交易，都是以价格为中介，而价格却始终随生产和交易发生动变，并因其动力而动变。所以，人的存在能否来到现在并上手现在，以何种价格方式来到现在并上手现在，社会市场的性质、取向和态势实际在背后起着操盘手的作用。一个完全被威权垄断的社会市场，其实只是一种威权、一个叫嚣、一个暴力组构的社会市场，在这种性质、取向和态势的社会市场里，其存在要能以自主自为的自由方式来到现在并上手现在，是要有许多讲究的制约或者说具备相当苛刻的条件，对一般的或者普通的存在者言，其存在来到现在并上手现在，更多地只能**以他者的方式**进行。因为社会市场以最实在也是最权威的方式构筑起一种场态化的环境生态和一种不可随意逾越的文化语境。所以，具体的而不是抽象的人的存在的到场此在并非在场此在，社会市场、环境生态、文化语境此三者才是根本的客观条件，因为这些因素才构成个体生活的底色和防护带。

生活事实虽然是相对个人的实存言，却必须在与他者的实际交道中获得达成自身的可能性，所以，生活事实作为存在事实，往往并不具有完全的客观性，尤其是在非正常的存在境遇中，客观性总在实存的过滤中暗自流走而形成鲜明的趋利避害的意愿取向和实利诉求，但仍具可观察性。不仅如此，生活事实的客观性的消解反而为可观察性提供了社会市场的广阔性和环境生态、文化语境的深度空间，因为趋利避害的意愿性和实利诉求越鲜明普及，生活事实越呈多样化且动变力度也越大。

一　行为与事件

观察生活事实的静持或动变之关系消长的态势及各种可能性，有许多的观测点，但最基本的观测点是行为与事件。因为无论从个人言，还是从社会讲，行为与事件都构成了生活事实的基本面。

1. 行为

“行为”的生存论含义　行为是一种身体性活动，是一种主动或被迫承其意识地思维牵引的具身性活动，它遍布日常生活。人的日常生活必与行为打交道，或可说，行为构筑着人的日常生活世界。

根据如上界定，行为有五个方面的自身规则。其一，行为是一种活动。

活动构成行为的范围，活动之外，皆非行为。其次，行为是人的活动。揭示人是行为的主体，无人直接参与其中且非人主导或发动的活动，皆非行为。比如龙卷风、地震、海啸、山体位移、地裂、地沉等，只能说是自然运动、自然活动，不能称之为行为。其三，行为是人的具身活动。“具身”是一个认知理论概念，指人的意识和认知并非只是单纯的大脑活动或简单的思维活动，而是与身体及其环境互动的身心运动。因而，具身活动，是指人们在与世界互动时体验到的身体感觉和动作。具身活动强调人的行为与内外世界的紧密连接，揭示身体和行动是人的思考和理解的基础。从行为角度观，人的行为既是人的身体活动，也是人的意识、认知、情感、心灵的参与，更融进了行为此在和在此的环境。行为的具身活动性揭示行为的存在论含义：行为不仅是属人的，而且是属个体的，是个体的人为。由于行为是个体的人为，个体化的行为始终是具身的，即行为通过身体而将心灵、情感、精神以及意义、价值带动起来形成一个整体性质的活动。不仅如此，行为的具身性，不仅指行为是个体的人为，更指个体的人为之行为必须是具体的环境或具体的情境、语境的，这个**能够**具体和**实际**具体的环境、语境或情境，即人的存在的**此在**：只有当个体之人实实在在地向此在到来，即**来到此在化的现在并上手现在时**，行为才可真正发生。其四，作为具身活动的行为一旦发生，就形成具体的此在状态，这一此在状态的进程性敞开，形成一种生活现象；这一此在状态的结果性静持，构筑起一种生活事实。所以，人的此在化的具身活动，总是既创造生活现象，也创造生活事实。其五，行为作为人之到场和在场的具身活动，无论在进程性的状态环节还是在结果性的静持环节，可能有意或无意达成某种具体的目的，这些目的可能是行为者所意愿的，或者即使是非意愿的却是可接受或受纳的，也可能是行为者不可接受甚至激烈拒绝接受但最终不得不被强行受纳。所以，行为作为一种普通的生活现象或平常的生活事实，或者是个体在特定情境中的具身性反应，或者是个体**应对**此在情境的具身性反应，其具身性反应的活动方式，可能是身体化的行动敞开，也可能是语言性的呈现，更有可能是具身化的情绪表达。

行为是一切的标志　行为，必须是人的具身活动。但行为的真正意义，并不是具身活动，具身活动只是构成行为之意义诞生的先决性条件。从根本讲，行为既是人的开始——是人的一切的开始，也是人的世界诞生和不断生成的标志。因为造物主的创世行为，才有了存在世界，也因而有了自然人类学的人。造物主的创世行为同时赋予了所创的世界的继创行为方式（“生”）、动力化的行为机制（“生生”）和生生不息的行为原则（简单创造复杂和复杂创造简单互为催发的创造原则），才引发出存在世界的继创生运动，并由此促发自然人类学的人向文化人类学方向进化，将动物存在的自己变成人文存在的人。这意味着人的诞生源于行为：人的第一次诞生源于造物主的创世行为；人的第二次诞生源于存在世界的继创生行为。尔后，人以意识地思维和意识地生活的方式展开持续不断的人文存在的**再创生**行为，于是诞生了既可独立于存在世界又最终不能独立于存在世界的人的世界。人的世界的不断发展，同样是一个又一个连续统化的劳动行为、生产行为、技术开发行为、科学探索行为以及哲学、艺术、思想、文化创造行为的互为催发、互为推进。

行为作为一切的标志，可从方方面面呈现，或可说，行为形塑人的世界，既是四面八方的，也是四通八达的。但这种四面八方和四通八达的形塑人的世界的行为，始终围绕两个基本方面展开。首先，行为创造出一切。科学、技术、哲学、艺术等均是行为的创造，教育、文化、文明，亦是行为的创造。生活在每一个世代的人类，持续不断地解决更新的存在安全和生活保障这两个基本问题的努力，同样是前赴后继的行为的展开。物质生活、商品交换、市场调配、资源开发和高效运用、经济发展以及所有来自各方面的生活经验的总结与理论的提炼等，都离不开行为，都是人对不同领域的行为予以成就。即使异常个人化、个性化和隐私化的两性生活、日常情趣、生育繁衍，以及育幼养老，亦是以行为为先导，并以行为来殿后。无论个人性的日常生活活动，还是社会性变革与进步运动，都是以行为开其道，并以行为总其结。其次，行为也可能破坏一切，或可说，一切形式的破坏，都是借行为展开且通过行为实现。人赖以居住的环境安全丧失于人类对自然的无限度行为，应该是其典型的案例。气候全球失律极端化、地球环境生境的整体性破坏，持续造成连绵的和日常生活化的世界性灾害，都是人类征服自然、改造环境、掠夺性开发地球资源的行为持续展开层累性生成的恶果。人类无止境地征服自然、改造环境、掠夺性开发地球资源的行为，又是其追求无限度的物质幸福

的行为的强力推行的体现。战争行为带来的社会破坏和人类苦难，是另一类典型的案例，检阅人类史，战争总是伴随人类，战争对人类生存的威胁，以及各种形式的战争行为的发动，都源于特定人群的贪婪之欲的行为无限地放大和扩张。这种贪婪之欲的行为的无限放大和扩张，又是通过军备竞赛、武器炫耀、战争宣传等行为的联动和持续推进所致。人类文明进程中的暴力统治，亦是通过政体选择、制定安排、法律制度、权利分配、权力任性、社会管控、大脑清洗等一系列持续强化的行为来逐步实现的。从具体方面观，日常生活中的偷盗、抢劫、卖淫、嫖娼、倒卖、陷害、谎言、嫉妒、贪污、执法犯法，以及不义、不孝、无信、不诚等现象，都是借助行为而发生，并通过行为而收敛或泛滥。

行为的意欲性 行为既可创造一切或建构一切，也可破坏一切或毁灭一切。行为的创造性和建构性，从总体讲是目的性的，但在许多生活情境中也体现非目的性，散步过程漫无目的的思绪中突然迸发出一个原理的火花，或产生一个之前从来没有想过甚至没有意识过的公式或定义，以及旅游时意外地发现稀有矿石等行为，就属于非目的性行为，但这种非目的性行为又呈现出某种合目的性结果。与此不同，破坏性或毁灭性之类的行为，除在特殊情况下体现明确的目的性外，大多数情况下呈现非目的性。现代社会进程中不断涌现出来的日益严峻的环境问题，比如臭氧层变稀、大气污染、生物多样性锐减、地球生境整体性破碎、江河断流、洪灾不断、疫病流行世界化等现象的产生以及整体化的持续恶化，都与人类行为相关，却不是人类所意愿的，在一般情况下，没有哪个人的行为抱有使环境恶劣的目的，近代以来的人类行为指向自然、环境、地球和大气生态所形成的这种根本的破坏性，其实是意外，是其非目的性目的化。由此两个方面表明：行为产生的现象或事实以及影响，往往具有两可性。行为产生的两可性，即无论是无目的的合目的性行为，还是非目的的目的性行为，背后都隐藏着可通络的**意欲性**。这种意欲性是生存论的，当其生存论的意欲性借助于对此在化的具身活动而获得在场和上手性，就具体化为行为的意欲性。

行为的意欲性是行为的潜在性，它潜伏于行为之中却并不为行为意识的一种心理欲求状态。这种潜伏于行为之中却不为行为意识的意欲，往往并不只是属于该行为，而是属于某类行为或整个行为。比如想在物质方面过最幸福的生活，并且企望使物质生活越来越好、应有尽有、不断开新，这种意欲是与生俱来的，是伴随人的生活的方方面面，甚至成为隐藏于所有行为背后的意欲性内容。或许正是这种近乎本能的、为人人所拥有的意欲，才连通着所有人的意愿，于是，只要能促进不断需要的物质丰富，只要能增长财富，无止境地征服自然、改造环境、掠夺性开发自然资源也就成为人们的共识，而这种无限度的共有激情和共同行为指向本身有限度的自然、环境、地球生态，最终必然演绎出人的整体性存在困境和生存危机，但这种存在困境和生存危机却并不是人的意愿性努力所需求的，更可能是人人的行为都不想要并拒绝要的。

隐藏于行为中的意欲，往往并不为行为者所意识、所觉察。这是因为意欲既是存在论的，也是生存论的。一般来讲，存在论意义的意欲不为行为所意识，因为它是“与生俱来”的，是天赋人之生的本性和生机对人的存在的隐逸性形塑使然。比如，求生的本性，趋利避害和避苦求乐的本性、同情、怜悯或慈悲，以及疾恶如仇、长命观念或永生意识等往往成为强劲的存在论意欲而隐匿于具身行为中，构成人的此地此时的上手现在的行为的原发性驱力，但往往不为人们的具身行为所觉察或意识，它是以自身的方式附着在人的具身行为中无意识地发挥着其存在论功能。存在论意义的意欲能为人的具身行为所意识或觉察，它就演绎成了生存论意欲。一般而论，生存论意义的意欲往往能为意识所觉察，但也存在着一种普遍现象，能够为行为所意识或觉察的生存论意义的意欲，往往为某种具身化的行为所忽视。比如“上山打猎，人人有份”，这是集体行动的一种基本规则，它也应该成为一种普遍性的意欲贯穿于任何集体性的具身行为中，凡是参与上山打猎的行动者，其上山打猎的行动本身构成一种对此次集体行动的贡献，因而，不管你打的猎物多少或有无，都应该有一分贡献性报酬。但在A次上山打猎的集体行动中，成员张三却因为没有亲自打到任何一只猎物，在分配时张三只能获得零报酬，依据是劳有所得，多劳多得。多劳多得，是集体行动的另一种基本的规则，它也同样应该成为一种普遍性的意欲而贯穿于任何集体性的具身活动，在B次集体上山打猎的活动中，成员李四捕获到的猎物最多，但他只得到了一个

平均分配的报酬。无论是 A 次集体行动还是 B 次集体行动，在分配行为上都有意地忽视了普遍性的意欲，即前者基于对结果的强调而忽视了“山上打猎，人人有份”的“基本贡献”这样的普遍性意欲；后者却基于对动机的强调而忽视了“上山打猎，人人有份”的“特殊贡献”这样的普遍性意欲。客观地看，这两种忽视都存在问题，因为在生存论意义上，其具身行为对普遍性的生存意欲的人为忽视，都是对人的**劣待**和**不公**，并由此会生发出许多群体性和社会性的问题。

从发生学讲，意欲客观地存在着普遍性与个别性的性质不同的类型。一般地讲，在行为上，个别性的意欲应该遵从其普遍性的意欲，这是一个基本的意欲规则，如果违背此规则而在行为上使个别性的意欲凌驾于普遍性的意欲之上，使个别性的意欲成为甄别、取舍普遍性意欲的标准，往往会使行为走上独断、独裁、威权、剥夺之路，由此极大地挫伤人的共同生存的积极性，也根本地损害了人与人在本性上缔结起来合作共生的关系。如果如上所列举的例子变成一种普遍的社会规则而推行，则会造成整个社会的败坏。社会败坏的主体性表现是人性和人心的败坏，这种性质的败坏总是浓缩在特殊的个别性意欲的恣意膨胀且同时对普遍性的意欲的刻意抑制或剥夺的具身行为上，即形成破坏一切或剥夺、毁灭一切。要言之，行为的创造或破坏、普惠或剥夺，总是通过此在具身行为对意欲的取舍所致。

行为的性质与特点　由于意欲对行为的着色，包括存在论意欲对行为的无意识着色和生存论意欲对行为的有意识着色，尤其是其生存论意义的意欲因为人的原因而形成普遍性与个别性的区分，以及在这个区分框架下，其个别性意欲的恣意膨胀而导致行为的完全扭曲，由此使人的此在具身行为产生出本真性与非本真性的问题。“本真性”概念表述人、事、物的真实状态、真实本质、真实本性；反之，“非本真性”概念则表述人、事、物的存在敞开呈非本真性状态。[1] 从根本讲，行为的本真性与非本真性是指此在具身的行为是

---

① “本真性”的问题由英国哲学家泰勒提出。他关于本真性思考是基于个人主义导致人的道德生活视野的丧失、工具理性造成人的内在目的的晦暗和柔性专制主义造成自由的普遍丧失，而提出重返人的本性、重建自我认同和价值观。参见［加］查尔斯·泰勒《本真性的伦理》，程炼译，上海三联书店 2012 年版。

否呈现人的关联存在的本性的限度和生机的约束，保持其关联存在的本性的限度和生机的约束，其具身行为呈本真性；反之，则呈非本真性。

具身行为呈本真性或非本真性，其原发的内驱力仍然是存在论或生存论的意欲，它向此在的具身行为的附着，则可从动机、目的、方式等方面呈现其形态学的个性取向。在动机层面，指向此在的具身行为，可能是动机性的，也可能呈非动机性；并且，无论是动机性的还是非动机性的，都可能呈现主动或被动、意愿或非意愿的区别性。比如，应邀参加某种性质的聚会，可能会谋生某种具体的意愿而使其具身行为呈现主动的性质；反之，虽然应邀参加了此聚会，也仅仅是习惯性的应和行为，既没有明显的动机，也缺乏具体诉求的意愿。从目的观，这种习惯性的或者随波逐流的具身性行为，可能会因为缺乏明确的动机而呈现出非目的性，而且还有可能**被目的性**。你应邀参加同学聚会，也就是应邀参加此次同学聚会，并无任何想将此聚会变成某种想象的机会，也不想以此获得其他收获的想法，甚至连与多年不见的同学的叙旧的想法或冲动都没有，虽然你应邀参加聚会的行为单纯得没有任何意义，却可能被聚会组织者或其他聚会参与者赋予了各自的意义，这就是行为的被目的化。被目的化的行为，既体现本真性，也体现非本真性。而无论存在论意义的意欲还是生存论意义的意欲，当隐匿于此在具身行为中而发挥出本真性的或非本真性的意味或趣旨，也就呈现出个性化或共性化的行为特征，一般来讲，行为释放出来的本真性意味或趣旨，更多地呈现个性化特征；反之，行为释放出非本真性意味或趣旨越浓，往往共性化的特征更明朗。当然也有相反的例子，行为的本真性并不与行为的目的性对立，它在许多创建性的或创造性的此在之场中，往往是统一的，或者说是一体性的。目的性与本真性一体于此在具身行为，则呈现个性化取向和创造性诉求；反之，凡从众的此在具身行为，往往呈现共性，并在适合共性的努力中抹掉了本真性，虽然可能在此在化的具身行为中获得了目的性或非目的性所得。

行为的烦忙与烦盲　一般来讲，行为之本真性或非本真性，对人和人构建起来的社会言，都属于常态，而且，其本真性和非本真性行为既相矛盾冲突，又始终在对立中共生。这是因为本真性体现人的存在及其存在敞开之生存的本性之欲、本性之求，这种本性之欲和本性之求使具身行为的本真性成

为常态。然而，存在之于任何存在者，当然也包括人，始终是实然的；而人的存在敞开生存往往从实然指向应然。存在的实然敞开生存之应然的朝向，以及将此应然朝向付诸此在具身行为，总是带动了两个行为方式，这就是存在想象和生存联想。存在想象是存在论意欲的源泉，生存联想是生存论意欲的源泉。存在始终向生存敞开，存在论意义的意欲总是因为存在向生存的敞开而向生存意义的意欲方向演绎，但其背后的持久不衰的推手却是存在想象。存在想象总是开启生存联想，或者说人之存在实然敞开其生存应然的朝向注入此在具身行为，其存在想象总是构成了生存联想得以生成和敞开的内生驱动力。存在想象总是本能性地从无中虚构出有来的，要使这种性质的无中生有变成可期待性，将存在想象化实为生存联想，就成为不可忽视的方式。

当人的此在具身行为一但被以存在想象为内驱力的生存联想所推动，必然会走向自我**烦忙**。客观地看，行为烦忙是存在敞开生存的必然方式，因为存在敞开生存不仅要以存在想象为内驱力，更要以生存联想为指南。作为存在敞开生存的具身形式的行为，自然既要欣然受纳存在想象的鼓动，同时更愿意接受生存联想的牵引。这样一来，人的此在具身行为必然烦忙。这种必然性质的烦忙行为，可能会聚动机或非动机、目的或非目的、意愿或非意愿、主动或被动、目的化或被目的化指南于自身，任意抽取，随意出牌，目的很简单也很明确，那就是**应对**。此在具身行为的烦忙直接地源于对存在敞开生存之存在想象和生存联想的应对，烦忙的应对总是不断地激发或更高水平地激活存在想象和生存联想，由此循环往复、互为开进，此在具身行为必然地凸显**持续地操劳**。操劳不息所生成的过度或者持续膨胀的无度，就沦为烦盲。或可说，烦忙地过度或无度，就是**烦盲**。无论个人还是社会，基于存在想象和生存联想的行为烦忙，无论是达于操劳还是陷于操劳的过度或无度，都只是突出一个**忙**字。忙虽然带来烦忙、烦闷、烦心、烦神的操劳，但还有真实的方向、真实的动机、真实的意愿和目的，更有乐此不疲的存在想望和生存联想。当操劳逾度的烦忙自我沉沦于烦盲时，所有的形式或内容的烦忙、烦闷、烦心、烦神的操劳却丧失了方向、动机、意愿、目的，哪怕是被动机化、被意愿化或被目的化等也被逾度或无度的烦忙、烦闷、烦心、烦神的操劳操掉了，剩下的就是烦忙的盲目、盲然和盲目、盲然的烦忙。这时候，此在具身行为就成为机械运动，存在之来到现在和上手存在也在数不清的、无止境的烦盲中被真正解构，真实存在的不再是此在的具身行为——此在的具身行为只是木偶——而是操控木偶的那些特殊的和个别的意欲。比如，清代建立起来的完整严密的上朝和散朝的大臣跪拜行为及“吾皇万岁万岁万万岁”行为，反右行为、革命文化的行为、雷打不动的制度化政治学习行为、各种形式的主题教育行为等，虽然都是此在具身行为，却是从烦忙向烦盲进军且最后全面进入烦盲之境的行为，这些行为虽然也是此在的和具身的，却是丧失存在之现在到来的本真性和存在之现在上手的本真性限度和生机约束。

2. 事件

在原发意义上，行为既是属人的，也是属个体的。这是行为对此在的要求和对具身的规定之根本前提，没有人和没有人之个体，任何性质和形式的此在都不在此。没有人的出现和人之个体的到场和在场，任何形式和内容的具身行为根本不可能产生。所以，此在具身行为是个人的。但是，人的此在具身行为的产生和彰显，还有一个超出个人范畴的客观条件，那就是人的具身行为之彰显出特别的意义而构成基本的和普遍的生活现象和生活事实，就因为人始终是他者性的人和世界性的存在者，这两个方面规定了个体的人的存在必须以**他者的存在**为先决条件、为根本保证。这是人的存在敞开之需要此在化并要求具身化到具体的场域、场境之中而成为本己存在之来到现在和上手现在的根本原因。所以，人的此在具身行为虽是个人性的，但同时也为个人性的具身行为的此在化走向群体、社会而构筑群体行为和社会行为变得可能。个人的此在具身行为之获得群体、社会性而成为群体行为或社会行为的基本标志，就是事件。

事件的构成性　按其词典定义，事件是指在一定的时间和空间范围内发生的特定事情或情况，这些特定的事情或情况可以是任何类型的活动、变化或意外。这表明事件不过发生在特定时空中的具体事情或情况，它可能是意外，也可能是必然，并可以在任何领域、任何情况下发生。但如此“事件”界定，却没有揭示事件之为事件的内在规定以及事件与行为的根本关联。

> 想象一下，你走在街上，突然留意到人行道上有只打碎了的鸡蛋，

> 思考一下这只鸡蛋在未来会是如何，再对比一下它过去的可能性。在未来，这只鸡蛋可能会被暴风雨洗刷干净，可能被路过的狗舔得一干二净，也可能在未来几天一直这样发臭腐烂，那里有着无限的可能性。然而过去的基本场景却很受限制：似乎绝大部分可能性都指向一开始鸡蛋完好无缺，是自己掉到或者被扔到这里的。我们实际上无法直接知晓这个鸡蛋的过去，就跟无法预知它的未来一样。但我们认为自己更清楚它从何处来，而不是它向何处去。说到底，即使没有意识到这一点，我们这种自信实际源于过去的熵比较低这个事实。我们非常习惯完好的鸡蛋被打破，这才是最自然的展开。原则上来说，未来在这个鸡蛋上可能发生的事情，与它到达目前状态的所有可能路径，在数量上完全相同，这是信息守恒的推论。①

卡罗尔关于人行道上那只被打碎的鸡蛋的思考，却为我们理解何为“事件”提供了更为开阔的思路。首先，行为必是人为的，而且只是人为，非人为的活动（比如一阵大风吹来，窗台上的花瓶被吹下窗台粉碎于大街之上），只能被称为自然运动。被打碎于人行道上的鸡蛋，是因为自然运动的力量使然，还是人的行为使然，卡罗尔并未予以明确，或许并不是忽视所致，很可能是在提醒我们对事件与行为的关系，应该有更为宽泛的理解。事件也可能由人的行为引发，比如人行道上这只被打碎的鸡蛋原本就是人的行为的不慎导致它降落于人行道而破碎，或可能是因为某人的愤怒将这只鸡蛋摔在人行道而使这只脆弱的鸡蛋碰上坚硬的地面而破碎，当然也更有可能是自然运动——比如一阵狂风将某人肩挑的箩筐掀翻，致使筐中的一只鸡蛋滚落于地面不幸破碎了。如果属前一种情况，说明这只鸡蛋破碎的“事件”是人的行为造成的，这意味着事件的发生必然与人的行为相关。如果属于后一种情况，人行道上这只被破碎的鸡蛋这一“事件”，与人的行为没有直接关联，这说明能够成为“事件”的东西，也可能是自然发生的。

此为其一；其二，这只被破碎的鸡蛋，或者破碎在荒无人烟的地面上，

---

① ［美］肖恩·卡罗尔：《大图景：论生命的起源、意义和宇宙本身》，第 64 页。

或者这个使这只鸡蛋破碎的人行道是几千年的遗迹，这个遗迹呈现的人的世界既无绿色的生命，也无动物，更无人的存在，甚至没有空气、没有温度、没有湿气、没有任何东西，它就是一个绝对空无的遗迹的世界，这个遗迹化的世界存在的理由就是使这只不知从哪里来鸡蛋破碎于地面，如此而已。在这样的状况中，破碎的这只鸡蛋就是破碎的这只鸡蛋，既没有人对它关注，也没有将它当食物而享用掉的狗，更不可能有破碎的鸡蛋的腐烂或发臭。破碎的鸡蛋就是破碎的鸡蛋，如此而已，不会产生丝毫的边际因素，更没有任何后续的影响。但这只破碎于人行道上的鸡蛋之所以构成一个具体的事件，是因为它不仅进入了人的视野，而且进入一个生命化存在的世界之中，并且这个生命化的存在世界总又能被纳入人的视野而成为想象和思考的对象。由此看来，无论是人为还是非人为的自然运动或人的行为，其展开之能够成为“事件”的起码前提，就是它能够产生边际因素，生成后续性影响。

然而，无论人的行为还是自然运动之成为“事件”，是因为它能够产生边际因素并产生后续性影响，但根本前提是它能够唤起或唤醒存在的记忆。“关于鸡蛋的这个故事构成了我们可能拥有的每种‘记忆’的范本。这不单指字面上的，我们大脑中的记忆；任何我们拥有的对过去的记忆，从照片到史书，都遵循相同的原则。所有这些记录，包括被我们称为记忆的那些大脑中神经元连接的状态，都是**宇宙当前状态**的一些特征。而宇宙的当前状态本身对过去和未来有着**平等的约束**。但当前状态再加上过去的熵更低这个假设让我们能在很大程度上把握宇宙的真实历史。正是这种把握让我们相信我们的记忆是对于过去实际发生之事的可靠指引，这种信心通常是正确的”[①]（笔者加粗）。

事件作为事实的性质　在充满生意和生气的存在世界里，无论自然运动，还是人的行为，都会产生不同程度的边界因素并引发后续性影响，一阵微风拂来，一粒小碎石抛入池塘，静水泛起细小得几乎看不清楚的涟漪，两双眼睛偶然对视则闪电般回避了开来，哪怕是细微到不能再细微的运动或行为，都会生发相应的边际因素并引发相应的后续性影响。关键问题是这些生发出来的边际因素或后续性影响能否得以持续或保存，能够得以将活动或行为生

① ［美］肖恩·卡罗尔：《大图景：论生命的起源、意义和宇宙本身》，第64页。

发出来的边际因素或后续性影响持续下来或保存起来，以便不时地唤起并创设性地使之再现，这就成为实际的“事件”。所以，能够成为“事件”的活动或行为，一定是获得记忆的活动或行为。从发生学讲，**记忆改变世界，记忆创造世界**，因为，记忆才构筑起宇宙的当前状态，也唯有记忆，才能形塑出生活的当前事实。

宇宙的创化，以及宇宙创化的方式和样态，实源于记忆。科学、神学、神话，以及文学和艺术对宇宙创化之谜的探究、想象、描述，都是启动记忆来展开。没有记忆，一切都成为沉寂，宇宙不会有生气和光亮，存在世界永远是黑暗。地震、海啸、台风、暴雨、雷电等物理世界的动变，以及生物多样性减少、物种灭绝、地球生境整体性破碎及疾病、瘟疫等生物世界的动变，如果没有进入人的视野的同时，没有唤起人对它的记忆，它也不可能构成人的世界中的事件，更不可能在人的世界中产生巨大的意义。同样，宇宙世界如果没有记忆，地质的变迁事件不可能为科学所抉发和实证。耶和华创世界的事件，其实是因为宇宙本身的记忆而总是使它自己始终存在于当前状态，这种记忆化的当前状态使造物主将原创化带入继创生，继而带入自然人类学向文化人类学的进化之旅中，激发出无限可能的存在想象和生存联想。耶和华创世界的神话和神学，则是其无限可能性之存在想象和生存联想的最初方式，也是其永恒方式。耶和华创世界之作为既是最初的也是永恒的事件，是因为它以独特的存在想象和生存联想构筑起人类文明的完整原型和完整的解释体系。

自然运动或人的行为所构筑成的所有形态和性质的事件，都是真实的。但它与自然运动的真实、与人的此在具身行为的真实，有其性质的不同，即自然运动的真实和人的此在具身行为的真实，都是物理的或生物的真实；而作为事件的真实，则是记忆性质的真实。比如涿州水灾、汶川地震、新冠清零，作为自然运动形式，涿州水灾就是涿州洪水汹涌而来又汹涌而去这段时间和空间；汶川地震即并不以汶川映秀为震中点，而是以横穿北川、平武、青川三县为震中带的最初被写上 7.8 级后来变成 8 级的那一特定时空域中的极端地动山摇；新冠清零虽然各地做法并不一样，但只是全域化的耗材性质处置过程，这一处置过程突然飙起，经历三年又突然寂然。但一旦成为事件，其自然过程的运动真实总**被记忆地**真实化。作为生活事件的记忆的真实化，一旦产生，它就取代了自然运动和行为的过程的真实，或者至少使自然运动和行为的过程真实需要符合记忆的要求才可成为生活事件。比如汶川地震，作为记忆的真实，就是被定义为8级的汶川地震；但真实的汶川地震，其本身应该是以北川为中心的地震，它的震中不是汶川的映秀这个点，而是打开北川、平武、青川并贯穿北川、平武、青川三县的震中带。自然发生的事件和记忆化的自然事件是有区别的，人的世界发生的事件和记忆化处理和呈现的事件，同样是有根本的区别。《论语·子张》篇记载子贡对殷商最后一位王即纣王之恶被记忆化处理成周灭商的巨大生活事件的评价，最能说明：

> 子贡曰："纣之不善，不如是之甚也。是以君子恶居下流，天下之恶皆归焉。"（《论语·子张》）

子贡说，殷纣王所做的恶并没有传说中所宣扬的那样严重、那样十恶不赦。殷纣王在历史的记忆中是一个集万恶于一身者，子贡揭露殷纣王的历史形象和殷纣王的本来形象有根本的区别，而消弭这种区别的是周武王以"流血漂杵"的屠戮方式篡夺殷商政权后，连同殷商文化、殷商文明一同消灭，将殷商一代及其文化、文明连根拔起，抹去了殷商一代及其文化和文明的痕迹之后，然后孤零零地重塑了殷纣时代和殷纣王。对此，作为殷商后裔的孔子反复地甚至是不厌其烦地曲折表达："子曰：'夏礼吾能言之，杞不足征也。殷礼吾能言之，宋不足征也。文献不足故也。足，则吾能征之矣。'"（《论语·八佾》）现代考古学证明，汉字甲骨文至少在殷商中期就产生了。一旦有文字，就一定有社会生活、政治、经济、文化、祭祀、兵戎、庆典、王位变迁、军国大事等相应的记载，而且将更有对逝去不久的夏代文明的追述。然而，周用"流血漂杵"的屠戮篡夺殷政后，整个拥有近600年文明史的殷商王朝的历史和文化文明成为空白，没有任何信息残存，今人对殷商的了解，仅限于考古掘发出来的东西。这至少可以怀疑：周篡殷政后，不仅灭掉了殷商政权，而且还经历了一场对殷商文化和殷商文明的清洗运动。信而好古的孔子深知这一点，但基于希望以殷商的宽简仁政来重塑繁复的周之礼仪文明

的考虑，他不好明说此事，只能以曲笔表达之。这就是他为何指出“文献不足”而“不足征”的问题。孔子35岁到齐求仕虽未果，但“闻韶乐而三月不知肉味”，由是有了“子谓《韶》：‘尽美矣，又尽善也。’谓《武》：‘尽美矣，未尽善也。’”（《论语·八佾》）孔子以颂舜的《韶》乐与颂武王灭殷商的丰功伟绩之《武》乐对比，表面在讲音乐的“尽善尽美”和“尽美不尽善”，实际上却是在比较舜帝与武王、舜与周之功过得失：舜从尧那里继承得联盟首领的帝位，靠尽心尽力治天下，化人伦，行五美。所以，歌颂舜之《韶》尽美又尽善。周作为殷商王朝中的一个小邦，却以下反上，为夺得王朝政权不惜杀戮成性，其江山王朝是建立在“流血漂杵”基础上的，并非什么正义和“周革殷命”的“替天行道”，这不过是周统治者为自己以其暴虐的杀戮夺得王权后寻求合法性和掩盖罪恶的自我说辞，经历统治者的庞大统治机器所制造出来的神话。

人的行为和自然运动的真实，是其过程自然生成敞开的真实，而当自然运动和人的行为过程真实被记忆形塑成事件的事实时，却更多地体现重构记忆者的需要的真实。今天作为历史景观的西安兵马俑，本来是泥塑秦军战阵，却在后世的需要的记忆重构中，原本泥塑的兵马俑变成了秦始皇活埋人的残暴。焚书坑儒，历来成为后世控诉短命的秦王朝残暴的最好教材，同时也为强大的秦王朝为何如此短命的自取灭亡提供最强有力的解释因素。但实际上，焚书坑儒又以最形象的方式佐证了事件的真实与自然行动和人的行为过程真实的本质区别。因为就行为过程本身的真实言，焚书、坑儒本为二事，且互不相干。焚书发生于公元前213年（秦始皇三十四年）；坑儒发生于公元前212年（秦始皇三十五年）。有关于焚书事件及其内容范围和性质，司马迁在《秦始皇本纪》和《李斯传》中均有记载，内容完全相同。兹录较详的《本纪》文字于下：

> 丞相李斯曰：“五帝不相复，三代不相袭，各以治，非其相反，时变异也。今陛下创大业，建万世之功。固非愚儒所知，且**越言乃三代之事，何足法也**？异时诸侯并争，厚招游学。今天下已定，法令出一，百姓当家则力农工，士则学习法令辟禁。**今诸生不师今而学古，以非当世，惑乱黔**

首。丞相臣斯昧死言：古者天下散乱，莫之能一，是以诸侯并作，语皆道古以害今，饰虚言以乱实，**人善其所私学，以非上之所建立**。今皇帝并有天下，别黑白而定一尊。**私学而相与非法教，人闻令下，则各以其学议之。入则心非，出则巷议，夸主以为名，异取以为高，率群下以造谤。如此弗禁，则主势降乎上，党与成乎下**。禁之便。臣请**史官非秦记皆烧之**。**非博士官所职，天下敢有藏《诗》《书》、百家语者，悉诣守、尉杂烧之**。**有敢偶语《诗》《书》者弃市**。**以古非今者族**。吏见知不举者与同罪。令下三十日不烧，黥为城旦。所不去者，医药、卜筮、种树之书。若欲有学法令，以吏为师。”（司马迁：《史记·秦始皇本纪》，笔者加粗）

李斯上书“焚书”，其要点有四：第一，六国一统，天下大定，建立各守其业、各司其职的社会秩序，只需“法令出一”。第二，儒生以古非今，这是解构社会秩序，使天下重新倒退入散乱状态的做法，必须禁止。第三，禁止以古非今，保障“法令出一”的良好社会秩序的基本方法有三：一是禁私学，因为私学是传播以古非今，制造混淆是非，消解“法令出一”的场所；二是焚非秦史之外的六国史书，这是消解六国之民尤其是六国贵族的历史记忆，以及征服与被征服之间的仇恨，弥合天下一统共识和情感的必为方式；三是禁止收藏和传播《诗》《书》，而耕种、栽培、医药以及卜筮即《易经》等书都不在其所禁之列，这是因为《诗》《书》是集古之精华的经典，禁止收藏和传播它，是禁止崇古非今的有效方式；四是将《诗》《书》等学纳入官学系统，君臣和百姓私史“若欲学”，只能“以吏为师”学“法令”，懂法，明法，守法，就是有德。

由此可以看出，焚书，所焚者不是儒家经典；所禁者，主要是私学，包括禁止收藏和传播《诗》《书》，也是围绕禁止私学而展开。李斯上书焚书和禁书，实出于两个基本动机，一是为保障“法令出一”的法治的全面推行和实施：“这并不是法家李斯镇压儒家的政策，李斯的动机在于防止当时秦实行的体制因为受到批判而导致郡县制无法实行。”[①] 二是基于“道术为天下裂”于“天子失官，学在四夷”的历史教训，在天下一统的大格局下重建官学系

① ［日］鹤间和幸：《始皇帝的遗产：秦汉帝国》，马彪译，广西师范大学出版社2014年版，第84页。

统，重新实现学出官府。

西汉宗室大臣刘向认为秦政之失在于“（秦始皇）遂燔烧《诗》《书》，坑杀儒士；上小尧舜，下邈三王”（《校〈战国策〉书录》）。且这是秦统治者对古代文化和传统的蔑视。刘向之论，为将李斯上书烧毁“非秦记”所有其他史书变成焚烧古代文化经典，尤其是焚烧儒家经典《诗》《书》提供了依据，但这种偷换做法掩盖了如下历史事实：

首先，荀况以孔子学说的正传自居，并吸纳孔子“殷因于夏礼，所损益，可知也。周因于殷礼，所损益，可知也。其或继周者，虽百世，可知也”（《论语·为政》）之返本开新的历史发展观精髓，把握天下时势所变的走向而行儒法兼治。李斯和韩非子作为荀况门人中的佼佼者，自然获得熏染而具儒法视野。这不仅可从李斯的上书中如何慎重地处理儒学的关系中感到这一点，更可以从李斯上书焚书和禁书的时间节点上得到体现：秦始皇十年（公元前237年），嬴政收回逐客令，并擢升李斯为廷尉，命其掌管全国刑狱。秦始皇二十六年（公元前221年），李斯被擢升为丞相，直到秦始皇三十四年（公元前213年），也就是秦统一八年后，李斯才提出焚书和禁书的上书，这至少表明后世放言秦所实施的文化专制，并未有其初衷，或曰，秦进一步推行法治和完成文化大一统，**并不必然**要实施文化专制。具体地讲，焚书以及连锁反应的“坑儒”，应该是意外事件促成，即**只是应急的产物，而不是秦之制度建设使然。**

其次，李斯上书焚书和禁书的动机很明确，也很直接，即“今诸生不师今而学古，以非当世，惑乱黔首，相与非法教人”。这里的“诸生”不仅指“文学方术士”，更有可能指包括崇尚法治的“法生”之外的所有知识人、文化人、士，但主要指儒士和方术士。李斯之上书焚书和禁书，是因为以儒生为主的“诸生”在从事三个方面的颠覆新政权的活动：一是不师今而学古，并以古非今，这是直接反对新政权；二是蛊惑民（“即黔首”）心智，搅乱民视听；三是用非法治的知识来教人。诸生所做的这三个方面，即使在今天，也属于“鼓动民反，破坏社会秩序，颠覆国家政权”的犯罪，但李期上书却只建议焚其旧史书，禁其私学，禁止民间私自传播《诗》《书》，杜绝以古非今，应该算是宽和的解决问题的措施，何来“暴政”？

最后，《剑桥中国秦汉史》第一章的主笔者卜德认为，虽然法家思想构成秦的意识形态，但秦始皇本人并不是纯粹的法家。[①] 因为秦始皇虽以法家为尊，但仍然保持自秦孝公始以法家思想为主导意识形态的开放性思想姿态和人才政策。秦完成天下一统后，秦始皇仍然保持对儒家的礼遇和推崇政策，因为“儒者在本朝则美政，在下位则美俗”（《荀子·儒效》），秦始皇希望儒家的仁礼和教化能为自己所用。正是基于这种开放性考虑，秦始皇册封孔子第八代孙孔鲋为“文通君”，以此既表达推行法治的帝国肯定儒家思想的治理价值，也表达法治帝国的开放心态和对其他思想文化的尊重。不仅如此，秦帝国继续推行博士制度。“在东方诸国，博士制度早已推行。秦国的博士制度设立时间上稍晚，在功能上与东方诸国博士制度相比也有一定的差异。东方博士制度源自尊贤的传统，博士与国君关系亦师亦友；秦的博士制度则主要是出于政治需要，博士被纳入官僚体系中，博士与国君纯粹是君臣关系。据《汉书·百官公卿表》《续汉志》及《晋书》等史书记载，秦博士的职责有三：一是‘通古今’；二是‘教子弟’或‘典职教’；三是‘辨然否’或‘承问对’。由此可见，秦始皇籍立博士制度，目的是要博士们为大秦的现实政治服务。博士可以参政议政，《史记》中对于帝号之议、立诸子为王之设、刻石颂秦德之议、封禅之议等的记载，其间皆有博士参与。秦始皇所任用的博士，儒家应占多数。”[②] 云梦《睡虎地秦墓竹简·封诊式》记载一个父亲向官府控告其子不孝，请求官府将其断足流放，官府核实后照实断其子足然后流放，这表明儒家之“孝”实际地纳入了帝国的律法体系。云梦《睡虎地秦墓竹简》的《为吏之道》更是明确地记载了秦帝国以法为主导的法儒兼治思想，要求人们谨慎戒惧之心，“以此为人君则鬼，为人臣则忠；为人父则兹，为人子则孝”。规定官吏必须以身作则，成为民之表率，“凡戾人，表以身，民将表以戾真，表若不正，民心将移乃难亲”。如上，从不同方面表明了：面对“诸生”企图以“誉古非今”方式颠覆帝国新政的混乱局面，李斯上书只建议废秦纪之外的史书、禁止私学和传播《诗》《书》这样的宽和处理

---

① ［英］崔瑞德、鲁惟一编：《剑桥中国秦汉史》，杨品泉等译，中国社会科学出版社 1992 年版，第 68、76 页

② 严明贵：《帝国的归宿：秦朝卷》，中国华侨出版社 2018 年版，第 93 页。

措施，秦始皇也同意按此建议实施，其真正的考量依据恰恰是“儒辅法治”的治理国策。在还原理解“焚书”事件的基础上审视其后发生的“坑儒”事件，其实与“焚书”没有任何关联的应急事件。依旧参见《史记》记载：

> （公元前212年）卢生说始皇曰：“臣等求芝奇药仙者常弗遇，类物有害之者。方中，人主时为微行以辟恶鬼，恶鬼辟，真人至。人主所居而人臣知之，则害于神。真人者，入水不濡，入火不爇，陵云气，与天地久长。今上治天下，未能恬倓。愿上所居宫毋令人知，然后不死之药殆可得也。”
>
> 侯生、卢生相与谋曰：“始皇为人，天性刚戾自用，起诸侯，并天下，意得欲从，以为自古莫及己。专任狱吏，狱吏得亲幸。博士虽七十人，特备员弗用。丞相诸大臣皆受成事，倚辨于上。上乐以刑杀为威，天下畏罪持禄，莫敢尽忠。上不闻过而日骄，下慑伏谩欺以取容。秦法，不得兼方，不验，辄死。然候星气者至三百人，皆良士，畏忌讳谀，不敢端言其过。天下之事无小大皆决于上，上至以衡石量书，日夜有呈，不中呈不得休息。贪于权势至如此，未可为求仙药。”于是乃亡去。始皇闻亡，乃大怒曰：“吾前收天下书不中用者尽去之。悉召文学方术士甚众，欲以兴太平，方士欲练以求奇药。今闻韩众去不报，徐市等费以巨万计，终不得药，徒奸利相告日闻。卢生等吾尊赐之甚厚，今乃诽谤我，以重吾不德也。诸生在咸阳者，吾使人廉问，或为妖言以乱黔首。”于是使御史悉案问诸生，诸生传相告引，乃自除犯禁者四百六十余人，皆阬之咸阳，使天下知之，以惩后。益发谪徙边。（司马迁：《史记·秦始皇本纪》）

与“坑儒”事件相距不到百年的司马迁应该是在掌握了确切史实基础上进行的客观历史叙事。司马迁的客观叙事表明，被后世渲染的“坑儒”原来是一个**历史化的**虚构：秦始皇所活埋的**不是**儒生，而是以向秦始皇贩卖“仙炼丹以求长生不老”的方式骗取钱财的方士。活埋人，在今天看来是一种酷刑，但在古代，不过是一种普通的刑罚。被骗的秦始皇一怒之下下令处死骗财的江湖骗子，其实也符合秦法。但根本的问题不在这里，而在于这样一个触犯秦律的江湖骗术案，却偏偏被当世儒生所利用，将其重新包装为“坑儒”，这样就很自然地将其与“焚六国史书”这一应急事件联系起来，使之成为一个前后连贯和前后连续的社会“事实”，体现出秦始皇在文化思想上的暴政政策和暴虐地实施文化思想专制制度。其性质就发生了根本变化，由原来有针对地焚烧“秦记”之外的六国史书和禁止私学地传播《诗》《书》，变成了焚烧法家之外的所有书籍、经典，尤其是《诗》《书》等儒家经典，“坑儒”也就顺理成章了。这样的社会舆论自然汇成淹没秦帝国的洪水。所以真正说来，灭亡秦帝国的真正力量不是秦政，也不是内部的争权与斗争，而是儒生与六国贵族的合谋。六国贵族基于复仇的动机和复国的目的而在背后策划、鼓动；意欲登上统治意识形态舞台的儒生则以秦政对儒家思想的礼遇和宽容而肆无忌惮地冲锋在前，充当了六国贵族的急先锋和马前卒。

其实，从“纣之不善，不如是之甚也”到“焚书坑儒”，这种根据“需要”而以记忆形塑的方式来重新处理自然运动和人的行为的过程真实及其真实的历史，使之成为记忆的真实的“事件”，这种构筑生活事件的方式，始终作为一种社会构型的方式从上古一直延续发展到现在，并且更加纯熟和得心应手，不妨看看当世的各种各样的历史虚无主义虚构自然的运动历史和谎言构筑起宇宙的当前状态，就会自觉地、警觉地看待各种各样汹涌而来而又汹涌而去的生活事件及其真实的性质。

二　语言与观念

人的存在来到现在和上手现在，其必备的前提是其存在来到现在和上手现在的行为必须具身，且必须是具身化的行为展开。虽然这种存在之来到现在和上手现在的具身行为可能呈本真性，也可能呈非本真性，但以存在论或生存论的意欲所催动的具身行为展开一定是真实的，即具身行为的真实和行为展开过程的真实，同时也蕴含着诸如被意愿化或被目的化的非本真性，但这种非本真性呈现同样体现行为和过程的真实。与此不同，事件的真实，往往并不与自然运动和人的行为过程的真实同步，然而，这种往往被需要的记忆所处理的事件的真实是如何生成的？这就涉及语言和观念。语言和观念构

成生活事实——尤其是生活事件——的两种基本方式，也构成生活事实生成的两种基本条件。所以，生活事实的形塑或构筑，需要语言和观念的注入，甚至需要语言尤其是观念的牵引。

1. 语言

语言既有自然语言，也有人言。作为生活事实的语言，主要指人言，即使是自然语言，也要通过人言转换而可构成生活事实。这是因为人的此地此时的行为来到现在和上手现在，往往需要语言的帮助。自然运动以人的行为成为生活的事件，也同样需要语言。人的语言，实际地在内外三个维度生成，一是心理和情感的维度生成的语言，即言语，言语的基本内容是信仰、灵魂、自由意志、生命激情、信念、情感、意识、观念、思想等。信仰、灵魂、自由意志、生命激情、信念、情感、意识、观念、思想等构成的言语，既是记忆的条件，也是记忆的内容，更是存在想象和生存联想的主体条件，还是存在想象和生存联想的限度和边界。二是行为的维度生成的语言，即话语。话语即有声语言，有声语言可以只是纯粹的声音，但作为人文的话语经历自然人类学阶段的有声语言而进入音节语言，就是能够清晰地用有声语言来表达相对完整的情感、意愿、思维、思想或预想，以及探究或发现、发明的成果。三是抽象的维度生成的语言，即符号。符号既是声音的、音节的，也是物质的（比如指标信号系统即物质系统）和文字的。语言从内在化的言语达于外在化的话语而获得定型，必须通过符号语言，包括物质的符号语言和文字的符号语言。反之，符号语言要得到破译，或者话语要得内化创建，则需要通过言语而达成。记忆将宇宙（造物主创化的宇宙和人的宇宙）、历史、远古神话以及未来图景变成当前状态，存在想象和生存联想之可能在任何情境下发生，均是因为语言，具体地讲，都是言语向话语、向符号语言的个性化展开，同时也是符号语言向话语、向言语的内在化凝聚。

语言的如此内涵及其相互促发的如此功能，使它本身成为一种存在事实。语言是一种存在，而且既是一种原发性的存在，也是一种创发性的存在。耶和华创世界是以“说”的方式展开，并以说的方式完成。但耶和华创世界之说，最终是通过人言来呈现的，没有人言的呈现，耶和华的创世界没有任何意义，因为耶和华以“说”的方式创世界行为本身成为一种沉默、一种黑暗，或者说自发沉默于黑暗之中构成黑暗世界本身，但因为有了人言，耶和华以“说”的方式创世界才释放出光彩、才形成一种照亮、才创构一个生和生机勃勃的甚至包括了毁灭和重生的世界。不仅如此，人与万物生命同样，是造物主创世界的构成内容，属于自然的人类虽经历漫长的无声存在向有声存在的实现，但仍然是自然人类学的，只有当自然人类学的人从纯粹的声音向音节化的声音方向过渡的实现，他才结束纯粹的自然人类学状态而进入文化人类学进程。人的这一历史进程刚好从另一个方面证明语言是一种存在，即无论神的存在还是人的存在，都需要**语言的明证**。不仅如此，神的创世界和人的创世界，同样通过语言来彰显其创的行动和创的成果这一双重存在。

语言作为一种本原性和创发性存在，使它自为生成出三种功能。首先，语言表彰宇宙，表彰世界，使宇宙随时来到现在，成为当前状态；使世界随时汇聚于此在，成为上手的现在世界。其次，语言具有复原功能，可将逝去的存在状态、生活事实或生活事件予以复原性呈现，这就是语言呈现事实，呈现事件，比如自己所生活的城市，昨天暴雨持续四个小时。语言呈现这一地域性异常天气：2023 年 8 月 13 日凌晨 1 点 30 分到 5 点 30 分持续暴雨，覆盖全市区。最后，语言不仅可以表述存在、复原性地呈现生活事实或事件，更可以构造事实，构造事件。相对于事实或事件而言的“构造”，是指尊重生活世界中出现过的过程性事实本身的构形，予以内容的挖取和重新填塞，这种在事实本身的构型基础上挖取事实的内容然后重新填塞进新的内容的方法，就是对生活事实或生活事件的构造。构造事实或事件，是语言的基本功用，尤其是在现实虚构主义和历史虚无主义有机结合并全面发展的存在环境里，语言的构造功能能够得到无所不在的发挥。语言构造事实或事件，既可以反讽的或解构的方式展开，比如刀郎的《罗刹海市》或可成为这方面的经典；又如宣克灵“猪头龟肚狼子心，翅短却敢居高林。无知硬要喊知了，误听笑君是赞君”之类的以吟蝉吟物吟景的反讽诗，在中国古代诗中比比皆是。语言更可以建构的或重构的方式展开，比如社会化和历史性的正能量建设，其实际的操作方法就是充分运用语言的构造功能，从不同的方面、不同的领域、不同的角度和不同的层次上构造不断更新的充满正能量的生活事实和生活事件，比如赖宁故事和赖宁精神、雷锋故事和雷锋精神、二舅故事和二舅精神，

这是从少年、青年、中年三个年龄层面的生存环境中展开的三种构造。通过这三种构造方式构造出来的建构性和重建性的生活事实和生活事件，涵盖了对生活世界的所有生活事实和生活事件的构造，或可说对生活世界的所有生活事实和生活事件的构造都是通过这三种构造方式来实现的。

除此之外，构造的解构性或建构性，还延伸到更为广阔的领域，那就是运用这种语言构造方式在历史领域和未来领域展开对事实和事件的构造，前者如自汉以来对孔子予以“圣人”的形塑，就是通过语言来借用生活于春秋晚期的思想家孔子来构造一种以血缘为基石、以宗法为纽带的皇权专制所需要的儒家统治意识形态。儒家统治形态意识体系的设计师董仲舒在向汉武帝刘协献的“天人三策”中讲得很明确，皇权专制所需要的儒家统治意识形态体系的构建，就是以五德终始和天人感应（或曰“天人相与”为两翼形式的政治神学为底座，以“推明孔氏，抑黜百家”为基本框架，以荀子思想和孟子思想为体用一体的基本内容）以“三纲五常”为实施机制。皇权专制的依据是皇权神授，维护皇权专制的统治意识形态必须是以五德终始、天人感应为解释工具的“皇权神授”的政治神学，以其皇权神授的政治神学为坐标，以抑黜儒家学说之外的其他思想学说（即后来的“罢黜百家”）为基本战略，然后运用孔子的名分来统摄荀子和孟子的思想，构建起作为统治意识形态的儒家思想体系。因为《荀子》内在地具有构建大一统政治、伦理、制度、文化传统的思想资源的**务实主义**，而《孟子》却内在地具有构建大一统政治、伦理、制度、文化传统的思想资源的**务虚主义**。董仲舒以其“五德终始”、“天人感应”的政治神学来统摄二者的虚实，使其有机地统一起来形成**以礼法为本、以德为表**的治理体系。因为董仲舒发现孟子和荀子都分别自我标榜为孔子的正宗传人，而以孔子为名号来统摄孟、荀，来号令诸子发散开来的百家，既最有说服力，更具有无限可能的象征意义，这就是董仲舒“天人三策”中提出的“推明孔氏，抑黜百家”的策略。更进一步看，董仲舒运用“皇权神授”的政治神学语言来构造融统孟、荀思想而创建起“三纲六统”（后来通过白虎观会议订正为“三纲五常”），为全面实施政治统摄伦理和帝王专制天下的独尊主义提供了神学主义、自然主义和人性主义的三重合法性证明，将汉代大一统对周“监于二代”而建立起来的**相对自由**的**二元结构制度**予以武断弃置所形成的巨大鸿沟，予以形式上的填充，同时也将汉代大一统对先秦以民生主义、原始民主、相对自由主义为本质内涵的传统予以暴虐否定所形成的思想、精神以及心灵、情感上的深度裂口和伤痕，予以形式上的填充性修复。这种形式上的填充性修复，却是通过“推明孔氏”的方式来展开。于是，孔子**成为**汉代帝王专制制度及其政治、伦理、文化传统的象征，“三纲五常”的“始作俑者”**也必须安排给**孔子。所以，孔子必然被构造为在后世**既是圣人，更是受难者**。孔子作为圣人和受难者的双重历史待遇，虽然与孟子和荀子分别自诩为其思想的正宗传人相关，但最终因为董仲舒的伟大智慧和运作的语言构造。以此观之，孔子**被后世再造**的圣人史和受难史，谱写出孔子身后的中华政治、伦理、制度、文化演变发展的轨迹。

孔子原本是自由主义思想家，抑或说是构建一起套相对完整的自由主义政治哲学家和道德哲学家，经过汉儒的语言构造而成为“圣人”的历史事实，却因此改变了或者说重新构造了中华文明史、文化史和思想史。语言不仅对历史可以任意地自由构造，也可以构造出对未来世界的预期，比如 1945 年 8 月抗战胜利后，1946 年 1 月 16 日，中国共产党代表团于政治协商会议上提出“和平建国纲领草案”，该纲领于 1946 年 1 月 31 日在政治协商会议第十次会议全体一致通过，并于 1946 年 2 月 2 日在《解放日报》全文刊发①，就属于对未来世界的构造的典型范例。

语言**自成存在**、语言**呈现存在**、语言**构造存在**的这三大功能，使语言本身成为集合体。语言既是存在的集合体，也是呈现存在的集合体，更是具有

---

① 由解放日报全文刊发的《和平建国纲领》（以下简称《纲领》）分总则、人民权利、政治、军事、外交、经济及财政、教育及文化、善后救济、任务九部分，包括附记共 10 页 61 款。《纲领》总则：（一）遵奉三民主义为建国之最高指导原则。（二）全国力量在蒋主席领导之下，团结一致，建设统一自由民主之新中国。（三）确认蒋主席所倡导之“政治民主化”、“军队国家化”及党派平等合法，为达到和平建国必由之途径。（四）用政治方法解决政治纠纷，以保持国家之和平发展。《纲领》规定：（1）确保人民享有身体、思想、宗教、信仰、言论、出版、集会、结社、居住、迁徙、通讯之自由。（2）增进行政效能，建设健全文官制度，确保司法权统一与独立，厉行监察制度，积极推行地方自治。（3）军队属于国家，军人的责任在于卫国爱民。（4）遵守大西洋宪章、开罗会议宣言、莫斯科四国宣言及联合国宪章，积极参加联合国组织，以确保世界和平。（5）制定经济建设计划，欢迎国际资本与技术合作，防止官僚资本发展。（6）保障学术自由，不以宗教信仰政治思想干涉学校行政。（7）迅速恢复收复区的社会秩序。（8）对海外各地受敌人摧残而失业的侨胞，应协助其复业，并对其居留国内的眷属生活，予以救济等。

构造存在——具体讲是构造事实和事件、历史与未来——的构造功能，使语言不仅是一个集合体，而且是一个汇集真假、善恶、美丑于一体甚至构造真假、善恶、美丑于一体的存在物。秦二世时的“指鹿为马”这一语言构造事件，以及汉语体系的避讳和禁言制度与源远流长的文字狱史，都是可以任意地以语言为工具来构造事实和事件，甚至构造历史和社会的方式。指鹿为马的语言构造，是对存在本身、生活事实的颠倒黑白的构造，这一语言构造的事实和事件，最为典型地呈现了在语言的构造下，假可以成真、恶可能为善，当然丑也可以成美。语言构造事实和事件，不仅可以颠倒黑白，更能够颠倒真假、颠倒善恶、颠倒美丑，当然包括颠倒利义，这种颠倒既可以是解构的，更可以是建构的或重构的。

2. 观念

自然运动要进入人的存在视野并构成人的世界的有机内容，需要借助于语言。人的此地此时存在来到现在并上手存在，同样需要借助于语言。对人和人的世界而言，语言无所不在。语言的无所不在，通过语言自身成为一种存在、语言呈现事实或事件和语言构造事实或事件三个维度敞开。语言存在，这是语言本身作为一种事实，它诞生了，就成为存在的实在样态、存在方式，并敞开自在自为的存在位态或存在姿态。所以，语言存在，是以自身为依据。与此不同，语言呈现事实或事件，却是以事实为依据。对天下雨之事实的呈现，是以天实际地下雨为事件，对事件的呈现亦是以事件作为事实本身存在和事件作为事实本身这样地经历这样的过程并以这种方式存在的事实。语言构造事实或事件，却既不是以语言自身为依据，也不是以所构造的事实或事件本来的样态为依据，而是以观念为依据来重新解构事实或事件，然后再重构事实或事件，因为语言构造事实或事件始终以尊重事实或事件为前提，然后挖取事实或事件的自身内容、内涵，再将创设的内容予以重新填塞。

语言的构造，无论解构性构造事实或事件，还是构建性构造事实或事件，都需要以观念为导向。语言构造事实或事件以观念为导向，是指以某种或某类观念为依据、为准则来重新审查事实或事件，然后根据观念的需要来挖取事实或事件的内容，包括具体的观念或主张、思想或价值、信念或信仰、利益或权利/权力。所以，无论是构造生活事实，还是构造生活事件；无论是构造历史的事实或事件，还是构造未来的事实或事件，都是基于明确的观念。

“观念”的词典语义，是指对事物、现象、价值观和世界的认识和理解所形成相对稳定的看法、倾向、态度、立场，并与主观概念、信念、思想或理念相区别。但是，当一种对世界、生活、事物以及对某种认知、价值甚至信念所持的看法、倾向保持一种持续稳定的不变性，就是观念。在更宽泛的意义上，信仰、信念、思想、理念、价值观、知识观、世界观、意识形态、文化观、习俗观、禁忌观等一旦被人持有使之发挥认知、理解、判断的功能，就是观念。一般地讲，观念的形成始终具有主观性，但也有历史性和此在的社会性。在普遍认知、基本看待的意义上，观念的形成虽有主观性，观念的运用也会释放出主观性倾向来，却要接受客观性，也就是接受社会、历史、文化等普遍性因素的制约，并遵从人性与自然的双重法则。但在特殊的认知和看待意义上，具体地讲，在权力和财富主导的语境和场域中，观念的运用可能会尽其所能地拆除其社会、历史、文化等方面的因素，并蜕去人性和自然的双重法则。这种可独来独往的观念，才有资格按照自己的需要去构造事实或事件、历史或未来。

可以独往来的观念，既可是生活的观念，也可是思想的观念或历史的观念，更可是想象的观念。可以任其需要而解构或建构事实或事件的观念，同样可以是生活的观念、思想的观念、历史的观念或想象的观念。比如“敢于斗争，善于斗争、勇于斗争”的观念，就是一种绵延历史的观念，盘踞于西部边陲的小邦周，实开其敢于斗争、善于斗争和勇于斗争的先河，以“流血漂杵”的屠戮消灭强大的殷商政权，这是敢于斗争、善于斗争、勇于斗争的最成功的案例，其后通过陈胜、吴广、刘邦、刘备、李渊、朱元璋等历史人物延续和发展了这一传统，并在近世的土地上发扬光大，以小搏大，甚至以邪搏正、以恶灭善，由此谱写出人类历史上各种眼花缭乱、光彩夺目的事实和事件。而“有枪就是草头王”“占山可为王”“饿死胆小的，撑死胆大的”“贫穷限制了人的想象”等，就是被普遍认可的生活观念，而正是这些生活观念的个性化的和无限度的释放，才源源不断地构造出生活的事实或事件，并由此影响历史甚至是构造出了历史。管仲治齐，成功开创出“富民富国”的社会治理与发展的思想观念和社会治理与发展的模式，这一社会治理与发展

的思想观念在后来者孔子那里得到发展，并构成其自由主义理想的基本内容，并对其予以了更进一步的理性思考和理想设计，即先“庶之”、“富之”，然后“教之”的“先富民后富邦”的治邦国策，由此形成一种关于国家治理与发展的思想观念传统。但汉以来，这一“**先富民后富国**”的思想和观念传统却被“富国富民”的观念解构，重建起一种“**先富国后富民**”的社会治理和发展的思想观念传统，这一思想和观念传统一直延续至今并以当世的方式予以了特别的完美弘大。“将损失夺回来”“堤里损失堤外补”以及“跨越式发展”“弯道超车”等观念，其实都是想象的观念。现实的状况是“损失了的永远地损失了”，它不能补回来，能够“补回来”的不算损失，而当下的应为创造和收益。这如你的昨天逝去，能找到补的办法使“昨天”重新来过吗？想象的观念总是给人以虚幻的慰藉，但同时也制造出虚假的生活，即将本真的生活内容变成非本真的生活事实。跨越式发展就是逾越常识，包括社会常识、经济常识、市场常识、人力常识、资源常识等常识的一种发展观念，这种逾越常识的“发展”观念不仅不能跨越式地发展，而且会将正常的发展方式也搅乱，使发展变成混乱。无论从生活现实看还是从历史观，想象的观念很具危害性，人类历史上的众多悲剧，其实都源于想象的观念启动语言和行为来解构或重构事实或事件，最典型的或许是第三帝国的兴起与灭亡，其实从头到尾都是基于一种想象的观念。第三帝国之后的共产国际与资本主义帝国之间长达近两个世纪的博弈至今方兴未艾，其原发动力同样是基于不同的想象的观念。从本质讲，思想的观念被用于生活，就成为想象的观念。柏拉图的理想国，是纯粹的思想的观念，这一思想的观念的形成之因却源于解决苏格拉底之死带来的对现实世界的震撼，即如何避免雅典民主制度里面潜藏的多数人的专制，柏拉图设计了理想的国家，为此一方面探求并建立起以“相”（或“理性”）为本体的形而上学依据；另一方面探求并建立起规范行为的伦理和精神体系。柏拉图之后虽然类似于理想的国家的社会乌托邦间或产生，但西方社会却没有哪个国家甚至哪个人愿意去践履它。若溯其根本原因，“理想国”这样的思想的观念可能在政治、经济、社会等方面的思考与构建方面蕴含违背人性和自然的双重常识。马克思可以看成是现代版激进的柏拉图，虽然盛行于世，但目前看来不能自行久远而解构。这可从一个侧面引发世人反思：当一种思想的观念违背人性和自然的常识时，最终都可能将人的世界引向灾难化存在。“天下为公”的观念，虽然为一代又一代儒生所倡导，独占天下大权的帝王也为此击节赞赏，但帝王清楚这只是愚弄氓民的观念把戏：自己是上天之子，代天父下到人间来治理世界，其王权神授，而且“溥天之下，莫非王土，率土之滨，莫非王臣”。同时，帝王们异常清楚，虽然天下是自己的，但要这天下永远属于自己，还得将其“溥天之下”的王土分一杯给臣和民，因为私有制不能帝王一家私享，还得拿一部分出来与大家同享，所以王权神授和天下神授的帝王，也得让家族和臣民享有私有制的红利，这是长治久安的法宝，否则，只是一人私有、一家私有或一个利益集团私有，这就是太过贪婪，这就是中国“天下为公”的帝王社会持续两千多年的内在秘密，即思想的观念变成实践的观念，不能违背人性与自然的本性，至少不能太过地或完全彻底地违背人性和自然的本性。自然的本性是生，人的本性也是生，生的本质却为己、持己、存己，以此为本质规定的生之本性的运行所形成的自然方向以及所形成的自然方式，却是**关联存在的共生**，其关联存在的共生的本质却是基于各自的为己、持己、存己而相互为界的限度与约束。这是聪明的中国帝王虽然有一套王权神授的护身符，但也头脑清醒地遵从自然和人生的双重本性，而只是赞赏儒生们的“天下为公”却不会愚蠢地真行“天下为公”。现代人比中国帝王们更精明的地方，就在他们总是不断锲而不舍地运用强权的暴力去强推违背自然和人性的法则和常识的“天下为公”，去喋喋不休地对“天下为公”予以咄咄逼人的语言构造，使它变成普遍的生活事实，其过程必然需要源源不断地构造违背人性与自然法则的事件，社会由此成为由特殊观念牵引的语言构造的事实和事件的社会。

三　建构与解构

人的行为与事件、语言与观念，这四个基本方面勾勒出人为的生活事实的大体框架，也由此呈现一个基本事实：无论从个体观还是从社会言，生活事实的形成与敞开，并非都是本真性的，总是呈现本真与非本真的两可性。诸如符合人性与自然的双重法则或忽视人性与自然的双重法则的两可性，普遍意愿与特殊意愿的两可性、主动为之与被动目的的两可性等，这既源于生

活事实且必须是人的行为的敞开。而人的行为总是不可完全的自由、自主、特立独行，因为个人始终是他人性的，他人性的群体又总是坐落在社会中，社会坐落在自然和历史中、自然和历史却坐落在记忆的当前呈现中，记忆的当前呈现又总是以自身的方式坐落在存在想象和生存联想中，存在想象和生存联想总是在语言和观念中生成。语言和观念，既可是普遍的、一般的，更可是特殊的、个别的。当语言和观念被扭曲地运用，或可说当语言和观念被贪婪和野心、强权和暴力所垄断，必然被整体地扭曲而竭尽所能地蜕去普遍和一般而特别地舒张甚至无限度地扩展特殊和个别。因而，生活事实往往并非人的生活事实，因为在许多时候、许多语境下，以至于在许多存在场域中，生活事实往往是**被生活化**和**被事件化**的生活事实。由此，生活事实的形成既可是建构的，也可是解构的。建构和解构，构成生活事实**生成的**两种基本方式。

1. 生活本真性的解构

生活事实相对生活而论，即生活事实是对生活的描述，这种描述既可能是生活的，也可能是非生活的。生活与非生活的区别，是要从人本身出发来看。从本原意义讲，生活是人从自然人类学的黑暗深渊中走出来朝文化人类学建构自己的生命运动、生命过程和存在敞开的感性方式，也可说生活是人从动物存在变成人文存在的过程状态及感性方式，由此表明只有人才能创造生活，也只有人才有动力和能力生产生活、经营生活和持续地改善生活的状态或方式。所以，生活，即人的存在彰显的感性样态；相反，非生活，意味着人的存在的消隐，它是人的存在消隐的感性样态。生活事实就有可能承载这样两种性质完全不同的生活状态和感性方式。一般来讲，人的存在彰显与人的存在消隐所敞开的生活事实，也就是本真性生活事实和非本真性生活事实的区分。客观而言，彰显人的存在的本真性的生活事实，是遵从人性和自然的法则的生活事实；反之，消隐人的存在的非本真性的生活事实，是脱离、违背或解构人性和自然的法则的生活事实。因而，生活事实的建构与解构，客观地存在本真性生活事实和非本真性生活事实的构建或解构的问题。一般来讲，本真性生活事实的建构，必以解构非本真性生活事实为前提条件或辅助方式：如果生活事实处于非本真性状态，要建构本真性生活事实，必须以解构非本真性生活事实为基本前提；如果其生活事实处于本真性状态，要保持这种状态，需要不断地防止非本真性生活事实的产生或当非本真性生活事实产生了，就应该去抑制或解构这种非本真性的生活事实。相反，当一种场域化的生活一直处于非本真性状态，就是需要对其非本真性的生活事实的解构，并通过其解构来建构本真性的生活事实。

客观地看，真实的生活过程和生活状态并非只有本真性生活事实，也并非只有非本真性生活事实，二者往往是兼而有之。衡量其场域化的生活是否属本真性或非本真性生活事实构成，只能看其主要、主流、主导，如果其场域化的生活呈现以非本真性生活事实为主流状态、主导趋势，那么此场域化的生活即以非本真性的生活事实所构建起来的；反之，则属于本真性生活事实为导向的场域化的生活状态和生活过程。

无论从个人言，还是从社会论，非本真性的生活事实的构建往往是以对本真性生活事实的解构为先导。对本真性生活的解构，就是对人性的法则和自然的法则的忽视、逾越、违背和解构，并通过此解构来解构其本真性的生活。这里所讲的人性的法则和自然的法则，即造物主创世界的生之本性和生生机制，它牵引宇宙自然和万物生命关联存在和继创共生运行，所遵循的创生原则就是简单创造复杂和复杂创造简单互为催发，并引导自然人类学的人类向文化人类学的人类方向进发的过程中遵从生、利、爱、群的原则。所以，无论是自然法则还是人性法则，都是生的法则，并且都是生之有度的原则和在有度中生生不息的原则，即创造原则。

客观地看，对本真性生活的解构，就是使生活本身沦陷于非确定性状态。因为人性和自然的法则从人和自然两个方面给予生活以定海神针，生活既有明确的方向，更有秩序。当人性和自然的法则被人为地解构后，生活丧失了定海神针，秩序也由此弱化、模糊或消解，所以生活必然陷于非本真化的不确定性状态。人性和自然的法则遭受解构之所以使生活沦陷于非本真化的非确定性状态，源于两个因素的激发：一是存在世界；二是人力所为。

首先，存在世界的涌现性敞开所形成的非确定性构成的人的本真生活解构的一个来源。存在世界本身具有不确定性，这种不确定性源于存在世界是以涌现性生成的方式展开，比如湍流，或者宇宙大爆炸，以及热力学第二定

律，都从不同层面印证了存在世界的不确定性及其不确定性的涌现性生成。存在世界的不确定性，自然形成人的世界的不确定性，所有的秩序——哪怕是完全符合自然法则和人性法则而构建起来的人间秩序——也处于不确定性状态，违背或者根本地反人性法则和自然法则所建构起来任何生活事实或社会秩序，无论运用怎样的暴力来维护，其非本真化的不确定性更为复杂和多变，其涌现性生成对秩序的冲击力更大、更无所不存在。存在世界是不确定性的根源，但存在世界也自居消解其不确定性的方法，这就是有度之生和生之有度的互为催发，具体地讲，就是基于生之本性和生生的生机而展开简单创造复杂和复杂创造简单的互为催发，不断地消解着不确定性，使存在世界在不确定性中建构起确定性、秩序。这种动态生成的和生生不息的确定性和秩序来源于自然法则，所以自然法则构成存在世界生成确定性和秩序的定海神针。当人力将存在世界纳入自身之中，并以其自身需要为准则而解构自然法则，其原本有约束的存在世界之不确定性更加不确定，由此自然成为一种推动力推动人的场域化生活处于更加非本真化的不确定状况之中。因为，确定性与秩序，无论之于自然世界还是之于人的世界，都是建立在**边界**之上，边界却是建立在**约束**之上。当所建构的确定性秩序解构了边界、清除了约束时，秩序与混沌、有序与不确定性之间的边界就消失了。这种消失的后果是不确定性倒灌入秩序的生活世界之中，涌现无处不在的非本真性生活事实。

其次，人力所为是造成生活丧失本真性的根本力量。人力造成生活丧失本真性是全方位的，但主要的方面有四。

一是存在信仰的丧失，必然引发人心迷失，精神荒芜，个人或社会缺乏必要的内稳定因素，即宗教和信仰，本真性生活必遭遇解构而沦陷于非本真化的生活状态。信仰丧失源于本原性的困窘，这种本原性困窘就是人与动物的区分并不存在于人的外部，而是存在于**人的内在性**。因为“人与动物的区分，实际上并非在人与动物之间划界，这道界限并不在人与动物之间，并不在人之外，**而是在人的内部，即人自身中人性（或超越性）与动物性之间的区分**”[①]（笔者加粗）。当将人与动物的区分的意图和关注点投放在人与动物

① ［意］吉奥乔·阿甘本：《敞开：人与动物》，蓝江译，南京大学出版社2021年版，“中文序”第ⅷ页。

之间在关系上，而忽视人对自身的内在超越，那么人最终只是“人形动物”，并且始终只是“人形动物”。当人以“人形动物”的本性方式而存在、而展开生活，必然遭遇来自外部的任何因素的激励而丧失其本真性。“如果我们能够拥有一个独立的内心世界，全仰赖于**宗教**对我们的启示，让我们的动机变得纯洁，让我们的生活有一种高尚的严肃性，从否定痛苦中让我们体验到了**信仰的喜悦**，是那么的充满紧张和趣味性。是宗教改变了人们自然主义的生活模式和狭隘的限制，从此**对爱情和不朽充满了向往**，第一次让心灵拥有了真正的精神世界，并让这种精神世界成为世界的核心。内在论唯心主义则再一次将人的力量最大限度地激发出来，同时保证了这种力量和平地使用；它让人们心灵得到了超越，**摆脱了特定自我条件下的渺小与平凡，与宇宙建立起一种精神的交流，并且，通过把真、善、美完美地结合**，它创造出了一种可以拥有巨大力量和高尚声誉的生活模式，而这一切伴随着诸多重大的主张纠缠在我们的生活中，让我们感到必须承认它。但是，如果某一观念已经没落而它还在严重地影响我们的生活的话，我们该怎么去应对这些主张和因这些造成的混乱呢？离开根和其他有机整体的植物，它还能生存吗？那些观念也一样如此，**离开了根基和激发它们的原则，就会丧失它们的本质和生机**，它们还有生命力吗？它们像个苍白的幽灵纠缠在生活周围，仍强大得可以摧毁我们在现实世界的幸福，却又不能给我们打开另一扇门，不能为我们提供合适的奋斗目标和生活的价值与意义。”①（笔者加粗）

二是文化精神的缺乏，人的生活场域化丧失精神的营养，生活也自然因为缺乏其必需的滋养而沦为干枯状态。文化精神是文化的灵魂，文化的灵魂即文明，文化精神即文明。文明作为衡量文化的进步状态，呈现一种内在生性和生机，这种内在的生性和生机的最终源泉是造物主的创世法则。当场域化的生活世界从根本上缺乏文化精神的滋养而处于干枯状态，那么，这种干枯状态的生活难以保持存在敞开的本真性。具体地讲，缺乏文化精神滋养的生活场域，难以保持人性与自然之生和生生不息的本真性对生活本身的自持与灵动。

---

①［德］R. 奥伊肯：《人生之意义与价值》，张蕾译，北京联合出版有限责任公司2015年版，第19页。

三是社会景气的非正态或者社会景气衰微，也是导致生活解构其本真性的重要因素。社会是由个体存在之人基于共同意愿、共同意志和共同需要所缔造而成。人作为个体生命，天赋其生之本性和生生不息的生机构成人存在于世的生意、生气。这种以人的生之本性和生机所筑成的生意、生气的群体性汇聚就形成整体运营的气场，这一整体运营的气场推动（以经济、政治、科技、教育、思想、信念为基本内容的）社会市场勃勃展开，就生成生韵流动的社会景气。生韵流动的社会景气往往成为建构和维护本真性生活的直接社会力量。当社会景气不正或当社会景气处于持续的衰微状态，必然带来社会市场的整体性萎缩，经济运动的通缩或通胀，政治的立体化内卷，失业扩散，收入普遍降低，而且还从根本上缺乏缓解这种情况所必需的从个人和社会两个方面的兜底机制与自稳定的防火墙。本真性生活的解构成为必然，即无论个体或是群体，都在各自寻求自助或自救而不遗余力地——或有意识地或无意识地——解构规则并互为消解生机与法则，生活事实的生成和生活事件的建构既可能自发地也可能自觉地疏离本真性。

四是当在某种持续已久的特定生活场域中的文化精神缺乏甚至被连根拔起，最终引发社会景气的持续衰微和戾气化，必然源源不断地滋生出极端主义想象、极端主义行为、极端主义反规则及反秩序、反稳定性的暴虐，这暴虐最终汇聚成无解的极端状态，包括极端的个人存在状态、极端的群体存在以及极端的社会存在状态，斗争主导生活，个人和社会缺乏基本的秩序、存在安全和生活保障感，生活的本真性往往自发地消解于无形之中。

2. 生活本真性的建构

人从自然人类学上升为文化人类学，从动物存在变成人文存在，本能地希望过一种人的**正常**生活。人之为人的正常生活，就是人之成为人（而非“人形动物”）的本性生活；人之成为人的本性生活，就是遵从生生本性而人相与互生和共生的生活，这种人相与互生和共生的生活，是最为质朴的本真生活。当这种意义的本真生活尚未产生，或者当这种意义的本真生活被某种社会性的力量所解构时，那么，寻求构建或重建本真生活，就成为人之为人的必为方式。

建构或重建本真生活的任何方式，都必须面对非本真生活，且无法回避或绕过，因为建构必须以解构为前提，所以，建构本真生活需要对非本真性生活予以正面的拆除和解构。拆除和解构非本真性的生活，不是简单地消解非本真性生活，这是不可能做到的，只能拆除和解构构成甚至是维护其非本真性生活的诸多条件或因素。

首先，人应该过自己的生活。人过自己的生活，是指要过**有自己**的生活。对人而言，有自己的生活，意味着当生活袭来，自己作为生活的主体必须来到生活的现场，并使自己始终在场。人到场和在场于**属己的**生活，从三个方面体现本真性。其一，自己作为人的存在的此在化，即来到现在并上手现在，其来到现在的场景和上手现在的内容、细节和生意，均属本己。其二，体现属己的目的性，或无目的的合目的，远离被目的化，即或是出现了被目的化，也要意识地拆除和解构之。其三，凡属己的生活，必是本己的主动为之的生活，远离一切形式的被动性和被迫性的生活，尤其最应该远离被胁迫、被强加、被规定的生活，比如早请示晚汇报的生活、晨读晚诵的生活。

其次，警惕来自一切形式的溃烂物、腐臭物、黏着物对本己生活的腐蚀。本真生活最容易被腐蚀，最少抵御各种溃烂物、腐臭物、黏着物的能力。尤其是物欲性质的、权欲性质的和性肉性质的黏着物，最容易腐蚀生活的本真，最容易解除人性法则和自然法则对人的存在到来的武装。邪恶的教义、迷魂汤般的信仰，以及各种主义，比如物质主义、消费主义、科学主义、技术主义、生物主义、市场主义、凡是正确主义等，都是从历史堆积起来的霉化本真生活的溃烂物。各种各样的颜色和阉割，以及江山和小脚，全是腌泡了数千年遗存于世的腐臭物。构建本己的本真生活，或使本己的生活保持本真性，既需要洁身自好，也需要小心呵护，远离一切形式的溃烂物、腐臭物、黏着物。这就是日常的内容、具体的生活细节和散发人性光辉的生意对此时的存在来到现在的上手。

其三，远离各种修辞形式的叫嚣，这是使生活本真化的必需方式。一切修辞形式的叫嚣，都是解构生活本真性的方式。一切乔装打扮的叫嚣，都是解构人的存在并使生活成为空场而后任性地往里填充各种形式的溃烂物、腐臭物、黏着物的意志主义方法。本己的存在要保持本己的本真生活，必要远离形形色色的叫嚣。保持或重建本真化的生活而远离真假难辨的叫嚣，需要

克制贪婪之欲和占小便宜之念，更要保持生、利、爱、群的人性本色，能够内在地拒绝不劳而获或少劳多获的侥幸欲望和心理欲求，尽可避免染上“凡事有利而往，凡事无利而不往”的实利主义毒株，远离“有奶就是娘”的瘟疫，最根本的是不能染上“××优先”的梅毒。

其四，学会在动变之中保持**静持之心**，洞悉谎言，尤其是那些盛行于世的谎言，用虚无主义方法解构历史、真实、真相、真理的同时，来重构想象的历史、想象的真实、想象的真相、想象的真理的谎言。谎言是无中生有，颠倒黑白，混淆是非，是把生活的本真污化为非本真、把非本质的生活事实和事件修饰为美轮美奂的本真存在。所以，谎言的本质不是妲己，谎言的本质是生产妲己的设计师、生产厂家和市场推销商。

其五，构建本真生活，需要随时清除生活的杂草，勤耕生活的土壤。生活的杂草得以野性生长，既因为个人利欲的张扬，也可能得益于某种刻意地和有组织地忙乱播种。随时拔除生活的杂草，一方面是自我省察，而有限度地释放利欲；另一方面是在自己的生活的天空上建起过滤杂“种”降落于土壤之防护网。生活的土壤，既是文化的，也是历史的，由于从未休耕而土壤板结，也可能因为来自西方的化学合成物质——尿素（俗称“化肥”）长久地单一施之于土地，使之吸纳尽土壤自恢复的有机（生机）能力，而使土壤变得极端的贫瘠。由此导致既想使生活保持本真化，但也因为土壤的极端贫瘠而丧失内在的机能和源泉，因而，意识地勤奋，翻耕早已贫瘠不堪的文化和历史的土壤，是使本真生活重续源头活水的必为方式。

其六，正视涌现对本真生活的沐浴。人既是他者性的存在者，也是世界性的存在者，人作为存在者，这两种存在性质使其存在本身处于未完成、待完成和需要不断完成的进程之中。这一使存在本身处于未完成、待完成和需要不断完成的进程敞开为生活，进程之于人的生活言，却始终是生成，生成的实际方式却是涌现。所谓涌现，是指生活的敞开甚至遮蔽，并不遵循表面的有序和确定性的方式，而是遵循无序的、非确定性的和混沌的方式。因为，人作为他者性和世界性的双重存在者，它的存在既是四面八方也是四通八达的场态化，并且其四面八方和四通八达始终是以涌动呈现的方式敞开其场化的状态。所以，人的存在来到现在并使实际的生活内容、细节和生意上手现在，既是以四面八方的涌来同时又以四通八达播散的方式展开，这就是**涌现**。卡罗尔存在世界的《大图景》中从绘画、意识、幻觉等不同方面展示涌现的无处不在。“我们从大局出发观察这个系统时，会发现它很有用甚至无法避免，它就是‘涌现’而来的。自然主义者相信人类的行为就是从组成人类个体的原子和力之间的复杂相互作用之中涌现而来的。”[①] 而人的“意识并非幻觉，即使我们认为它‘只是’关于那些遵循物理定律组成我们的原子的、某种涌现出来的说明方式。如果台风是真实的——我们很有理由认为它们的确是真实的——即使它们只是一堆原子的运动，那么我们没有理由用不同的方式对待**意识**这个概念；它是一个涌现现象，但它同样是真实的，就像我们在生活中遇到的几乎所有东西一样”[②]。**即使是人的幻觉，但**“幻觉只是某种失误，某些在任何粗粒化的层次中都无关紧要的概念。当你在沙漠中跋涉，缺水少食而精神恍惚时，觉得看见了远处有个青葱的绿洲，长着棕榈树，还有个小池塘——那（很有可能）就是个幻觉，意思是它并非真的在那里。但如果你运气不错，它真的存在的话，你从中掬起一捧清水，这清水就是真实的，即使我们有一个适用范围更广的关于世界的说明方式，会将它描述为由氧原子和氢原子组成的一堆分子”[③]。涌现是真实的存在。在真实存在的生活世界里，生活之所以是涌现生成的，是因为人的生活——无论是个人生活还是群体或社会生活——都是场化存在敞开的感性样态，而场化存在的完整呈现却是四面八方涌来和四通八达播散，所以场化存在的生活运动本质始终是涌现性生成。

从理论讲，涌现是一种微观理论，但涌现理论是建立在真实存在的基础上，涌现理论的真实即自然存在敞开的真实，自然存在敞开启动人的存在以及人的存在敞开受纳自然存在敞开，就构成生活的真实世界。以此观人的生活的涌现性生成凸显出生活的三个方面特征，首先，生活涌现性生成体现随机的逻辑性，换言之，生活涌现性生成蕴含不确定性的秩序性动力。其次，生活涌现性生成揭示了微观的宏观化，即微观存在敞开对宏观的连接，这种

---

① ［美］肖恩·卡罗尔：《大图景：论生命的起源、意义和宇宙本身》，第 102 页。
② ［美］肖恩·卡罗尔：《大图景：论生命的起源、意义和宇宙本身》，第 123—124 页。
③ ［美］肖恩·卡罗尔：《大图景：论生命的起源、意义和宇宙本身》，第 123 页。

连接生成生活的涌现性生成的整体性与具体性互为推动。也就是说，生活的涌现性生成是微观的、具体的，但其涌现性生成的生活运动连接起汹涌而来的四面八方和播散而去的四通八达，即微观的生活的涌现性生成始终是场态化和场域化地铺开了存在的宏观、整体和整体的动力学生成。其三，无论从四面八方汹涌而来的信息还是从四通八达播散而去的信息对生活的涌现性生成，都体现偶发的必然性，即偶发性的涌现性生成背后蕴含着必然的走向，或者，必然性构成生活偶发性的涌现性生成的真正幕后推手。这意味着：非本真性的生活的涌现性生成必然朝向本真性方向回返，拆除和解构支撑非本真性生活的任何因素都将汇成回返本真性生活之道的涌现性力量。因而，关注涌现对生活的沐浴，也就是关注非本真性生活的任何因素（即涌现性生成之点）的变化，以其建构性的方式促成其每个变化的因素（即涌现性生成之点）自发地连接成整体（即涌现性生成之流），本真性生活也就随其涌现性生成徐徐敞开其整体性的构建。

第3篇

价值

第五章　价值的依据与取向

事实，是意义通向价值的桥梁。意义是客观的，但经历事实——尤其是人为事实——的桥梁，往往会遭遇主观性。价值是主观性的，但因为必以事实为依据——尤其是以自然事实为依据并以造物主的创世界为来源，也同样体现客观性。价值的来源和依据，就是对价值本身之客观性的正面敞开。

一　价值的来源和依据

价值是一种关于人的存在世界及敞开运动的判断和引导系统。对价值的理解，需要对它的来源和依据进行了解。对前者的了解，意在于揭示价值并不来源于自身的客观性；对后者的了解，意在于揭示价值何以能来源于自身的客观性。

1. 价值的来源

价值，是一种存在判断。被判断的存在，比如宏观的宇宙、自然，或者个体的事物、生命，只是呈现其自身存在而不涉及他者的存在状况以及如何存在。价值作为一种存在判断，涉及己对它的看待、评价。由此，价值表述着一种结构关系，即判断者与被判断者的结构关系。在这一结构关系中，作为判断者的人，属己，是判断的主体；作为被判断者，可能是宏观的宇宙、自然，更可能是具体的事物或生命存在，比如一株小草，或一头牛、一匹马，都属它，是判断的对象。价值构建起来的这一结构关系，是主客存在关系。在这种主客存在关系中，作为判断对象的存在，其进入判断主体的视野而获得判断或评价呈现出来的样态，与其本身的存在状况，可能一致，可能不一

致。这是因为任何存在判断或评价，都体现判断或评价的**主体能动性**。这种主体能动性首先源于某种具体的观念或期许，然后才成为一种具体的判断或评价事实。从发生学观，价值是一种观念的投射，而不是一种事实的构筑；但从结果论，价值也是一种实存，因为价值自生成为一种实存的前提是它必须来源于一种实在，比如，电脑的价值来源于“电脑”这一物，没有“电脑”这一客观存在事实作为判断或评价的实际对象，电脑的价值不会产生。从功用言，价值成为一种判据，即尺度，但价值这种判据却建立在依据基础之上，没有依据，就没有价值，这是电脑与电脑的价值的关系，也是抽象的电脑价值对具体电脑之间所能构成实际的功能评价或判断的尺度关系。

由于价值是对存在的判断或评价，这为讨论价值的来源提供了便捷的思路，以为价值不过来源于存在或存在物，比如来源于宏观的宇宙或自然，或具体的事物或生命。但若仔细辨别，并非如此。价值虽然与宇宙和自然有关联，与事物和生命有关联，包括与自然人类学的人有关联，但价值却既不产生于宇宙自然，也不产生于具体的事物和生命，更不产生于人的自然人类学，而是产生于人的自然人类学向文化人类学的进发，是文化人类学对自然人类学的真正区分。所以，价值不是发生于存在世界，也不是发生于事物世界，而是发生于文化人类学世界之中，哪怕是宏观的宇宙自然或具体的事物或生物与价值发生牵连，也只是通过人类文化世界而生成。

在文化人类学世界里，价值来源于它自身的实存。并且，只有具体的实存，才可生发出对其实在的形式抽象。由此观之，价值的发生学（即来源）问题，涉及四个基本维度。

其一，价值来源于人的存在，包括人的关联存在和人的存在的原发境况。德国哲学家施韦策（Albert Schweitzer，1875—1965）认为价值来源于人的存在本身，并指出人的存在本身就是价值。[1] 人并非孤立存在者，他原本是以世界性和他者性的方式存在，所以人的存在的基本方式是**关联存在**，也可说人的存在的本质方式，是关联存在。关联存在不仅使人与人相联系，也使人与

① Albert Schweitzer，*The Philosophy of Civilization*，Syracuse University Press，1987. p. 3.

物相联系，更使人与天地世界、宇宙自然相联系。海德格尔认为，价值来源于人的存在和宇宙间的关系，这种关系是道德价值的基础。[①] 阿尔·苏里尼也认为："价值来源于宇宙的本质，宇宙的本质和普遍的人性具有相似性，这种相似性是道德价值的来源。"[②] 从世界创化论和自然人类学观，人与宇宙世界之间的存在关联均源于造物主的创世界，这是人的关联存在的原发境况，在造物主创世界这一原发境况意义上，人与宇宙关联的本质是人与神关联，价值的来源最终与神意关联。"基督教神学的秘密是思辨哲学，更为合情理些。那位无所不在、无所不能、无所不知的上帝，不正是自在、自能、自知的最高善吗？最高善也就是自身的善，正是由于它无待于他物，才成就其普遍和最高。"[③] 托马斯·阿奎那也认为价值来源于上帝的意愿和神学，人应该按照上帝的意愿行事。[④]

其二，价值来源于人之关联存在的敞开。人的关联存在敞开为生存，包括由此生成的生存目的、生存的普遍准则和生存的人本条件。

价值来源于人性和目的。亚里士多德认为，价值来源于人的本性和目的，人的本性就是释放自身存在的自足性来追求幸福，这就是价值的生成与敞开。"幸福是什么？它是 to ariston，它是一切选择所趋的最高目的和完满实现。它自己却只是为自身而不为他物，所以幸福是自足的，由自身（auto）和满足（arkein）合并而成 autarketo。个人是自足的，城邦是自足的，有限宇宙更是自足的，所以自足便成为希腊精神运转的轴心。这种自足由合乎德性的实现活动来实现，一切都有其功能（ergon），各个器官都有其功能，难道作为人的整体就没有共同的功能吗？这就是灵魂理性部分的实现活动。"[⑤] 基于生之人性法则，人敞开其关联存在之根本生存目的，就是诉求幸福，而幸福的前提是自足，自足的本质状态是自由，这是天赋人的权益，更是天赋人的本性。

---

① ［德］海德格尔：《存在与时间》，陈嘉映、王庆节译，生活·读书·新知三联书店 1987 年版，第 20—22 页。

② Al-Suri, A., "The Essential Nature of the Universe and the Foundations of Ethics", *Journal of Islamic Philosophy*, No. 15, 2019, p. 72.

③ ［古希腊］亚里士多德：《尼各马科伦理学》，苗力田译，中国人民大学出版社 1999 年版，第 2 页。

④ Thomas Aquinas, *Summa Theologica*, Benziger Bros, Part 1, Question 94, Article 2.

⑤ ［古希腊］亚里士多德：《尼各马科伦理学》，第 11 页。

所以，穆勒认为，价值来源于人的自由和幸福，人应该追求自由和幸福，而这种追求本身构成一切价值的基本方面。人在其关联存在敞开的生存进程中诉求自由和幸福的基本方面，是以最小化的痛苦换取最大的幸福。所以，人的存在敞开生存的进程诉求最大化幸福和最小化痛苦，构成价值的真正来源，也构成道德价值的基础。“接受功利原理（或最大幸福原理）为道德之根本，就需要坚持旨在促进幸福的行为即为‘是’、与幸福背道而驰的行为即为‘非’这一信条。幸福，意味着预期中的快乐，意味着痛苦的远离。不幸福，则代表了痛苦，代表了快乐的缺失。为了给由功利主义理论所构建的道德标准勾勒出一个清晰的轮廓，需要阐述的方面很多，尤其是在诸如痛苦和快乐理念具体包含哪些东西以及这一问题在多大程度上还未得到圆满解决等。然而，这些补充性的解释不会影响到功利道德所基于的‘生活理论’，那就是追求快乐、摆脱痛苦是人唯一渴望达到的目的；所有为人渴望的东西（在功利主义理论中与在其他任何学说中一样都不计其数）之所以为人所渴望，要么是因为其本身固有的快乐，要么是因为它们可以作为一种手段来催生快乐，阻止痛苦。”①

其三，价值来源于生存的普遍规则。人的存在敞开生存，并不任意，要受制于各种存在因素，其中，人的关联存在是根本的制约因素，人不可能摆脱存在世界，也不可能摆脱造物主创世界的基本格局、创世界的法则和创世界的行动路径和敞开方式；同时更要随时受制于来自自己的各种限制因素。由此种种，人的存在敞开生存必须构建和遵从普遍规则，所要构建和遵从的普遍规则实实在在地构成价值的来源。穆勒有句名言：自由就是基于自我防卫。他认为讨论自由的问题就是力主将自由本身作为“一条极其简单的原则，使凡属社会以强制和控制方法对付个人之事，不论所用手段是法律惩罚方式下的物质力量或者是公众意见下的道德压力，都要绝对以它为准绳。这条原则就是：**人类之所以有理有权可以个别地或者集体地对其中任何分子的行动自由进行干涉，唯一的目的就是自我防卫**。这就是说，对于文明群体中的一成员，所以能够施用一种权力以反其意志而不为正当，唯一的目的只是要防

① ［英］约翰·穆勒：《功利主义》，叶建新译，九洲出版社 2017 年版，第 17—18 页。

止对他的危害。若说为了那人自己的好处，不论是物质上的或者是精神上的好处，那不成为充足的理由”[①]（笔者加粗）。自由源于自我防卫，这一自我防卫的自由被严复先生译成“群己权界”。[②] 群己权界，就是自由。这是人的关联存在敞开生存必须遵从的一个普遍规则，这一普遍规则贯穿了建立在造物主创世界赋予宇宙自然、万物生命和人类物种的生之本性和生生法则，它构成人类从自然人类学向文化人类学进化的根本价值之源，因为群己权界之自由规则，成为人类谋求共生存在之一切法则之法则。约翰·罗尔斯（John Rawls，1921—2002）在正义理论中认为价值来源于社会中公正和平等的原则，公正和平等是人类社会的基本原则，它们不仅是道德价值，也是政治价值。[③] 但公正和平等都基于群己权界。群己权界，就是划定自由的限度，确定自由的边界，构建自由的约束机制；平等和公正，均是其群己权界之自由限度、自由边界和自由约束机制构建的有机内容。

其四，价值源于人谋求共同生存的人本条件。这一人本条件就是要从根本上解决安全存在和生活保障所演绎出来的如何既使人能互借智－力齐心协力又互不损害而相互增益的这一根本问题，对这一根本问题的求解实际是在探索解决和建构人类共同生存的根本人本条件，这一根本的人本条件就是通过构建群己权界的限度、边界和约束机制对自由、平等、公正、权利、责任、利益等基本内容予以结构化的安排。通过这一承载人类存在敞开之根本人本条件予以结构化安排，必然生成并呈现出一套具有普遍指涉功能和广泛行动牵引力的价值体系。

2. 价值的事实依据

在感觉意义上，“来源”（Source）和“依据”（Basis）似乎没有什么区别，但实际上它们是两个完全不同的概念，前者通常用于指代信息、数据或知识等起源于何处或在哪里；后者却用来支持或证明一个观点、结论或决策的事实、证据或原则有哪些，也是用来进行推理、论证或逻辑推断的基础。

---

① ［英］约翰·密尔：《论自由》，许宝骙译，商务印书馆2005年版，第10—11页。

② ［英］约翰·穆勒：《群己权界论》，严复译，上海三联书店2009年版，第2—3页。

③ Rawls，J.，*A Theory of Justice*，Harvard University Press，1971，p. 3.

所以，来源强调信息的起源和获取途径；依据强调支持或证明论点的基础或事实。仅就价值言，价值的来源问题，展示价值何以产生、产生于哪些存在因素，以及它如何呈现的；价值的依据问题，是对价值成为自身的证据，它主要由事实或事理两个方面提供，由此形成价值的事实依据和价值的精神依据两部分内容。

价值的事实依据，是指事实构成价值的依据。事实能成为价值的依据，具有条件的要求性。这意味着并不是所有的事实都能成为价值的依据，也不是在任何情况下，事实都能成为价值的依据，只有在一定的条件下，事实才可成为价值的依据。这是因为事实本身有自然事实和人为事实之分。在一般意义上，凡人为事实，都有可能构成价值的依据；但自然事实要成为价值的依据，须具备两个方面的条件。一是自然事实本身在实际上构成了人为事实的参照；二是自然事实本身坐落在人为事实之中，并构成人为事实的有机内容。就人为事实言，它主要指人的行为、事件、语言、观念等，只有当行为、事件、语言、观念等内容被纳入具体的场态化的此在语境中时，才可构成价值的依据。

存在事实与生存事实　能够构成价值依据的事实的首要方面，就是存在事实和生存事实。存在事实，即自然事实，是自然世界存在敞开的事实；生存事实，即人为事实，是人的存在敞开的事实。

存在事实的基本样态有二：一是原发存在事实，它由造物主创化所成；二是继生存在事实，它由造物主创造的世界之继创生所成。在其中，人既是原发存在事实，更是继生存在事实，并因其存在世界的原发生和继创生而催发人从自然人类学向文化人类学进化而开创出精神宇宙世界：“人和宇宙是密切联系不可分割的整体，人在宇宙里占有独特位置，被赋予独特的任务。从表面上看，他们属于可见的世界，但内心又有另一种更深刻的意识存在着。由于这种内心意识的存在，让生活在这个世界上的人们有了清醒的自由意识，不过这种自由意识的获得是个体主动性与合作生发出来的，离开了这些，人类是不可能发现这种自由意识的。人们必须靠自己去主动争取，必须通过不断的劳动和奋斗。从某种意义上说，一切都取决于他自己，他可以合理地希望通过运用自己的能力推动整体利益的提高。这种让人信服和崇拜的唯心主义首要前提，是通过自然倾向相对的精神活动，给人们找到一种全新的生活，一个精神价值观念组成的王国，这个王国里充满着真实、善良和美好。人们让精力全部精力全部倾注到这些事情上，完全被它所吸引，将生活的种种琐事置于一旁，专注于与这个王国亲密接触。这样他的生活便不再需要除自身以外的其他目标。它在发展中找到了自身的价值，满足于成功之后带来的喜悦中。在这里，自发性与强制成为对立，崇高与平凡互不相容，实现自我与纯粹功利相互排挤。热衷于工作、蔑视享乐成为这种生活的主体。最具有远见的人能获得精神上的富有，特别在科学与艺术的领域内，人们的才能通过创造性工作发挥了出来，使他们的判断成为合理的、正确的。确实，最初的人们依赖的是自己的力量，推动着世界的发展，但是到了一定阶段，人们的生活开始进入更大的范围内，他们不愿意在自欺中堕落。他们胸怀理想，并充满信心地要实现自己的理想。”① 因为原发生和继创生，人与宇宙相联系，将这种联系变成划破黑暗长空的精神力量，使原发存在和继生存在成为人的存在精神的最终依据是意识。造物主创化世界并推动世界继创生进程，催发自然人类学的人进入文化人类学，就是其意识地萌发。由于人的意识萌发并由此开启意识地思维，不仅建立起与宇宙的联系，而且创建起与宇宙并行的人的宇宙，这就是人的精神的宇宙。人由此同时存在于物理宇宙和精神宇宙之中。物理宇宙是造物主创化而成，精神宇宙是人创化而成。但人创化精神宇宙又源于造物主创化物理宇宙，因为造物主创化出物理宇宙，才有了人。也因为有了人，才有了对精神宇宙的创化。所以，归根结底，精神宇宙也是造物主创化的，物理宇宙是造物主的原创化，人的精神宇宙是造物主的继创化。这是理解原发存在事实和继生存在事实何以必然地构成人的价值和价值存在的根本所在，因为，作为物理宇宙的存在事实和作为精神宇宙的存在事实因为创化原本为一，又因为继创化而合二为一。

存在事实统摄了物理存在的世界和人的存在世界，而生存事实却源于物理存在世界中敞开人的世界，是人的世界的存在敞开生存的进程样态，描述这一进程样态的基本方式是人的行为、行为构筑的事件、构筑行为的语言和

---

① ［德］R. 奥伊肯：《人生之意义与价值》，张蕾译，北京联合出版有限责任公司 2015 年版，第 14—15 页。

观念，而且，人的行为、事件、语言、观念此四者亦成为生存事实的具体样态，并分别为人的价值存在提供依据。因为，无论是人的行为、事件还是语言、观念，当它在具体的场化语境中敞开特殊性，则可能为某些特殊存在提供事实依据；当它在具体的场化语境中呈现其普遍性，则可能为所有的人本存在提供事实依据。比如，赵高指着鹿要在场者将其认定为马，这一构造鹿为马的过程事实或者说事件，则为后世一切颠倒黑白的价值提供了最有利的事实和经验的支撑。尤其是当世语境中，利用某种或所有技术手段或传播工具来屏蔽需要屏蔽的一切行为的真实过程，然后重新构造与真实进程完全不同的事件，则可不断地为维护已有价值结构及其体系创造出可信手拈来的充分证据。

存在事实和生存事实虽然是密切关联的两类事实，但在构成价值依据的条件上是有明确的区别，比较而言，存在事实——无论是原发存在事实还是继生存在事实——都是客观的，是完全地吻合存在世界的创化法则，包括原创化法则和继创生法则，能够为价值提供普遍的依据，即或是特殊的价值，也会在存在事实的参照下凸显出其特殊价值的异态取向以及溃烂状况。与此不同，生存事实始终是人为的事实，它的基本样态行为、事件、语言、观念敞开自发组合生成诸如生存的经济事实、政治事实、道德事实、文化事实、教育事实，以及更为具体的消费事实、交易事实、男女事实、婚外事实、同居事实等无限可能的类型。而基本地体现普遍性并可贯通各领域的生存事实，只是道德事实。因为所有的道德既通往人的居所，也通往存在世界。除此之外，其他生存事实都呈现不同程度的领域性。然而，即使可通向人的居所和存在世界的道德事实，也并非一定或者只能是普遍的，它仍然蕴含两可性。与存在事实不同的一切生存事实，因为人的缘故，它自身往往蕴含或特殊或普遍的两可性，因为对价值构成的依据支撑，也存在两可性。约瑟夫·拉兹（Joseph Lister）在《价值、尊重和依系》中持一个基本观念，他说："本书的核心论题，即调和价值的普遍性和它对社会的依赖性，以及偏倚性之间的矛盾。生命、对人的尊重以及个人幸福是人们倾向于认为具有普遍价值的范例。我们的论证是，继续活着对拥有生命的这个人并不具有什么价值，而是任何好与不好的东西降临在他身上的一个先决条件。尊重人这样一个义务，虽然是一个产生于人本身就是有价值的这样一个事实的普遍义务，但是它的具体而明显的证据还是来源于社会实践。简单来说，基本的道德价值在其抽象形式上是普遍有效的，但是它们是通过依赖于社会条件的方式来证实自身，并通过依赖于社会条件的方式为我们所接受。”① 拉兹的这段文字混淆了存在价值与生存价值的区别：活着对活着者言，就是价值。你活着的价值是你一切价值的源头。并且，你活着的价值是最真实的价值，是超越或者贯通真假、善恶、美丑的价值。这种价值属于人的存在价值的范畴。以对社会的依赖性为前提的价值，属于生存论的价值，这个意义上的价值的性质是使用的。

孤立事实与关联事实　从整体言，能够构成价值依据的事实，不是存在事实就是生存事实。具体地讲，可构成价值依据的存在事实和生存事实，有孤立事实与关联事实的区别，这种区别为价值提供了更具体的事实证据。

所谓孤立事实，是指其发生、存在、运动、生变等均与其他事实没有任何直接或间接关联性的事实。比如整个小区只是这一节水管漏水，那片林中唯那一棵树枯死了，千里大坝却只溃于一个蚁穴等等，都可看成是孤立的事实。孤立的事实，为小心谨慎预防意外事故的发现提供了事实依据。但孤立事实本身并不存在，无论存在世界创化的物理事实还是人为发动的生存事实，哪怕表面看来最为孤立的事实，其背后也蕴含着与他物、他种存在以及整体世界的复杂关联性。所以，孤立事实只在认识论意义上存在，在存在论意义上不存在。在认识论意义上，因为以静止的姿态看世界或事物，或者以现象的方式看世界或事物，都有可能产生孤立事实的认知假象。虽然如此，认知论意义的孤立事实往往形成一种价值支撑，因为它恰恰为特殊价值或个别价值提供特殊的事实依据，从这个角度看，孤立事实可归类于特殊事实或个别事实的范畴。

无论从存在世界看，还是从人的世界看，无论大小，其存在事实或生存事实都是关联存在的事实，是关联事实，它指凡事实之间都有其有内在的存在关联、生存关联或生成关联，或者以内在的存在关联、生存关联或生成关联所联络起来的不同事实的共在状态，就是关联事实。

① ［英］约瑟夫·拉兹：《价值、尊重和依系》，蔡蓁译，商务印书馆2016年版，第7页。

关联事实之为价值的依据，在于关联事实本身就是价值，然后才构成诸多价值的依据。关联事实本身成为价值，是关联事实的关联性呈现存在的、生存的或生成的价值，比如物理学、生物学、宇宙学都是在从不同的方面、层次或维度去探查和发现事物间的关联存在、关联生存或关联生成的价值。"在我们日常生活中体验到的物质和过程的解释上，我们很有信心的核心理论是正确的。一千年之后我们可能会对物理最基础的本性有更多的了解，但我们仍然会用核心理论来谈论现实的这一层面。从诗性自然主义的角度来看，这就是我们在明确的适用范围内可以充满自信地讲述的一个有关现实的故事。我们对它并没有形而上学的确定性，这不是我们可以用数学证明的东西，因为**科学永远不能严格证明什么东西**。但在任何足够好的贝叶斯计算下，它正确的可能性假乎压倒一切。**日常生活的背后的物理定律已被全部掌握。**"[①]（笔者加粗）因为形而上学是对存在世界予以存在之问，形而上学的存在之问所能真正发现和最终感兴趣的是存在存在的关联法则，或者说存在事物和存在世界本身何以如此关联地存在而不那样地关联存在的神秘与微妙，这是形而上学何以最终会走向神学的内在理由。所以，在形而上学所发问的关联存在视域中，数学得不到证明，科学也不能获得严格被证明的东西。但是数学有数学的伟大，科学有科学的骄傲，这就是科学能够发现并证明日常生活背后的物理定律。这一"日常生活背后的物理定律已被全部掌握"的逻辑是："1. 我们所知的一切都说明量子场论是描述日常生活背后物理的正确框架。2. 量子场论的法则表明，不存在任何新的粒子、力或者相互作用会密切关系到我们的日常生活。我们已经把它们全找到了。"[②] 这一逻辑的生成源于两个因素的催发，第一，"**粒子和场，是物理定律和初始条件**。就我们目前为止探索过的现实深度而言，没有证据显示还有任何别的东西。粒子和场是基本成分。初始条件促成的物理定律又决定了后续进程。"[③]（笔者加粗）第二，"在一定程度上，**对规律的敏感**是我们人类能生存繁盛的原因。我们寻找关联，关注巧合，标记常规，为一些事物赋予重要意义。但这些赋予只有一部分来自深

---

① ［美］肖恩·卡罗尔：《大图景：论生命的起源、意义和宇宙本身》，第199页。

② ［美］肖恩·卡罗尔：《大图景：论生命的起源、意义和宇宙本身》，第201页。

③ ［美］布莱恩·格林：《直到时间的尽头：追寻宇宙、生命和意识的最终意义》，第406页。

思熟虑的分析，描绘了现实的显见特征，很多都出自一种情感偏好，因为我们喜欢强行让混乱的体验表面看起来井然有序。”[①]（笔者加粗）这得益于造物主创化世界并推动继创生的生之本性和生生机制对人类的播种，人从自然人类学起步向文化人类学方向进发，则是对造物主赐予的生生智慧之种的孕发，这种孕发从朦胧到清晰、从感官到抽象、从脚下的山水岩石到宏观的宇宙运动……“历史上，我们祖先的**物理直觉**来自他们日常所遇的熟悉事物中的明显规律，来自岩石坠落、树枝折断、水流奔腾，对日常中的力学现象拥有一种与生俱来的感觉，其生存价值不言而喻。在时间的长河中，我们利用自己的认知能力，超越了这种促进生存的直觉，揭示并归纳出从单个粒子的微观世界到星系团的宏观世界等众多领域中的各种规律。虽然其中很多都几乎甚至根本没有生存方面的适应性价值。**演化塑造了我们的直觉**，让我们的认知技能不断发展，也开启了我们的物理教育，但我们更全面的理解还是来自人类借数学语言表达出来的好奇心的力量。结果，用这种语言阐述的方程在探索现实的深层结构时非常有用，但这些方程仍可能只是出于人类心灵的构造。”[②]（笔者加粗）这种心灵的构造将人与世界、将现象与本体、将表面的有序、确定性与存在的无序、混沌性之间的内在关联、生成逻辑不断地抉发出来、不断地彰显出来，形成关联存在对普遍价值的支撑。

3. 价值的精神依据

作为对存在判断与评价的价值，它本身的性质决定了不仅事实构成其依据，人的精神也能成为它的依据。并且，在某种意义上，精神对价值的依据功能更为重要，虽然事实对价值的依据功能更为根本，因为一切存在和生存的事实之所以能成为价值的依据，往往要通过精神的活动才可实现。

人的精神之所以能构成价值的依据，源于它们相互的支撑。首先，从价值本身看，价值是精神的；其次，从精神本身看，价值是精神的。合言之，精神与价值，既互涵，也互生。但二者的互涵与互生并不等量，因为从构成言，价值只是精神之一构成要素，精神才是孕育价值的母体，精神的内涵远

① ［美］布莱恩·格林：《直到时间的尽头：追寻宇宙、生命和意识的最终意义》，第402页。

② ［美］布莱恩·格林：《直到时间的尽头：追寻宇宙、生命和意识的最终意义》，第403—404页。

大于价值，精神对人的功能和涵摄性亦远大于价值。无论从个体言，还是从整体论，虽然在具体的语境中可能精神会接受价值的引导，但价值却总是要承受精神的牵引。

价值产生于信仰的持守 价值的原发依据是信仰，得以持守的信仰构成价值的奠基性依据。从发生学讲，信仰和价值都与造物主的创世界相关，但信仰产生于简单创造复杂，并运作于复杂创造简单之中。具体地讲，信仰产生于造物主的原创化，造物主创造以宇宙自然和万物生命为基本样态的存在世界，并赐予所创造的存在世界以生的希望和生生不息的期待，这种生的希望和生生不息的期待，就是造物主对创造物的爱。作为万物之一物的人，也在这种生的希望和生生不息的期待之中最终觉醒爱，并从自然人类学走向文化人类学，创造出精神宇宙世界。与此不同，价值却产生于复杂创造简单，即产生于存在世界的继创生。由于价值是人为的，所以价值产生人的文化人类学进程，并在存在世界之复杂创造简单对简单创造复杂的开启而获得生生不息的敞开，在其敞开进程中接受信仰的牵引与矫正。这主要从两个方面呈现。

一方面，信仰源发于对不确定的世界的确定性渴望与执念。在宇宙生生不息的创化的人的世界里，最不确定性的因素是短暂、生死。对短暂和生死萌发确定性的渴望，并将其渴望演绎成为永恒记忆的执念，就是信仰。布莱恩·格林在《直到时间的尽头》中讲了两个考古史事。第一个史事大致发生在10万年前，一个四五岁的孩子可能正在安静地玩耍，不幸头部遭到一记重创，造成她头骨右前侧开裂，脑部受损，但一直忍受到十二三岁时才去世。她的一些骨骼残骸于20世纪30年代出土于卡夫泽（Qafzeh）墓葬遗址。在这处墓葬遗址中共发现了26具残骸，但这个小女孩的埋葬方式很特别。有两头鹿的角交叉放在她胸前，一端放在她手掌上。“按研究人员的说法，这样放置是有葬礼仪式的证据。鹿角会不会是无意中放成这样的装饰？有可能。但可能性大得多的还是研究团队的判断，即设想这个被命名为‘卡夫泽11号’的孩子在10万年前是按早期人类制定的仪式下葬的，那时的他们已在认真思考死亡，努力想要理解死亡的意义，有可能也在思考死后的世界。”① 第二个史事于

① ［美］布莱恩·格林：《直到时间的尽头：追寻宇宙、生命和意识的最终意义》，第246—247页。

1955 年在莫斯科东北方向约 200 公里的多布罗戈村（Dobrogo）发现旧石器时代一个墓葬遗址，在该墓葬中“一个男孩和一个女孩，死亡时约 10 到 12 岁，他们头抵头埋在一起，看起来就像是两副年轻的心灵永远融在了一起。他们的遗体下葬超过 3 万年，遗体上装饰着迄今发现的最精致的一批墓葬品。……研究人员估计，就算以每周工作 100 小时的疯狂节奏，要完成这些饰品，也轻松就能花掉一位工匠一年多时间。这么大的投入至少也是在强烈暗示，通过仪式安葬是用来超越‘死即终结’的策略的一部分。身体也许停歇了，但一些重要特性会继续存在，而它们也许能被精心制作的陪葬品加强、抚慰，尊崇或满足”①。帕斯卡·博耶指出：“对宗教信仰和宗教行为的解释，可以在所有人类心灵的运作方式中找到。我确实是意指所有人类，而不仅仅只是宗教人士的心灵……因为在这里，重要的是我们在这个物种中拥有正常大脑的所有成员身上都能找到这样的心灵特性。”② 从造物主原创世界，到人从自然人类学进化为文化人类学萌发信仰，经历漫长的催发而生成“历史悠久的宗教思想，当今仍然紧紧地束缚着我们的思想，这种思想让人们相信，**是它赋予了生活的价值和尊严**，这种建立在某种假设之上的思想告诉人们，**人的精神力量是由信仰来创造的**，人们必须把一切兴趣都集中到它的上面，当人们对这种思想产生怀疑时，更是如此。而自从这种整体的旧思想被新观念分割以来，盘坐其上的人们便被摔了下来，失去了可以供养的脐带。当然这种旧思想不会甘心失败，它在利用它至高无上的优势，试图收复失地，让人们重回与上帝交流的体系之内。而它要想达到获胜的目标，就必须让道德再次复兴，**让上帝重新拥有慈爱和恩宠**，这是第一要素；它告诉人们原本无法企及的事情在这个体系中将变得可能。在这种前提下，还要求人们要靠自身的奋斗去实现。一旦回到这种思想的体系内，就必须皈依为它忠实的信徒，捍卫上帝带给人们的恩宠，并协助上帝筑固其尘世之上的天国。拥有这种信仰的人，就会高估自己的能力和毕生的事业，人们也成为上帝形象的翻版，让宇宙围绕着他运转，用人定胜天的精神改变宇宙的运行规律，这种行为会伴随

---

① ［美］布莱恩·格林：《直到时间的尽头：追寻宇宙、生命和意识的最终意义》，第 247 页。

② Pascal Boycr, *Religion Explaiined*: *The Evolutionary Origins of Religious Though*, New York: Basic Books, 2007, p. 2.

他一生。但是，人们虽然脱离不了由神制定的规则和秩序，却仍要在生活中构建一个独立的活动中心，作为生活的依赖；同时，还要不断地完成整体所需，哪怕是最微小的帮助”①。（笔者加粗）

另一方面，信仰源发于对神圣的事物和世界的神秘性、神圣性带来的恐惧的主观消解，并以敬畏的方式与神秘的、神圣的事物或世界相交通。

由此两个方面凸显出信仰对价值牵引与矫正的实质，主要从存在和生存两个维度呈现，在前一个维度上，信仰呈现纯粹性，其具体的语义内容是相信、虔敬、仰望、敬畏，希望、爱；在后一个维度上，信仰也体现功利性诉求，质朴地希望对不确定性的消解而获得确定性存在，即安心存在，归依存在，永生存在。《圣经·新约》之“希伯来书”说：“信就是所望之事的实底，是未见之事的确据。”对无信仰者言，信仰就是“毫无根据的相信”；对大多数人言，信仰就是对他们的宗教信念的坚定确信。这就是说，信仰不是因为信仰而使信念确信，而是必有可确信的存在使人坚定不移地确信。所以，信仰的真实源于信仰的对象的真实的确认。

价值产生于观念设计　精神对价值的依据构成是多方位的。在其多方位构成中，原发性信仰对价值的支撑是根本的、是奠基性的。并且，信仰一旦构成价值的奠基性依据，它就是普遍的、一般的、恒远的，因为信仰不仅是一种基础性的大众文化，而且是广为人寰的大众精神，是人类一切精神的精神源泉。它构成一种文化和精神健康的正常社会的一切价值的终极依据。在这个意义上，观念对价值的设计也会自发地接受信仰的牵引或矫正。客观言之，价值产生于观念及设计，是观念构成价值的依据的基本方面。价值产生于观念，蕴含两个基本问题：第一，价值为何可产生于观念？第二，价值产生于观念的条件要求。

价值是对存在的判断和评价，判断和评价存在实际地涉及主体前提问题，这个构成主体有能力判断和评价此存在的前提条件，即主体明确的认知。这一明确的认知以思想的形式沉淀于意识的底部，以观念的形式运作于前庭。所以，价值的形成必以观念直接关联，并在（某一具体的）价值的发生学意

① ［德］R. 奥伊肯：《人生之意义与价值》，第9—10页。

义上成为该价值的设计者。在价值的发生学意义上，价值总是为具体的观念所设计。比如，对信、望、爱之价值的原发性确立，总是为上帝的观念所设计。大公无私的价值观的诞生，背后的运作的观念必不可少人性无私的观念。人性无私的观念设计出了大公无私的价值观，但人性无私的观念本身是有待确证的，因为人性本于生性，生性的本质朝向是从己达于他。所以，大公无私的价值观客观地存在人性依据的**不可确证性**，这就是人们总是更多地在口号和语言的虚构方面下功夫，极少在践履的方面予以行动的实证的原因，因为它根本不可进行**普遍的**（而不是典型塑造）实证。

观念可以生产价值，并能够设计价值。但观念对价值的设计或创造，有其条件要求，其条件要求却蕴含在观念自身之中。以此观之，价值产生于观念设计主要从两个方面展开。

其一，特殊观念设计或生产特殊价值。这种由特殊观念生产出来的价值往往与独断性、威权论直接关联。所以，特殊观念更多地设计或制造出独断论的和威权化的价值观念。要理解此点，需要理解特殊观念的内涵和本质。所谓特殊观念，既指指涉、表述个别存在、个别事物、个别情景的个别观念，也指诸如这个人或那个人的具体观念。客观地讲，个别观念产生于个别事物、个别存在物、个别场合或场景的感知、认知、理解与领悟所形成的观念，这种原发于个别存在的观念客观地存在着两可性，或者从其个别存在中发现超越该存在对象的整体关联，由此抉发出某种普遍观念，这种原发于个别存在对象的普遍观念，已不属于个别观念。个别观念对从个别存在对象中发现的观念具有指涉范围的局限性，即只适应于指涉此个别存在或此类个别存在。具体观念，是指产生于某个人基于某种场景或情景判断所形成的观念，这种观念虽然很鲜明，却体现个人的认知个性而没有获得普遍的超越性。合言之，无论个别观念还是具体观念，之所以称其为特殊观念，是因为其观念的产生的个别性和具体性，并始终体现个别领域的局限性和具体主体的个性化，难以逾越自身局限和个性而达于普遍的视域和认知。当运用这种性质的特殊观念来设计或制造价值观，往往生成视域遮蔽的或认知独断的价值观，一旦这种视域遮蔽和认知独断的价值观念被外部力量强行扩张而使之达于普遍指涉的领域，它就很自然地滑向威权的道路。因为特殊观念的设计始终立足于特

殊，体现视域的遮蔽性、认知的偏狭性、行为牵引的独断性。比如董仲舒的政治神学观念，是基于神权天授来设计的一套政治学，从根本上消解了政治学的一般（即规则法则、人性法则和自然法则）性质、普遍要求、共生（平权）特征，由此设计的价值体系成为历史上最具独断论和威权论的价值体系。天下为公和世界共产、有枪就是草头王和枪杆子里面出政权、一部分人先富起来和摸着石头过河、江山与颜色、唯物质主义与消费主义、资源无限论和无限幸福论等观念，都体现鲜明的特殊性、局域性或个性化。当运用这些颇具特殊性、局域性和个性化的观念来设计行使普遍、一般、共生功能的价值及体系时，必然形塑出众多的价值谬误，而这种种谬误的价值往往反过来使生产它的观念沦为邪恶。这是因为，任何具体的特殊观念对价值的设计，总是与普遍性（规则法则、人性法则和自然法则）不吻合，或者与普遍性相反对，所以，特殊观念设计所产生的价值，往往体现虚构性，专断性，独裁性，威权化。这种性质的价值和观念，总是实实在在地构成社会野蛮、民生凋敝、生活贫苦和人类悲剧的根源，当然首先构成暴虐、残暴、杀戮、野心、独裁、专制所需要的观念和价值的土壤。

其二，观念的普遍性。观念的普遍性，就是使观念成为普遍的观念。一般来讲，凡普遍的观念生成的价值，或者运用普遍观念设计出来的价值，往往体现合法则（规则法则、人性法则和自然法则）性、普适性的特征和共生化的诉求。

凡是蕴含普遍性的观念具有两个基本功能。一是蕴含普遍性的观念，往往构成知识的种子。从根本讲，知识与意见相对：意见往往体现特殊性的观念，或可说，观念的特殊性诉求总是生产出个性或独断的意见，所以意见总是反知识，因为知识之成为知识，必须是超越经验体现普遍的涵摄性的认知。二是普遍性的观念必然构成知识的种子，一旦获得适时的孕育，就生成出真理。所以，普遍性的观念总是激发真理的生成。

价值产生于思想创造 价值产生于思想创造，有三层含义。其一，思想创造价值。一种思想总是创造出一种价值。因而，任何一种思想总是内在地呈现出一种与此相适应的或者说相得益彰的价值、价值体系甚至包括价值学说。其二，思想总是价值的依据。因为思想是普遍的，它的本质内容是真理，它的形态呈现是知识。所以，思想不仅呈现与之相适应的价值，且一种真正的思想总是可能为多种价值提供认知依据。其三，思想一旦形成，总能为自身创造的价值提供功能引导，也能为其他价值提供功能引导。

思想之具有如上内涵和功能指涉，在于思想本身的本源。一般地讲，思想虽然必须超越意见，但它本身并不来源于意见，思想远离意见，因为意见最易生发独断论。并且，思想也不来源于权力或权利；相反，思想成为解释权力或权利的客观依据和普遍方式。思想也**不直接地**来源于法则，比如人性法则或自然法则、政治法则或经济法则，而是对法则予以追根溯源的甄别和鉴定，为法则的功能发挥提供思想的武库和智慧的方法。思想，主要**直接地**来源于科学、艺术、哲学。

科学，是运用具象化抽象的**推论方式**来展开自然世界的存在之问，通过这样的存在之问而开新**实证的思想**。实证的思想证明的是客观的价值，诉求价值的客观理性。

艺术，是采取抽象化具象的**美学方式**来对人性铺开的世界予以存在之问，通过这样的存在之问而开启创造性批判的思想，批判的思想**证伪**主观的价值，诉求主观性的价值达于共性、普遍和共生之路的可能性条件。

哲学，却是采用具象化抽象的**思辨方式**来打开整个世界——包括自然存在世界和人的存在世界相整合的世界——予以存在之问，通过这样的存在之问来开创存在的思想，重构共生的秩序。因为哲学是整个存在之问的思想，是统摄科学的存在之问和艺术的存在之问的整体存在之问，这种整体存在之问所生成建构起来的思想，是其存在敞开的整体动力学与局部动力学合二为一的思想，这决定了哲学创造的思想的**本分**是不断地重构世界秩序，或曰，当世界秩序需要重构时，必须哲学思想来启动，也**唯有**哲学才可实现其重建工作。"关于思想自身的本质可以进一步得到证明。我们知道，我们工作的世界有一种机械的需要，自然无非将特殊状态和事件并列和对立。而**思想却相反，它会把各种复杂的事情包括到一个统一的体系里。它会制定一个综合的方案，逐步地实施，把统一性贯彻到实施过程的方方面面**。个体凭借整体与宇宙的关联而获得意义与价值。所谓的**进步并不需要延长序列和增加项目，只需要从一种体系富有启发性地向另一种体系转变。当思想形成一完整的系**

统时，它会把系统的秩序相应分配到生活的各个环节。”①（笔者加粗）

通过科学、艺术、哲学的存在之间所创发出来的思想，如何创造价值？奥伊肯如此揭发思想创造价值的路径和方法，他说：“在思想的前进过程中，把人生的表象也进行了改造，这是我们现在这个时代的显著的特点。思想以自信而傲慢的姿态面对世界，提出了一些极为强烈的要求——从它的本性里生发的要求——并让现实世界绝对地臣服于它。这对旧的生活秩序来说是**革命性的**。思想是一个快步行走的**先锋**。它动摇了以前生活的旧习，它所坚持的理念和原则，力图要把它的内心需求表达出来。它激发了现代运动的力量和激情，即为实现真理而斗争。甚至物质水平的提高与繁荣，也是受它的各种思想和原则的激励。它维持和控制着我们的全部感官世界。不可否认，在思想功能的发展中，有一种独特而有支配力的运动，改变了整个人类社会并渗透到了个体的生活。这种运动与自然主义理念形成了尖锐的对立和冲突，各自坚守自己的观念而反对对方，结果我们的生活被一对方向相反的力量所操纵，它们截然不同的动机让我们的所有生活意义都失去了统一。”②（笔者加粗）思想创造价值主要从两个方面展开：首先，思想始终是存在世界的拓荒者，是人的生活和精神的革命者。思想对存在世界的拓荒和对生命世界的革命，主要通过**追根溯源**和**返本开新**的方式来实现，这就是对传统的清理，对静止的舒张，对固化的清除，对守旧、反动、堕落的彻底清扫。这种清理、舒张、清扫的过程就是对更新的、更具普遍性和更体现人性和自然之基本法则的价值和价值体系的重构。其次，思想始终是时代的先锋，是文明的先行者，是未来的先声。无论在何种时代和语境中，思想总是向前、向前、再向前，构成一切变化、所有变革、全部布旧陈新的前导，这种前导功能的价值呈现，就是对价值的重构或再创造。

价值产生于经历　阿尔贝·加缪（Albert Camus，1913—1960）曾说：“一切从意识开始，也唯有经历过意识才有价值。”③ 经历过意识的前提，是

① ［德］R. 奥伊肯：《人生之意义与价值》，第36—37页。

② ［德］R. 奥伊肯：《人生之意义与价值》，第35页。

③ Albert Camus, *The Myth of Sisyphus*, trans., Justin O'Brien, London: Ha-mish Hamilton, 1955, p. 18.

经历过经历。只有当经历过经历，才可能在经历中经历意识。经历过经历和在经历中经历意识，成为经历的内外两个维度。只有这内外两个维度都同时产生，经历才获得价值。所以，**价值产生于经历，意味着经历创造价值**。

首先，理解经历创造价值，需审问经历的本体含义。“经历”这个词，在习惯性理解中很简单，它是用以描述个人生活过程的一个词，指个人的生活经手了哪些事、经过了哪些环节、交集了哪些人。但经历的如此内涵也只是经历的现象学或形态学内容，认真说来，个人的经历即个人的存在敞开生存来到现在和上手现在的状态和进程，其价值呈现个体性、个性化色彩，但能创造价值的经历，必是在呈现个体性和个性化色彩的同时，蕴含普遍性、共同性、普适性内涵并呈现普遍性、共同性、普适性的指涉功能。不仅如此，经历也指特定的群体的共生存在及其敞开的生存奋进的状态和历程，比如社会经历、民族经历、国家经历、时代经历等，都实际地影响着构成它的个体的经历性质和内容，而任何个人的经历，也同样不是孤立地展开，它总在具体的民族、国家、时世、社会的大场域中生成，并形成只属于此一民族、国家、时世、社会场域本身才有的那些根基性的内容。这些内容只有被纳入经历者的经历意识的反省之后才生成出价值，这种价值虽然源自个体性并体现个性，却敞开了普遍性、共生性和普适性的内容。不仅如此，个人存在于民族、国家、时世、社会中，民族、国家、时世、社会存在于人类、世界、文明中，人类、世界、文明存在于宇宙的创生与演化的历史进程中，所以，经历的最实在的方式虽然以个体展开，但它将社会、历史、宇宙会通了起来，这是经历创造价值的本体含义。以此观之，表面看来如此简单的经历，实际上既是一个社会学概念，也是一个历史学概念，更是一种宇宙学概念。从整体言，经历，当然指人，但经历并不仅指人。因为人是他者性存在者，人更是世界性存在者、历史性存在者。人的经历由他者带动，由世界带动，由历史带动；人通过他者、世界、历史的带动同时又带动了他者、带动着世界，带动起历史。经历，就是在这样一种多元的开放性生成的带动中敞开。然而，人无论怎样被他者、世界、历史带动以及他如何带动他者、世界、历史，都必须是而且只能是以**此地此时**的方式互为展开。所以，经历即此地此时地经历，经历更是此地此时地经历对经历的意识，并且，经历就是如此以通过此

地此时而敞开或遮蔽，生成或创化。

其次，经历即敞开与遮蔽互催发。经历创造价值，具体而言，是通过生活经过的创造而展开；关联地看，却是通过社会运动的创造而展开。无论从具体观还是从关联论，这些创造性展开就是一个敞开与遮蔽互为催发的过程，价值就在其敞开与遮蔽的互为催发过程中呈现。在经历中，价值实现的方式既可是敞开，也可是遮蔽。**敞开与遮蔽互为促发，实现着价值呈现**。这是因为，经历并不是只是简单的经过、过手，它的本质是对生活的敞开，对存在的敞开，对社会和时世、民族和国家、人类和文明、世界和宇宙的敞开，同时也是对生活和存在的遮蔽，对社会和时世、民族和国家、人类和文明、世界和宇宙的遮蔽。所以，经历即敞开与遮蔽，但经历敞开与遮蔽涵纳了社会和时世、民族和国家、人类和文明、世界和宇宙的存在场域。敞开即是生成，遮蔽亦是生成，敞开和遮蔽互为生成。经历之所以创造价值，是因为经历带动了敞开与遮蔽的互为催发，更为这种带动本身成为生成，而生成始终以四面八方涌现和四通八达播散的方式塑造生活，塑造存在，塑造社会和时世、民族和国家、人类和文明、世界和宇宙，塑造人和世界本身的静持与动变。

最后，经历始终带动和生成。经历由带动所生成，由生成所塑造。人在他者和宇宙的带动下带动他者和宇宙，生成敞开或遮蔽，不能只是物理的、生物的。因为纯粹的物理的和生物的经历，是不能带动和生成，更不能敞开与遮蔽，它必须以物理和生物的精神为动力。所以，经历最终是精神的，也就是说，经历最终是意识的、情感的和心灵的。经历的带动和生成，首先将“我思，故我在”带动起来，并同时催发“我思，故我在”生成起来。经历之于人，当然也包括之于历史，始终是以“我思”为牵引器，并又总是以“我在”为呈现方式。合言之，经历以“我思”带动并生成“我在”，并以“我在”为带动和生成方式，敞开和遮蔽，即敞开个人和群体、社会和时世、民族和国家、人类和文明、世界和宇宙，同时也遮蔽个人和群体、社会和时世、民族和国家、人类和文明、世界和宇宙，并在敞开与遮蔽中敞开和遮蔽真假、善恶、美丑、利义、己群。比如，敞开个人和群体、社会和时世、民族和国家、人类和文明、世界和宇宙的普遍的真、普遍的善、普遍的美、普遍的义，同时遮蔽着个人和群体、社会和时世、民族和国家、人类和文明、世界和宇宙的通体的假、通体的恶、通体的丑、通体的私欲与野心、残暴和专横；或者全方位敞开人和群体、社会和时世、民族和国家、人类和文明、世界和宇宙的通体的假、通体的恶、通体的丑、通体的私欲与野心、残暴和专横，同时却全面地遮蔽着个人和群体、社会和时世、民族和国家、人类和文明、世界和宇宙的普遍的真、普遍的善、普遍的美、普遍的义。

观念设计价值的本质　诺贝尔文学奖获得者莫言有一段话间接地表述价值源于观念设计的本质。他认为，利益是人人生存的根本。不同阶层的人所诉求的根本利益不同，但各自捍卫自身利益的动机和目的却同构，这源于**相同的**观念。然而，对于不同阶层的人来讲，原本相同构的观念设计出来创造他们的利益和捍卫他们的利益的价值观念体系却完全不同。所以莫言说："动上层人的利益，如同要他们的命；改变底层人的观念，如掘他们的祖坟。然而底层的观念，正是上层人利益的来源，试图说透这一切的人，却成了双方共同的敌人。"莫言的这段话隐含了观念设计价值的本质含义，它从四个层面展开。首先，观念对价值的设计，本质上是利益设计。其次，能够运用观念设计价值者，始终是处于生活上层的人、人群。再次，处于生活上层的人、人群运用观念设计价值，实际上是在设计社会利益分配的框架，当然，可以更具体地讲，就是等序地分配利益。最后，有能力获得运用观念设计价值的方式来构建社会利益分配的准则和依据的人们，总是要考虑本人和本阶层利益的最大化。如上确实是传统社会和现代的威权阶层社会的设计和利益设计的本质考虑和根本要点。因而，在这样的观念设计价值和利益谋取的大框架下，理解莫言的如上言论，清晰地表达了四层语义内容。第一，动上层者的利益如同夺取他们的生命，表明社会上层者的利益是不能碰的，一旦触碰了，上层者就会利用他们的优势力量以及所掌握的全部工具，将你置于死地，最终还会让你不知道是如何死的。理解这一点，才可理解**江山的颜色比江山更重要，政治比经济更根本**，哪怕经济涉及每个人的生计而政治只直接涉及部分人。第二，上层者**以利益为命根**，因为利益可以**变现成**任何内容，权力、财富、酒色、醉生梦死的享乐、任意地驱使任何工具、任何人，任意地处置任何物、任何东西，尤其是人，在上层者的世界里，低层者的价值不过是供

其运用的工具，一旦其工具能力弱化或丧失了，也就沦为废弃的耗材。相反，低层者不以利益为命根，而是**以观念为命根**，因为低层者**进化**相对缓慢，仍然处于依习俗为准则而生存，对利益的诉求必以习俗为准则，而低层人的习俗源于生物习惯或生物习性的固化，不仅是行为固化，更根本的是文化固化。正是这种固化，使低层者的生存总是难以逾越习俗的羁绊而上升到利益层面直接考量利益对生存的得失，低层人对利益的得失的考量总是本能地要经过生物性习俗的过滤。所以，对低层者来讲，要想改变他们的观念比掘他们的祖坟更严重。这表明社会底层者的生存观念是根深蒂固的，因为他们的基本的生存观念都是从其生物性习俗中生发出来，并在他们的生物性习俗的土壤中生长起来，其生物性习俗构成了低层者的**观念的灵魂**。如果要与生活在低层的人们争论是非对错，他们一定会与你拼命。这就是禀性难移，习性难改。第三，表面看，低层者与上层者这两个阶层是不可调和的，但在实际的生存史上，低层者与上层者之间虽然也偶尔或不时发生一些表面的不协调，但在本质的或者说生存本体的层面，却是高度协调。这种高度的协调源于低层者的生物习性的生存观念真正构成了上层者的利益来源。这可从两个方面讲，一方面，低层者的底层观念是生物习性的行为固化和文化固化，上层者往往运用传统的观念和力量来加固低层者的这种被固化的生物性习俗观念，这是处于上层生活阶梯上的人们特别关注对传统的弘扬而往往本能地抵制观念的革新、思想的进步和文明的向前的根本原因。另一方面，社会的主导群体是上层者，社会观念、价值的生产者是上层者，虽然下层者也能生产观念和价值，却难以得到正常的推展和普遍的认可，能够被推展和普遍认可的观念与价值，往往是上层者生产出来的观念和价值，或更准确地讲，是上层者们为他们设计的观念和价值。上层者掌握了筛选、推展和认可观念和价值的全部社会资源和全部社会工具及路径，他们为了保证自己的最大利益谋取始终畅通，必须解决的根本问题就是**低层者的觉醒**，因而，上层者必须设计和生产出各种各样的观念和价值输送给低层者，使他们不断自我固化其生物性的生存观念，不遗余力地弘扬传统，就成为最好的方法。并且，上层者始终掌握了社会的全部资源、话语空间和解释权力。从根本讲，上层者一旦掌握对下层者的生存观念的解释权，也就很顺利地掌握社会的各种权力和财富的密码，将下层者玩于股掌之中，使他们心甘情愿甚至感恩戴德地成为上层者的登天之梯和赚钱工具。人类生存史上的各种华美的民本学说、经济学说、政治学说、市场学说、财富学说、解放学说、革命学说、进步学说、文明学说等，都从不同方面展示了上层者如何驾驭低层者的智慧。当然，这也从另一个侧面映射出上层者为如何始终使低层者处于愚昧和烦盲状态而绞尽脑汁：低层者始终处于自相昏昏沉睡状态，上层者却总是处于警觉和忧虑的不眠或难以彻底放心低层人的酣甜的睡眠状态，因而，反复地、不遗余力地清洗大脑，并从孩子抓起，成为上层人们的伟大社会事业的奠基工程。第四，上层者的利益，不仅因为对权力、资源、财富的掌控，更源于源源不断地对低层者编织的谎言。低层者之所以乐意接受上层者的盘剥和奴役，是因为上层者灌输给他们的观念和价值极大地满足了他们对底层化的生物性观念的固化和美化。二者由此相得益彰，所以这种和美的局面不宜捅破。如果谁想告诉二者之间的真相，他必然既成为上层者的死敌，也成为低层者的仇人。由此必然会引发上层者对低层者的联络和低层者对上层的响应，并形成上层与低层联运的围剿，当世语境中的各种色彩和各种价格的“粉”和“毛”，或许是上层者有效联合低层者共同追杀欲道真相于世者的经典教案。

要言之，观念对价值的设计和生产，其本质是利益。所不同的是，特殊价值源于特殊观念的设计和生产，隐匿着特殊存在者或特殊群体的最优的和最大的利益分配格局、利益分配方式和利益；普遍价值源于普遍观念的激发和设计，敞开的是普遍的、一般的和共生的利益分配格局、利益分配方式和利益。这是特殊观念之于特殊价值和普遍观念之于普遍价值的本质区分。

观念设计价值的基本维度 基于利益的考量，观念设计价值亦呈现自身的基本维度，但这些基本维度却取决于观念本身的类型。在人创构的精神宇宙世界中，观念呈多少种类型，就可设计出多少种维度的价值。仅其主要者，即生活观念、想象观念、思想观念、历史观念等。

首先是生活观念设计价值。所谓生活观念，就是**对生活**的观念。对生活的观念的实质，是对生活予以认知，形成观念的比照，然后择其认为是最优的观念为依据来设计生活的价值。比如，面对贫困生活的认知，形成各种关于应然生活的观念，然后进行对比，最终选择“有钱是最好的生活”的观念

来进行自我生活的价值设计，形成“金钱第一”以及“物质主义”的价值观。从根本讲，选择生活观念设计价值的内在过程，贯穿了想象。由此引发出想象的观念。

其次是想象观念设计价值。想象观念，即想象所生成的观念。人的任何想象始终基于实然，以想象生成的观念来设计价值，其实就是基于实然而想象应然，然后运用想象的应然观念为准则来设计应然生存的价值。一般而言，对应然生存价值的设计有两种方法，一种是实利性想象的设计，其基于实然存在的应然性想象的价值设计，总是要落实在可具体诉求并能够得到的实利层面上来；另一种是想象性的想象设计，这是基于实然存在的应然性想象的价值设计，最终指向一种想象的价值图景的构建。但无论哪种性质或内容的设计，都需要思想的牵引，因为无论是生活观念，还是想象观念，都不能抛弃思想而任为，哪怕是特殊观念，也有其特殊思想的支撑。

再次是思想观念设计价值。生活观念或想象观念设计价值，总存在两可性，即设计出来的价值可能是特殊价值，也可能是普遍价值。而思想观念设计价值则呈共性和普遍性。这是因为思想既超越意见，也沉淀观念，即使观念发生分化，将观念的特殊内容即意见部分抛弃，留下观念的普遍部分使之沉入思想的土壤之中化而为思想的有机内容，形成思想本身。思想之为思想，是普遍性认知，普遍性认知既是通向知识之道，也是通向真理之道。从根本讲，知识之道和真理之道最终为思想统摄，也为思想化合和化生为涵摄对方的自己。客观地讲，思想不能直接地设计价值，它必须借观念才可实现。所以，呈现思想的观念对价值的设计，所铺张开来的是普遍的价值。如果说呈现思想的观念设计的价值也有特殊的指向性，那只能说明这一设计价值的思想，是伪思想。伪思想的形成有两种情况，一种是对意见或观念的修饰，使之形成思想的假象，如果不仔细辨别，往往难以发现其表面真但本质假的真相。另一种是利用或运用权力或财富、技术或暴力的工具来强推某种意见或观念，使之成为思想，即把某种特殊的观念或意见甚至有些连意见都不是的垃圾话语，比如反人性、反法则、反文明的那些东西，采取指鹿为马的强暴方式，强迫人们承认其为思想。所以，这两种形式的伪思想的观念所制造出来的价值，不仅属于特殊价值，而且是人的生活的堕落和对人性伤害最大的价值。

最后是历史观念设计价值。生活并非突然来到现在而孤立地呈现自己，生活来到现在必然带出过去、历史。所以，生活来到存在，实指生活总是从过去、从历史来到现在，是过去、历史以自己的方式来到现在。客观地看，过去、历史的自身方式就是返本开新方式，即任何过去的、历史的内容都是以返本开新的方式来到现在，并实现对现在的上手功能。纯粹地照搬过去和历史地来到现在，只是其回到过去复辟历史的异化状态。

想象，总是以记忆为前导，并最终丰满记忆。记忆的沉淀，成就着过去。沉淀的层累性生成，则构筑起历史。以此观之，想象也总是与历史脱不了干系。而人的思想以及人类的思想，更是以思想的历史为土壤。所以，一切类型的观念都蕴含历史性。历史观念是一种综合性的观念，既有深度也创发空间。

历史观念与历史既相关联，也相区别：历史观念是对历史的内在体认和外在认知所成，但历史是历史性的行为、过程、事件等汇聚性生成。“历史的诸多事例清楚告诉我们，我们现在必须为决定我们的整体走向和目标而努力抗争。在历史上，各种纵横交叉的趋势形成了庞大的此起彼伏的浪潮，而与其他因素相比，它们的兴盛与没落更多地呈现了各个历史时期的特征。打破旧有的制度，把生活的重心从社会转向个体，是古代世界的总趋势。但是，每当这种转变之际，总有一种很强大的极端保守主义势力去维护它的统一性。哲学与宗教也同样如此，它们都强调个体的紧密结合，强调个体相互之间的帮助和支持。基督教很好地利用了这个运动，抓住人们想逃离个体责任获得可靠支持的意愿，引导人们成为它的支持者，教会便成了神赐真理和神赐生活的储藏库，也成为个体获得赐福的唯一通道。因此，教会便成了人类信念和良知的代表。个体只有生活在整体中才有价值，这种假设出来的基础，却从未受到过质疑，中世纪的政治的和社会的协议甚至都以这种假设作为基础。”[①] 历史不是具体，历史也不是静态，更

① ［德］R. 奥伊肯：《人生之意义与价值》，第43页。

不是孤立，历史是生活整体、生存整体、存在整体。历史作为整体，是现在向未来的连续统。历史是将自己许配给未来的抛物线，它总是以规划的方式划过现在，或以照亮现在的方式规划现在，或以黑暗现在的方式规划现在。相对其整体言，具体的历史的事件、历史的人物、历史的环节、历史的过程等，都是历史的形态学。历史的形态学，是承载历史的本体论的物质形态。而整体存在的历史，却是本体的历史，作为本体的历史的内在精神，即**追根溯源**和**返本开新**。追根溯源和返本开新，才构成本质的历史观念；而本质的历史观念，才是一切历史观念的历史观念。所以，只有当以追根溯源和返本开新为本质内涵的历史观念所设计的价值，才体现普遍的价值。否则，凡是远离或违背追根溯源和返本开新的历史本质的历史观念，其对价值的设计和生产都可能是特殊的，而任何以特殊的历史观念为依据所构建起来的价值，都是反历史的价值；而任何修辞形式的反历史的价值，都只能是特殊价值或个别价值，它诉求的只是威权，用谎言虚构历史的威权。

二　价值的取向和分布

对价值的认知，可分一般认知和运用认知两个方面。价值的一般认知，涉及价值的起源和依据，其核心问题是价值的生成与创造。价值运用的认知，涉及价值的运用取向和价值的运用分布，以及价值运用之可衡量与不可衡量的问题，这个问题的实质是对价值予以定性审视还是定量分析，或者二者整合。

1. 价值的存在论与使用论

价值问题最为人们所重视，这种重视特别地体现在两个方面，一是社会秩序的构建和社会文明的纯正，总是将价值视为头等要事。二是伦理学往往将自身视为“价值的科学”，为此说明其重要性，由此还特别地生产出“价值哲学”。虽然如此，价值问题总是被肤浅地、片面地理解和定位，这是因为人们习惯于从使用角度入手来看待价值，由此使价值成为人们的任意使用之物，它自身的存在和存在价值被遮蔽。

价值论的视域遮蔽与谬误　波曼（Louis P. Pojman）在谈到价值时很困惑

地说：“‘价值’是一个极为含糊、暧昧、模棱两可的概念。”[1] 威尔逊（Bryan Wilsons）也同样感慨地说：“即使就全部概念来说，也几乎没有像价值概念这样难以界定的。”[2] 尼古拉斯·布宁在《西方哲学英汉对照辞典》中对“价值”（Value）的定义如下：

> 一般而言，价值意味着那使一件东西成为值得欲求的、有用的或成为兴趣的目标的性质。价值也被看成是主体的主观欣赏或是主体投射入客体的东西。在这个意义上，“价值”等同于“被判定为有价值”。[3]

布宁将“价值”定义为“使之成为……”的东西。这几乎成为价值探讨中不证自明的“公理”。在“使之成为……”的价值构成中，人们最关心的是“谁使谁成为”和“什么使什么获得”的问题，由此价值主体和价值客体及二者的关系被凸显出来。什么是价值呢？从“谁使谁成为……”角度看，就是当主体与客体构成一种实际的关系时，主体使客体成为（的那种东西）就是价值。如果从“什么使什么获得……”角度看，就是当主体与客体构成一种实际的关系时，客体实际赋予主体的某种东西就是价值。将二者统合起来，就是当主体与客体构成实际的关系时，主体使客体成为使用对象而客体实际地赋予了主体以使用效能时，就产生了价值。此种价值认知观念的生成实际地需要三个条件：一是价值必须发生于两者之间，且此两者必须构成一种现时的关系，这种关系的内涵规定是需要与满足需要的关系。在这种关系中，需要者是价值实现的主体，满足需要者是价值实现的客体。二是在这种关系结构中，需要者使自己成为现实的需要者并使此一关系缔结的另一方面成为满足需要的给予者，这就是需要者必须使自己成为主体并使对方成为客体。三是在这种关系中，被规定为满足其需要的给予者，即客体，以自身为代价而实现主体的需要，这一行为所达及的

---

① Louis P. Pojman, *Ethical Theory, Classical and Contemporary Readings*, Wadsworth Publishing Company, 1995, p. 145.

② Bryan Wilsons, *Values Humanities* Press International, Inc., Atlantic Highlands, 1988, p. 1.

③ ［英］尼古拉斯·布宁：《西方哲学英汉对照辞典》，余纪元译，人民出版社 2001 年版，第 1050 页。

最终结果，就是客体对主体需要所产生的效用。要言之，“价值是客体对于主体的需要的效用性”[①]。布宁对“价值”的经典定义中关于价值就是“被判定为有价值”的规定，即价值乃客体对主体需要之效用。效用观念一直构成价值哲学、伦理学以及马克思主义的价值理论的思想基石。王海明《新伦理学》中讨论价值时指出，一切所谓的关系价值论、意义价值论、属性价值论，其本质规定都是效用论，也就是说一切形式的属性价值论和意义价值论，都是本质上的关系价值论。关系价值论所关注的是主体与客体需要之间的关系构成：“所谓价值，就是客体与主体需要之间的一种特定（肯定与否定）的关系。”[②] 这种关系构成的前提，是主体之于客体的需要；而这种关系构成的绝对条件，是客体对于主体需要之满足。所以，在关系价值论中，其本质规定仍然是主体要求客体发挥效用和客体向主体实施（即实现）效用。如果说关系价值论所注重的是价值构成的条件（即价值形式），那么，意义价值论的关注重心却是价值的意义生成（即价值内容）：价值的意义生成，就是价值的实现。价值的实现，意味着主体之于客体的需要和客体之于主体的效用得到双重实现，所以说到底，“价值关系是一种意义关系或一种效用关系，它们是等值的。价值是客体对主体的意义，也就是客体对主体的作用、效用。”[③] 按照价值效用论的观点，主体对客体的需要是主体意识到或发现客体具有能够满足其需要的属性或功能，“价值就是指客体能够满足主体需要的那些功能和属性”[④]。客体实现对主体需要的效用是客体对自身属性的释放，也即客体向主体之效用功能的发挥。所以究其实，属性价值论同样是一种效用论，只不过它所注重的是价值实现的效果。由此来看，效用价值的产生，既需要其形式与内容两方面条件的具备，也需要功能效果的生成，此三者缺一不可。所以，究其实质，关系价值论、意义价值论、属性价值论，不过是效用价值论的环节理论、阶段理论而已。

迄今为止，一切有关价值的理论思考，都没有超出**效用**的范畴。因而，

---

① 王海明：《新伦理学学》，商务印书馆 2008 年版，第 160 页。
② 李连科：《哲学价值论》，中国人民大学出版社 1991 年版，第 62 页。
③ 袁贵仁：《价值学引论》，北京师范大学出版社 1991 年版，第 49 页。
④ 王玉梁主编：《价值和价值观》，陕西师范大学出版社 1988 年版，第 163 页。

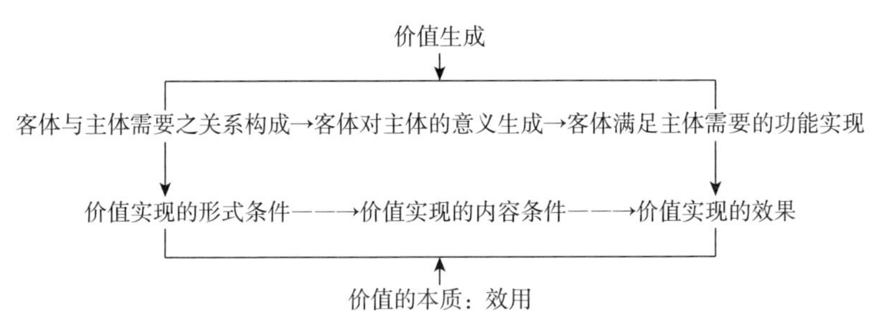

［图 5－1　使用价值构成逻辑］

一切价值理论都不过是一种效用理论。这种效用价值理论呈现两个特点：一是价值关系论，即价值产生于一种**实用**关系；二是相互作用论，即价值就是主体对客体的需要和客体对主体需要的满足。由此两个方面的规定，时至目前的所有价值理论都是一种功利主义价值理论，或者至少一切形式的对价值的理论探讨运用的哲学方法，都只是功利主义方法。一切功利主义方法，以及由此产生的功利主义认识论和价值理论，都属于生存论意义的，它所讨论的价值，都不过是一物对一物的需要和一物对一物之需要的满足的使用价值。所以，一切的价值理论都不过是使用价值理论。

这种使用价值理论的认知出发点和归宿，都是人，即从人出发来考量存在物，其价值的有无或大小，均以对人是否有用以及其有用性的多少为准则。这种使用价值观念一旦拓展开去，就形成一种存在论、世界观甚至宇宙观，整个宇宙是围绕人而展开，整个世界都因为人而产生有用性，所有的存在都只能且必须围绕人而展开和消长。以此观之，这是近代以来的两个重新发现，即对人的重新发现和对自然的重新发现所呈现出来的本质语义、本质规定。对人的重新发现，就是发现了人对存在世界、对宇宙运动、万物生命的主体地位；对自然的重新发现，就是发现了不断开阔出来的宇宙、自然、万物、生命，都是因为人而产生，都是以自身的方式成为服务于人的存在的资源环境、资源条件和资源内容。由这两个重新发现所建构起来的商业社会、工业时代、现代化和城市化发展，都是围绕人而展开，基于此使用价值理念而生成的两个东西也得到无限地展开，一是人类的无限物质幸福论；二是实现人类无限物质幸福论的自然资源无限论。这两个观念都因为商业社会向工业社会、古典工业社会向现代工业社会再向后工业社会无节制地掘进，却最终破

产了。这种破产不仅表现在人与人相争斗的方面，更体现在地球、自然、气候、物理资源不能支撑人的无限物质幸福论的发展。于是，就有了人类的自我反思，有了环境伦理和环境哲学，开始检讨人类的价值观念，对自然、环境、物质、地球生命的使用价值观念提出了质疑，这种质疑聚焦在动物上，提出了动物的权利的观点。由于权利始终是所属性质的，权利之争的核心问题即谁拥有权利的问题。这一问题落实在动物身上，就是动物有无权利。人类中心论者否定动物的权利，大多数非人类中心论者认为动物有权利，并且认为动物的权利不是人的道德权利的拓展运用，因为人的“道德权利”是不可让渡的绝对的权利。[①]“那种试图把由人的权利发展而来的权利概念扩展到人以外的东西上去的做法，不管其意图如何，都会带来权利概念的暧昧化、相对化。”[②] 权利始终是绝对的，动物的权利也是绝对的。绝对的权利总是来源于存在者自身，动物权利亦如是，它来源于动物自身的能力，这种能力最早为边沁所发现的动物的意识和感觉苦乐的能力。意识和感觉能力，是动物与人共享平等权利的生命基础和存在基础。“没有意识、期盼、信仰、愿望、目标和目的，一个存在物就没有利益；没有利益，它就不可能受益；没有受益的能力，它就没有权利。”[③] 进一步讲，动物感觉苦乐的能力之所以构成它自身存在的基础，是因为感觉苦乐的能力标明了动物拥有其不以他者为要求的**内在价值**。“说某类价值是内在的，仅仅意味着，某个事物是否拥有这种价值和在什么程度上拥有这种价值，完全依赖这一事物的内在本性。”[④] 自然的内在价值，其实就是自然的存在价值，自然的存在价值就是标识自然存在的价值，根本不存在“内在”或“外在”的问题，因为它是自然及其具体的自然存在物标志自身存在的自为规定性，呈现以自身为目的的价值：“地球上的非人类生命的美拥有自在的价值。这种价值独立于它对人的有限目的的工具意义上的有用性。”[⑤] 所以，在存在世界里，存在世界本身是存在世界的主体，

---

① P. Taylor, *Respect for Nature: A Theory of Environmental Ethics*, Princeton: Princeton University Press, 1986, p. 250.

② ［日］岩佐茂：《环境的思想》，韩立新等译，中央编译出版社 1997 年版，第 100 页。

③ ［美］纳什：《大自然的权利：环境伦理学史》，杨通进译，青岛出版社 1999 年版，第 151 页。

④ G. E. Moore, *Philosophical Studies*, London, p. 260.

⑤ A. Naess, “A Defence of the Deep Ecology Movement”, *Environmental Ethics*, Fall, 1984.

存在于存在世界上任何存在者，无论宏观的存在者比如宇宙，还是具体的存在者比如生物个体或存在事物，都是自身的存在主体，所以“主体性普遍存在于具有有机组织复杂性的那部分自然界内”①，因为“所有复杂的生命形式和整个自然界都具有自我认识、调节环境、追求自我保存和自我超越的能力。目的性是自组织系统追求实现自身价值的动力”，所以“目的性并不是人类独有的特征，也是所有自组织系统普遍具有的性质”。②

存在价值与使用价值　环境哲学对动物和自然提出权利问题，指出动物、自然物以及作为整体的自然有与人平等的权利，这意味着动物、自然物、自然的权利并不是人给定的，而是说动物、自然物、自然的权利是动物、自然物、自然自身给定的、自我拥有的。动物、自然物、自然自己给予自己权利、自己创造自己的权利，那就意味着不仅动物、自然物、自然的权利先于人的权利，而且人的权利也是从动物、自然物、自然的权利演绎而来，因为人最初是物，是自然人类学向文化人类学演化而来。这符合造物主的创世行为和继创生运动，更符合人类的进化历程本身。一旦澄清人与动物、自然物、自然在权利上的生成关系，那么，拥有自为存在权利的动物、自然物、自然也就自然地有其自为存在的价值。而且这种价值同样先于人的价值而产生，人的价值也是从动物、自然物、自然的存在价值中演化而来。

要言之，人类所关注的价值，首先是一种客观实存；其次这种客观实存的价值在本原上不是使用论的，而是存在论的存在价值。所谓存在价值，指凡存在即价值，或者凡存在，其存在本身就蕴含价值，就彰显价值，就因为其蕴含和彰显而使自己的存在区别于其他任何存在。所以，存在价值即存在本身的价值，与其他存在无涉，即既不因为他者而使自己有价值，也不因为他者而使自己无价值，而是因为自己存在而获得了价值，这种价值是相对存在本身而言的。由于存在价值是源于存在本身，从存在内部生发出来向外部彰显。从其内在生成言，存在价值也可以说是存在的内存在价值。所以，张岱年才如是说：“价值的更深一层含义，不在于满足人们如何的需要，而在于

---

①［美］E. 拉兹洛：《用系统论的观点看世界》，闵家胤译，中国社会科学出版社1985年版，第82页。

② 佘正荣：《生态智慧论》，中国社会科学出版社1996年版，第240页。

具体内在的优异特性。”① “价值的基本涵义是能满足一定的需要，这是功用价值；价值的更深一层涵义是其本身具有优异的特性，这是内在价值。”② 与此不同，使用价值，是一种存在对另一种存在的有用性，且这种有用性被他者发现并开发而使自己成就了对他者的满足。易小明曾说：“所有生命个体都是主体，因而都有内在价值。”③ 其实正确的表述应该是：所有生命个体都是存在主体，所以所有的生命个体都有其同等的存在价值。并且，所有的生命个体自身所拥有的存在价值，都是从他的生命存在中涌现出来的，并构成他之这样存在而不那样存在的自在要求和自为规范。而将“人的、动物的、植物的主体性、能动性有强弱之分，因而它们享受道德资格的程度也不应当有差异的，人最有资格获得道德资格的对象，动物次之，植物又次之。这就是说，我们虽需要不断扩大的同情心，需要关爱生命，但这种关爱的具体实现需求却是有差异的，即所谓‘亲亲有术，爱有差等’”④，所表达的就是使用价值，将人、动物、植物的主体性、能动性予以等序排列，所喧哗的是人的使用价值观念。关爱生命而爱有差等，同样是使用价值观念的鲜明表述。

价值的特殊与普适 价值，在运用上，客观地存在着使用范围的窄域性、个别化和广阔性、一般性的区别。前者即价值的特殊性。价值的特殊性有两个方面的内涵规定性，一是指价值产生于个性、个别，是个性价值和个别价值。二是指价值的实际功能只能服务于个别、个性。价值的轻重、大小，既不是源于价值的个性化，也不是源于价值特殊性，而是来源于价值的共性和普遍。一般地讲，价值来源的个别性、特殊性越鲜明、越突出，价值的个性化程度越高，价值的个性化程度越高，它的共性和普遍性会越低。反之，价值越是来源于共性和普遍性，其共性和普遍程度就越高，其运用功能的指涉范围就越广阔。与价值的特殊性相比，价值的普适性，指价值的共性化和普遍性。客观地讲，只有体现共性化和普遍化的价值，才是普适价值；共性化和普遍化程度越高的价值，就越具有普适功能。

---

① 张岱年：《文化论》，河北教育出版社 1996 年版，第 116 页。

② 张岱年：《文化论》，第 118 页。

③ 易小明：《文化差异与社会和谐》，湖南师范大学出版社 2008 年版，第 235 页。

④ 易小明：《文化差异与社会和谐》，第 235—236 页。

从理论言，凡价值，都应该是普适的，应该体现共性并具有普遍功能。但在实际上，由于价值的主体是人，人对存在的判断和评价呈现出来的价值，形成了个性与共性、个别与一般的区别，并由此产生特殊价值与普适价值两类。由表面看，价值的普适性即普适价值，但实际论，普适价值的自身依据，是指价值本身的普适性，所以，普适价值是指那种具有普适性的价值，即高度共性化并具有普遍指涉功能的价值。普适价值只是与特殊价值相对的一类价值，即价值之一类是特殊价值，价值之另一类是普适价值。与此不同，价值的普适性，是指价值自身就具有普适的内在品质，这种内在品质不是存在于某种价值之中，而是存在于所有类型的价值之中。因而，凡价值，就是诉求共性并体现普遍指涉性。只有当人为的原因取消价值的普适性，或者刻意地制造没有普适性内涵的价值，只有在这种状况下，价值的普适性才不存在。具体地讲，与普适价值相对的特殊价值，是价值主体基于自身意愿或意志的需要而忽视或者意识地解构所判断和评价的存在对象本身所蕴含的普适性内涵，并注入个性或个别的因素于其中，由此形成特殊价值。要言之，价值的普适性是价值的内在气质，也是价值的外张力；价值的特殊性是价值的人为异化，是价值主体对自身意志、欲望或权力的强行灌入。汶川地震救援中曾发生了一件“先救狗”还是“先救人”的不同行为选择的小事，典型地体现了在本原上普适的价值何以产生出特殊价值的原因。

> 汶川地震发生后，拯救生命的行动全面拉开。5月18日上午10时许，来自台湾的红十字欧晋德救援队，在四川绵竹汉旺镇一处塌陷的楼房废墟下探测到生命迹象，立即展开了救援，陆续挖出土石、水泥板块后，听到受困的狗儿叫声。生还的狗主人马云松表示，他的女儿与小狗形影不离，可能与狗同在一起。这时周围有人建议，**救人更重要，不要管小狗**，但欧晋德表示，“**狗儿也是生命，救人的同时应该一起救狗**，而且小狗的存活也表明废墟下可能仍有幸存者”。小狗被救出后，生命探测仪显示废墟下仍有生命迹象。救援人员再次投入救援，又救出一条小狗……（笔者加粗）

“救人更重要，不要管小狗”这一行为选择的观念出发点是**人比狗有价值**。“人比狗有价值”的判断源于一个更深层的观念，即人把自己看成是这个生命世界的主体、主人，人的生命才是最高贵的，生命世界中其他一切生命，相对人而言都是低贱的，它们存在于世的价值就是对人有用，所以，一切都应该以人为先。但“救人的同时救狗”这一行为选择仍然源于一种观念的牵引，即“**狗与人同等重要**”，进而，“**狗的生命与人的生命具有等同价值**”。这种价值观念却不是源于观念的选择，而是源于对生命存在本身的价值等同的认同。所以，“救人的同时救狗”的行为体现出一种尊重**每一类**生命的普适价值，承认**每一类生命都具有同等的价值**的普适价值。尊重任何生命的行动何以体现了普适价值？这是因为生命存在本身是普适价值的：“所有的动物，不论它们如何比人类低级，都是拥有自己的好的存在物……所有的植物也同样是拥有自己的好的存在物。”[①] “全部有机体，不论是有意识的还是无意识的，都是目的论为中心的生命，也就是说，每个有机体都是一种完整的、一致的、有序的‘目的 - 定向’的活动系统，这些活动具有一个不变的趋向，那就是保护和维持有机体的存在。”[②] 更因为存在世界里的每一类生命、每个生命，都是造物主的杰作，都蕴含造物主创世界的神性，都体现了造物主对他所创造的每一类生命、每个生命的生的希望和生生的期待与爱。所以，生命存在的价值是一切价值之普适性的源泉，生命存在的价值是一切普适价值之根本。所以，价值的普适性和因其普适性而形成的普适价值，是存在论意义的，只在存在论意义上，才可理解价值的普适性和普适价值。对存在的使用价值判断，只是在生存论意义上展开。在生存论意义上考量使用价值，并不因此而使存在论意义的价值的普适性丧失，更不能说生存意义上的使用价值就不是普遍价值。价值的普适性和普适价值是存在本身给出的，必须存在论的确证。当价值进入生存论领域，价值的普适性和普适价值却是通过共性化和普遍指涉的功能发挥而得到全面正视。在生存论领域，价值在使用时的普适功能的弱化或丧失，不是因为价值本身，而是价值运用者的意志和观念

---

① Paul W. Taylor, *Respect For Nature: A Theory of Environmental Ethcs*, Princeton University Press Prceton, New Jersey, 1986. p. 66.

② Paul W. Taylor, *Respect For Nature: A Theory of Environmental Ethcs*, p. 122.

的作祟使然。

2. 价值分布的实然与可能

价值源于存在，存在源于创化，造物主的原创化和由此推展开来的继创生，使存在恒久存在。从存在观，价值是存在论的，存在论的价值是标识存在本身存在的自身方式，使用价值只是其存在敞开的**附加**形态。从创化论，价值既按自身方式**正态分布**，也按意愿性的人的境遇性方式**偏倚分布**，并在静持中呈现可量化与不可量化、期待或吁求的动变性。

价值分布的正态性与偏倚性　价值的普适性，形成了普适价值。普适价值因其普适性而获得自我分布的正态方式。分布（Distribution），原本是一种统计学概念，用以描述数据集中各个值出现频率或概率的方式，以帮助人们理解和分析数据集的特征，为人们的谋划做出基于数据的最佳决策。但分布现象却并不限于生活数据领域，或可说，分布并不仅局限于统计学所指涉的领域，存在和生活的所有领域都呈现出分布现象，客观地看，人的世界和存在世界都是以自身方式分布性生成并**分布性推展**，这种分布性推展既使人的世界和存在世界相向敞开又相向遮蔽。价值虽然是人作为主体对存在（或存在物）的判断和评价，但它的依据是人的世界和存在世界，具体地讲是自然存在事实和人为存在事实，并且其功能发挥仍然要指向人为存在事实和自然存在事实。由此两个方面观，价值也是分布性的，价值的存在推展也客观地因其自身的分布方式而获得敞开或遮蔽的双重功能。

从根本讲，价值作为一种精神实体，它本身是普适性的。普适性使价值生成出分布功能。由于普适性，价值成为普适价值。普适性的普适价值因其总是朝向存在敞开生存，而获得自身分布的两维性。要言之，在存在论层面，普适价值的普适性是以正态的方式分布的；与此不同，在生存论层面，普适价值的普适性往往以偏倚的方式分布的。

以正态方式分布称为正态分布（Normal distribution）。正态分布是一种数学理论，揭示数学世界的概率分布（Probability distribution）。这种概率分布适用于任何领域，所以它又被称为常态分布（Normal distribution）。集中性、对称性和均匀变动性等基本特征展示正态分布的根本性质，即分布的正中性、对等性、均衡性，但此三者必须在动态中敞开，由此形成其分布描述，虽然

有规律的循环，但始终是概率的，而非严格的标准化和完全的可量化性。这恰恰揭示了造物主创化世界的本性之生和生生之生机推展世界的继创生始终从简单创造复杂到复杂创造简单的循环往复的创造运动，最终只能以概率的方式呈现线性与非线性、确定性与非确定性、秩序与混沌之相向动变，却始终保持一种静持的正中性和对等性。作为以存在世界为最终依据、以事实为承载方式的价值，它的存在仍然以概率分布为常态，因为价值的普适性既揭示价值静持的正中态和在任何场态下都保持存在的共性和普遍性，并在人的世界与存在世界、过去与现在互为推展的动变中保持其普适性本身。

存在价值的正态分布性，根源于存在价值的普适性，而存在价值的普适性却是价值生成或者说价值给出的存在本身的自为存在与存在之间的平等生生的关联存在。与此不同，存在价值总是通过存在敞开而进入生存境域成为生存价值。生存价值始终是存在价值的推展性运用，这种推展性运用需要达及的实效状态就是存在来到现在并上手存在的行为及其所诉求的结果状态，这是生存价值可被理解为使用价值的根本理由；反之，价值的存在论通过存在敞开而境域化为价值使用论，由于价值的使用始终是服务于人的生存的，所以又称为价值生存论。价值生存论是存在价值在存在敞开中成为境域化的生存价值，它的分布始终是偏倚的。

偏倚（bias）是一种普遍的行为现象，也是一种普遍的社会现象，它是指人的动机指向目标所采取的无论怎样正确的手段和严谨的程序来推展所要达及的行为结果，都会呈现相应的误差，个体行为如此，群体性、社会性行为更是如此，人们在任何领域（比如测量、医学、心理学、行为、市场、政治或经济）从研究设计、数据处理、系统分析到实施的各个环节，都会产生系统性误差，比如医学研究中结果推论或解释中的片面性，会导致研究结果与真实情况之间出现倾向性的差异，由此错误地描述暴露与疾病之间的联系。其实，这种从个体行为到社会行为再到各种类型、各个领域的研究与实践所呈现出来的偏倚现象，却根源于存在世界本身因为其原创化的生之本性和继创生的生生之生机的推动，始终以涌现的方式敞开简单创造复杂和复杂创造简单的互为催发的创造运动本身，即使有序沦为混沌，将确定性变成非确定性。因为，无论是简单创造复杂，还是复杂创造简单，都融进了个体性，个体性的主体、个体性的情境、个体性的行为条件、个体性的随机性等，都会使存在敞开生存的运动出现偏倚，并且始终以偏倚的方式呈现自身。所以，偏倚分布构成存在敞开生存的常态分布、概率分布。只是它缺少中正性、对称性和运动的均匀性，往往呈现非中正性、非对称性和非均匀动变。生存价值的偏倚分布就体现如上特征。正是因为生存价值分布的偏倚性，才使生存价值的使用诉求和使用总是呈个性化和个别性，使存在论意义上的价值普适性变成了价值的为我性。

价值的可衡量与不可衡量性　存在价值是价值的原发形式，它是普适的，是普适价值。普适价值，或者说存在价值，是无须衡量的。

衡量（Measurement）一词有比较、考虑、斟酌、评定等义，它是指一种度量方式。本义是量度存在物重量或容积，以此考量或斟酌事物的轻重得失。后来此词的运用拓展为通过定量或定性的方法来测量或评估具体存在对象、现象或变量的特征、属性或价值。衡量作为一种量度方式，其具体方法是定量分析和定性分析。前者主要运用于以物理实体为基本对象的量度，后者主要运用于以非物理实体为基本对象的量度。衡量运用于价值领域，主要是对价值进行定性量度的方法。

存在价值之不需要衡量，是因为存在价值是普适价值。普适价值是普遍价值，没有领域性、场域性、环境性、主体性等条件要求和边界约束。因为作为普遍价值的存在价值，只有无条件的共性，没有任何主体性要求和个性。所以，对于存在价值，衡量是无效的，也是无用的，只能是认知理解。存在价值需要认知理解，认知理解到位了，存在价值的普适性质、共性本质和普遍功能就会得到清晰的呈现，并正面发挥存在价值牵引生存的功能，使价值使用也保持存在论意义的普适性。

能够进入衡量之域并需要进入衡量的价值，是生存价值，即存在价值的存在敞开而指向使用，就需要衡量。客观地看，能够进行衡量的生存价值，一定是此地此时的存在来到现在和上手存在所呈现出来的价值，没有进入此地此时的存在来到现在和上手存在的价值，都是拟想性的价值，一切拟想性的价值都是不可衡量，因为它无法呈现可衡量和能衡量的具体指数，即真假、善恶、美丑、利义、己群、爱恨等可定性分析的指标。任何形式的存在价值

都只有涵纳入此地此时的存在来到现在和上手存在的状态进程中，它的普适性能否得到保持才真实地通过真假、善恶、美丑、利义、己群、爱恨的向度而呈现出来、推展开来。二是普适性的存在价值进入此地此时的存在来到现在和上手现在的状态进程中，其是否保持其普适性，或在多大程度或多宽域度上保持或解构其价值的普适性，这需要衡量，具体地讲，则需要进入真假、善恶、美丑、利义、己群、爱恨的域度分析，比如在其为真、为善、为美、为义、为爱的域度内，其价值的普适性仍被保持。反之，如果逾越其域度而诉求为假、为恶、为丑、唯利、唯恨、唯己，其价值普适性往往被解构而沦为价值特殊性，或成为体现鲜明个性和个别性的特殊价值。

价值的期待性与吁求性　价值，既是现实的，也是拟想的。价值作为一种存在现实，从两个方面呈现。首先，存在价值始终是现实的，它不以人的用与不用为条件，存在存在，存在价值就存在；存在消逝，存在价值则逝去。比如一个人、一个动物生命，或一株草、一棵树，其存在，其作为存在物的存在价值始终保持，并始终呈现为此地此时的现在之存在，并上手此在化的场域。其次，存在价值被存在敞开的生存所上手，即当存在价值被涵纳入此地此时的存在来到现在和上手现在的状态进程中，获得真假、善恶、美丑、利义、己群、爱恨的定性量度时呈现的价值，就是现实的价值。除此之外，价值都处于拟想状态，属于非现实的或者说待现实的拟想价值。

现实的存在价值与待现实的拟想价值之间形成的域度或张力空间，则孕发出价值的期待性或价值的吁求性。价值的期待性和吁求性共有三个方面的要求，一是无论现实的存在价值还是待现实的拟想价值，都既存在期待性，也存在吁求性。二是价值的期待性与价值的吁求性既互为催发，也呈现出相向照亮。三是价值的期待性与价值的吁求性分属现实的存在价值和待现实的拟想价值。首先，现实的存在价值始终期待生存的上手，期待自身存在敞开的普适性在生存上手的运用得到完整的保持，同时也吁求生存上手的存在价值能够完好地回归存在价值本身，这是存在价值现实存在的完整呈现，或可说是存在价值现实存在实现自身静持与动变的同一。其次，存在价值在存在敞开的生存中，期待自身能够进入此地此时的存在来到现在并上手现在，这是说存在价值承其存在敞开而入生存的拟想状态，本能地期待其拟想状态的解除而涵纳入此地此时，并以来到现在和上手现在的方式发挥其对人或人的关联生存的普适性牵引功能。

不仅如此，价值，既是现在的，也是历史的，更是未来的。价值从过去指向未来的期待及吁求，总是通过此地此时的存在来到现在和上手现在的行为所铺展开来的桥梁而实现。以此观之，价值，既是未来对现在的期待，也是过去对现在的吁求。价值是吁求与期待的**视域融合**，或者说是历史的吁求与未来的期待对此地此时的**现在会通**。

第六章　价值尺度

人经造物主创化，从自然人类学的黑暗深渊中走出来开辟文化人类学道路，创造出人的精神宇宙世界，在这一精神宇宙世界里，人从动物存在上升为人文化成的精神存在者。人所创造的精神宇宙是一个世界体系，它以造物主为依据，以存在世界为平台，以心灵为土壤，以信仰为灵魂，以情感为动力，以不断推展开来的心智为框架，以价值为核心。价值既是存在的实存，也是存在的理想。作为存在的实存，价值是规训与指南；作为存在的理想，价值是牵引与激发。从存在实存到存在理想，价值获得自身的存在规定和生存边界，所以，从实存到理想，构架起人的存在敞开的价值域度。

一　价值的域度与理想

价值，虽然有存在价值与生存价值之分，但它是人的精神创造的呈现方式：存在价值，是人的精神创造的存在论呈现方式；生存价值，是人的精神创造的生存论呈现方式。由此，无论存在意义的价值，还是生存意义的价值，既有自身的限度，又有推展自身突破其限度的可能性。前者表述为价值域度，后者表述为价值理想。

1. 价值域度

域度，是一个现代数学和科学概念，并拓展运用到地理学、计算机科学、信息科学、认知科学等领域。在物理层面，域度是指事物铺展自身存在的范围，它呈空间的边界性。在抽象层面，域度是指概念迁移性运用的延伸程度或现象敞开自身的广度。合言之，所谓域度，乃事物之存在敞开的自身疆界。

以此观之，域度相对事物言，是（具体或负担）事物的铺展状态，既是空间化的，也凸显出自为敞开的实际限度和存在边界。

价值是一种精神存在实体，是一种客观存在的精神事物，它的存在敞开同样体现自身的域度，由此形成价值域度。价值域度，是指价值存在敞开的空间状态及功能边界。由于价值是精神实体，精神的形成不仅是空间性的，也是时间性的，它融进了人的精神存在铺开的历史。价值存在敞开的不仅呈空间状态，也呈现其空间状态铺展的进程性。所以，价值域度即价值敞开的空间进程状态，它融进了空间拓展的时间性和时间向空间渗进的进程性。其空间拓展的时间性和时间向空间渗进的进程性，构成了价值的实际疆界。价值作为一种精神存在实体始终是域度的，其域度生成主要与四个因素相关联。

首先，价值域度的生成直接与行为关联，受行为对存在来到现在和上手现在的约束。

其次，价值域度的生成与法则相关涉，法则才构成价值域度的最终因素，具体而言，不同维度的法则从不同的维度构建起价值的域度。能够构建价值域度的法则，主要有自然法则、人性法则和规则法则。自然法则即自然的律令，它构成存在价值的域度。在最抽象的意义上，自然法则即造物主创世行为赋予所创世界的生之本性和生生之生机，聚集为统摄宇宙自然和万物生命的物理法则和生物法则，其具体形式是生命原理。如此内涵的自然法则的人本化，就是自然人类学的人成为文化人类学的人的进程中所生成的人性法则。人性法则即人相生、利、爱、群地存在敞开生存的法则，它实际地构成人的存在牵引生存的行动准则，就是“因生而活，为活而生，且生生不息”；其行动的疆界，必须是生、利、爱、群，即以生为动力、以利为诉求、以爱为导向、以群（即人与人生活在一起）为目的，构成了人的存在敞开生存的价值域度。人的存在敞开生存的真正落实，是人的“因生而活，为活而生，且生生不息”意愿行为必须此地此时化，必须以来到现在的方式上手现在，通过上手现在的方式实现“因生而活、为活而生，且生生不息”。人的这种此地此时的来到现在和上手现在的行为，将具体的事、具体的人、具体的环境、具体的手段和方式、具体的动机和目的以及己、人、群、环境、社会之间的利害得失关系关联起来，形成一个**行动的**场域，在这个场域中，自然法则和人

性法则最终被统摄到规则法则中，形成价值创造和价值实现的具体域度。这些在具体的此地此时的场化语境中可以统摄且必须统摄自然法则和人性法则的规则法则，包括诸如以独立、平等、自由以及共同价值、共同利益、共享文明等为基本内容的**全域性**人类规则，以政体规则、制度规则、法律规则为基本的内容的全域性国家规则和以市场规则、技术规则、环境规则为基本内容的全域性社会规则，从不同的方面、维度切入构成了价值发挥生活牵引、激发或规训功能的自身疆界。

再次，价值域度的生成，更与命运相关联。鲍桑葵在思考价值时认为，在人的存在世界里，“有限物的危险所假定的在整体之中的心安，力量与活力，以及不断显露出来的更为丰富的经验，所有这些并没有为了理论的目的得到详细论述。但我希望，这种经验足以展示价值——究极个体性的完善——的一般本性：有限生存的**零碎与冲突**是表现和维持这一价值的手段。而有限生存与这一价值相关联的程度，则构成了每一个有限个体的价值与命运”[①]。价值与命运相关联，实因为价值根源于命运，而命运根源于有限存在。

造物主的创世行为，创造出存在世界。存在世界虽呈整体无限性，但它是以宇宙和自然、万物和生命为实存样态，因而，造物主创世行为所创造的世界，虽然在本体上是整体存在的，但在形态学上却是具体存在的，呈现出存在的有限性。而存在的有限构筑起一切形态的存在的命运，这一命运的本质就是有限。有限的命运不仅是个体生命的，也是个体群体的，比如物种、人种、民族，都是以个体方式存在，这种个体性存在又总是被地域化，是一种地域化的个体性存在，也可说是一种个体性的地域化存在。这种地域化的个体性存在和个体性的地域化存在，从两个不同方面构筑起一种无法承受但却必须承受的命运。从根本讲，个体的价值与命运源于个体的有限，个体的有限由整体规定，整体之于个体，或是无限的，但整体之于整体本身，依然是有限的。

命运之于人、人类，展开为从自然人类学走来，从远古到现在，虽被我们自为地描述为进化、发展，但其存在的命运及其敞开为生存的进程，不是

---

① ［英］鲍桑葵：《个体的价值与命运》，李超杰、朱锐译，商务印书馆 2015 年版，第 314—315 页。

朝向更广阔，也不是能够不断地拓展，而是更加窄逼。相对而言，越是远古，人类的命运铺开更灵活，命运道路更广阔。因为无论人种或是民族，可以迁徙，可以流动，可以扩大或缩小存在的空间或生存的领域。但至于后来，当游牧生存方式被固定下来，尤其人种和民族被国家化后，其存在的空间和生存的疆域被相对地固定了下来。虽然如此，但仍然体现一定的灵活性，那就是在近代以前，国家的空间疆域也只是相对固定，可以通过战争而不断发生变动。进入现代社会，有了法，有了普遍的国际法律，一切形式的空间疆域都得到法的定格。命运被锁死，改变天赋不平等的命运的自然方式，只有通过发展来解决。但发展不能解决地域空间问题，也不能解决自然分配与可通过力的较量进行选择的命运，人种、民族、个人存在的地域化限定不能进行再选择。发展改善命运，只能落实在经济、物质、技术、财富方面，个人是如此，国家也是如此。这样一来，原本善待人类物种的自然，也因为发展造成的破坏或毁灭性灾难，而变成恶劣命运的枷锁。由此，无论人种还是民族，国家还是个人，其存在敞开**更受**命运的限定，命运构成其最终疆界，个体或群体的价值选择、构建或确立，都不得考虑命运赋予的**极限**。超过这一极限，就会引发敌对、仇恨、战争、破坏、解构甚至毁灭。古往今来的战争与分裂、毁灭与重建，是其**命运干预人**的存在境况和**人的价值推展干预命运**的实例。“二战”，更是最为惊心动魄的命运干预人的存在境况和人的价值推展干预命运的悲惨历史，但人们似乎并不愿意吸收这方面的教训，因为人们并不觉悟命运对人的存在境况的自动干预功能和人的价值推展总是本能地逾越命运或者说企图驾驭命运的狂妄，当世彼起此伏的各种局域性战争，以及全球化大比拼的核军备竞赛、不遗余力的武器炫耀和声嘶力竭的战争叫嚣，都是在更新的存在语境中——后世界风险社会陷阱日益加剧——的存在语境中展开对命运的无视和历史悲剧的傲慢中，意志主义的强力推展价值对命运的主观逾越和驾驭命运去占领世界的愚狂，最终只能是更为悲惨的**毁灭性**结局。

最后，价值域度的生成，也与**人的社会的畸形展开**直接关联。一般而言，人遵从法则的牵引和命运的安排，其此地此时的行为始终遵循价值本身而不逾越，价值的域度问题根本不存在。价值域度产生的直接原因，是人的此地此时的上手现在的行为无视法则、僭越命运、滥用价值。当人的存在敞开中

无视命运的存在并蔑视命运的矫正和引导功能，往往会强行改变命运，这种强行改变命运的做法推动人的行为肆无忌惮，在价值的选择、确立和运用上任性，形成滥用价值。当价值被人为地滥用时，价值的域度问题必然呈现出来，要求有其明确的边界约束和疆界规范。所以，价值域度的产生，实是人为地制止价值滥用，抑制人的存在敞开的利益诉求违背自然法则、人性法则或群化存在的规则法则，尤其是抑制对人性法则和普遍的规则法则的践踏。

2. 价值理想

何为价值理想？ 价值虽然由人创造，人却受价值的牵引。具有牵引功能的价值却总是与命运关联。这就是人的有限存在的实质，“如果我们把我们自己看作这样的有限存在者，即一方面有独立性，一方面又通过权利和义务关系与上帝、**大自然**和我们的同类相关联，那么，这样的世界就是我们生活于其中的世界”①。人生活在人的世界中的基本条件有二，一是享有现实权利的同时担当对应的责任和义务；二是以与上帝、大自然、同类相关联存在的方式来享有其权利并担当其责任与义务。享有权利和担当责任与义务，**必须诉求**价值实现；与同类、自然、上帝关联存在，却**需要构建**价值理想。或可说，价值实现的努力引发价值理想，价值理想激发价值实现。

理想是基于现实对未来的想望。这种对未来的想象本身呈现一种生存框架，这一生存框架不仅有明确的空间疆域，也体现不可逆性的时间方向，这就是从**现在达于未来**的空间疆域和时间方向。理想不仅自为地展开一种生存框架，还自为地生成能够自我定义的语义内容，这就是理想源于现实的不理想，现实的不理想的本质含义是现实的非完善性、残缺性或局限性，从造物主创世界的继创生角度看，现实的非完善性、残缺性或局限性根源于现实的未完成、待完成和需要去不断地实现其完成的这样一种状态或趋向。现实的这种性质内涵的理想性生发出现实本身对未来的设想和预期，这种设想和预期是要从根本上解决现实的非完善性、残缺性或局限性而使其达于完善状态。所以，理想是对现实予以完善和完美的拟想性设计和预期。

存在现实的非完善性、残缺性或局限性形塑着对未来的预期之理想，理

---

① ［英］鲍桑葵：《个体的价值与命运》，李超杰、朱锐译，商务印书馆2015年版，第8页。

想总是弥补现实的拟想方式，也是必不可少的存在敞开方式，它广泛运用于人的存在敞开的各个领域，并在各个层面运用。价值的选择、确立和运用是人的存在敞开的核心问题，对价值予以超越现实制约的预期，亦成为自然之事，由此价值理想产生。

客观而论，价值理想的产生，既源于价值敞开应对现实存在的意义生成的需要，也是价值本身的要求对人的功能的发挥。相对人的存在敞开进程言，价值理想既是对价值的坚守方式，也是对价值的拓展方式。一般而言，所谓价值理想，是指对普适价值的理想，虽然特殊价值、个别价值在价值的制造和生产者那里也被赋予理想的维度，但那是对价值的歪曲和对人世存在的扭曲。价值理想所坚守的价值，**只是**普适价值；价值理想对普适价值的坚守，就是对特殊价值或个别价值的抵制，也是对价值异化的矫正，更是对被解构的或被破碎化的普适价值的重建。价值理想所拓展的价值，也是普适价值。在实际的可将存在上手于现在的此地此时的场域社会或场域环境中，当普适价值对特殊价值价所挤兑或者被特殊价值所解构，并由此形成特殊价值无所顾忌地张狂盛行于世时，整个社会的价值体系就严重扭曲，甚至被系统性解构。在这种境遇中，坚守普适价值，是其起步，在坚守中以行动拓展普适价值，是根本举措，也是普适价值重建的唯一社会方式。

从价值讲，价值理想的生成，直接动力于存在价值的存在敞开向生存价值转换，这需要一种操持自身的持久发力。但价值理想的生成并非由单一因素促成，因为价值来源于存在，来源于人的世界和存在世界相向敞开之双重推展；价值也客观地存在着存在价值与生存价值之间的生成关联，由此形成生成的逻辑。仅从存在价值向生存价值方向生成本身观，价值的生成既有限，也无限。其有限性与无限性的互为推展，才超越性地构成价值理想持久展开自己的原发动力机制。

生存有限与价值理想生成　生存有限构成人的桎梏，突围其桎梏构成人的不懈努力，这一不懈努力所需要的内在性的持久动力，就是价值理想。

人始终存在于场中，其生存的有限也是从四面八方涌现并又四通八达地播散开去。其中，根本的有限是生命的有限和存在的无保障。**生命的有限**，表征为生命有生即有死，并且敞开向死而生的不可逆进程，形成生即死，求生就是求死。因而，人因生而活、为活而生的每一天、每一分努力，就是以己之力在缩短自我生命，亦是人以生生不息的方式奔向死亡。以向死而生方式敞开的生命有限性，构成生存有限的本质方面。存在的无保障性，构成生存有限的根本方面。在生命世界里，生命的有限性是普遍的，每个存在物、每一种个体生命，都无法逃避向死而生的命运；但存在的无保障性都只属于人，因为万物生命均是按造物主的创生方式而存在、而相互展开继创生，只有人这一物种生命从自然人类学中走出来成为文化人类学的存在，创造出属人的精神宇宙世界，人由此以自己的方式意识地思维世界并意识地诉求人的生活、构筑人的存在。这就是人逾越造物主的创世责任，**自为地**给自己增加了诸多的存在要求和生存条件，只能是自己来担当责任并谋求解决之道。这样一来，存在的无保障性问题从两个方面突显出来，要求人自行解决，但人却无力最终解决，由此构成根本的存在困顿和永不消停的生存困境，这就是存在无安全和物质生活无保障，从两个不同的方面形塑出人的存在敞开生存的命运，这就是人必须为此努力于"因生而活，为活而生，且生生不息"，否则，生存的无保障现实就会封锁住人的命运的咽喉。

生命的向死而生和存在的无保障性，这两个方面的生存有限也从根本上形塑了人的**生存羁绊**，从三个方面敞开而生成人的困顿，形塑出人的生活困局以及求生的窘迫，这就是生存的现实羁绊、生存的想象羁绊和有限生活能力的羁绊。首先，生存的现实羁绊直接地来源于存在现实、生活现实的激发。比如存在的地域现实，从整体言，对某些人种、某些民族、某些群体、某些人而言，是巨大的优势，但对另一些人种、另一些民族、另一些群体、另一些人，都是巨大的困境。具体而言，任何地域，哪怕是资源、气候、水土等资源条件特别优越，仍然对每一个人产生不同的生存羁绊。人种、国籍、民族、性别、年龄、学历、技能、性格等，都可能成为人的制约，构成人的生存或发展瓶颈，甚至形成锁死人的生活的存在羁绊。其次，生存的想象羁绊，即人关于想象和生活的想象羁绊，它源于两个因素，一是想象的贫乏；二是想象的无度。无论个体还是群体，以至于民族国家或者时代生存，想象的贫乏总会制造出意想不到的存在羁绊，制约着心智的发展和生活的前进。这种想象的贫乏，可能由人种基因、文化、历史、传统、偏见、地域激情等造成，更可能由政体、环境、法律、体制、市场、原则、道德、教育等造成。生活在网络之墙内，绝不可能想象墙外的任何文明内容。无陪审制度的司法，根本想象不出为什么司法陪审制度要规定陪审员必须具备的条件是不懂法律和非法律专业。人或群、国家或时代，其想象贫乏根源于愚昧和无知，愚昧和无知既是历史对现在的重塑，也是现在对未来再造。所以，想象贫乏之于家庭、民族、国家或时代，始终是历史性的承传。这种历史性的承传一方面打造出以愚昧和无知为导向的想象贫乏；另一方面打造出以自由和任性为导向的想象无度。想象贫乏源于愚昧和无知，想象无度源于精明和设计。“朕即天下”和“天下为公”，此二者奇妙地结合成一个整体，统治一个民族国家数千年，不是因为愚昧和无知，而是基于绝对的精明和无与伦比的设计，并让愚昧和无知的想象贫乏构成它的深厚的土壤。这是无限的想象之所以会最终造成生存的羁绊的根本的辩证法。最后，有限生活能力的羁绊。生活能力的有限，并不只是个人的问题，它是诸多因素关联生成作用于个体的呈现，其中最为根本的因素不是家庭，而是社会平台，比如政体的平台、制度的平台、法律的平台、形成并催发起点和机会平等的原则体系是否真正构建以及所构建起来的平等原则体系是否实际地获得有效的运行机制，这些最为基本的因素才形成教育是否真实地公平、就业是否普遍地平等、创业是否得到全面的保障、扶持和奖掖，而这些才是人的能力生成的基础性、动力性因素，才是人的能力尽可能少一分有限性的绝对前提，才是社会、国家、时代的能力不断拓展和提升的根本保障。在绝对的意义上，人的能力是绝对有限的，突围能力的绝对有限，这是人的生存责任和努力方向，但它能否变成现实，在多大程度上成为现实，却不是由个人所能决定，而是由社会所塑造。正常的社会尽可能减少能力的羁绊，非正常的社会却努力制造羁绊人的能力发展的因素。

要言之，价值理想，并不仅限于理想。理想的冲动，可能源于偶然因素的激发，但理想的持久，即期待实现。人的（以及民族或国家的时代性）实际的能力构成其价值理想是否以及在多大程度上陷于有限的困窘之中的主体性因素？突破其主体性生存有限羁绊的出路或方法，就是价值追求。而价值追求始终不渝地形塑着价值理想

存在无限的张力与价值理想生成 价值生成，既形塑价值现实，也形塑价值理想。但价值生成既有限，也无限。价值形塑价值理想，既受其有限激发，也受其无限激发。具体而言，价值生成的有限，根源于生存有限的激发。价值生成的无限，根源于存在无限的激发。

首先，存在无限敞开无限可能性张力，推展着价值功能的实现价值理想的形塑。

客观地看，存在无限可能与生存关联，但它最终还是源于存在对生存的敞开。在本原意义上，无限总是与存在连成一体。无限之存在性，意味着无限并不源于想象，而是基于宇宙的本性。宇宙的本性，不是因为人的设计或宇宙的自生，而是造物主的创化。造物主的原创化与继创生，谱写出宇宙的无限、自然的无限、万物和生命的无限，自然也书写出人这个既是自然物也是人物的无限可能性。造物主原创化之能谱写无限，是因为它创造出生的本性和生生的机制，这种生生机制能够催发存在以及存在者之间互为动力又互为疆界。不仅如此，造物主继创生之能继续谱写无限，是因为它以自身创世界的简单方式创造出了简单创造复杂和复杂创造简单之互为推进的创造原则，使继创生的世界生生不息地生成创化着无限的现实性和无限的可能性。

由原创化和继创生共创出来的存在的无限性，呈现不可逆，但同时也不排斥可逆性。这是因为无限并非源于主观，而是因为实存，这就是无限可能一方面从原初敞开指向未来，另一方面基于此在（即此地此时的来到现在和上手现在）而总是返本和开新并存。但丁说“未来之门有被关闭的那一天”，是立足于整体观存在无限的不可逆朝向会有可能使存在本身陷于无限的自我枯竭状态；柏格森说“在生命进化的前面，未来的大门依然敞开着”，却是驻足于生命本身来审视存在无限的可能性原本在于存在无限自身的可逆性。合其二者，才呈现存在无限的全貌，即存在无限原本就是不可逆的可逆化和可逆的不可逆化的合生运动，将这一合生运动纳入人的历史框架来审视，即人的存在的返本开新。人的存在以不可逆方式无限地回返其本原，未来之门必会关闭；反之，如果不遗余力地开新，同样会关闭未来之门。**当始终持存返本开新之方，未来之门则始终向现在大开着**。这是人的存在根源于宇宙的原创化和继创生，人的世界的返本开新续接起宇宙生生不息的原创化和继创生，所以，“宇宙是无限的创造性过程。统一性——如果说它存在于任何地方的话——存在于开端，存在于最初的冲动之中。按照我对该学说的理解，这种统一性或许能够得以恢复——我几乎已经说出了‘最终’。但是**没有尽头，也没有完满**。所以，我本该说，这种统一性或许能够以渐进的方式被接近。**发散性、新颖性、自由创造**以及某种程度的**不确定性**，这是事物的主要法则，也是我们的自由和灵感的源泉。敞开的未来之门使生活充满了趣味和刺激”[①]（笔者加粗）。

从根本讲，存在无限的敞开即有限生存。宇宙创化存在无限通过人对精神宇宙世界的创造而架通有限生存的桥梁，无限始终成为对有限的不断打开。在一般情况下，有限打开无限具有不可逆性，但是，无限打开有限的过程，也是激发有限回返无限并廓大无限的方式，由此催生出有限打开无限的过程，也催生出有限打开无限，形成有限打开无限的过程。并且，有限打开无限和无限铺开有限，是以平行和互动的双重方式展开。这一互动展开的动力既是存在世界和宇宙创化的，更是人本主体的。具体而言，存在无限打开生存有限空间的根本动力，源于存在世界和宇宙创化对人的世界的开启；生存有限打开存在无限的无限空间的根本动力，源于作为会通存在世界和人的世界的主体之人。

人作为有限打开无限的主体动力，并不是单纯的天赋，而是后天的生存努力对天赋力量的激发、激活、增量、创造。首先是对心灵的存在的真正正视，才可释放心灵的自由诉求和创造力，因为“心灵必须遵循自我的逻辑；必须成就其趋向整体的努力；必须以某种形式为自恰和自我实现而奋斗”[②]。心灵虽然在结构上是绝对有限的，但在功能上却始终勃发无限的可能性，因为“有限心灵的总体结构是这样一种结构：一个要素在其他者中发现自己。欲求的满足就是一个明显的例子。有限存在者在满足自己的努力中超越自己，而在超越自己的过程中，相对说来，它就在某种程度上迈向了整体。这一总体结构为我们勾勒出了所有有限意识的轮廓即它对世界的态度”[③]。有限的心

① ［英］鲍桑葵：《个体的价值与命运》，第282页。
② ［英］鲍桑葵：《个体的价值与命运》，第20—21页。
③ ［英］鲍桑葵：《个体的价值与命运》，第37页。

灵打开自身而达于整体的这种不可逆方向和开放的姿态与态度，就与此同时打开了无限可能性。

其次，价值本身具有无限张力，它分别从存在价值和生存价值两个方面呈现。

客观地看，价值理想源于价值。价值理想的无限可能在于价值本身蕴含无限张力。具有无限张力的价值，主要是存在价值。这是因为存在价值有两个源头活水，一是存在价值的灵魂是纯粹共性和绝对普适；二是存在价值的生命化，即存在价值因为有限生命的燃烧而开启无限的可能性。伊壁鸠鲁说："因为当我们活着的时候，死亡尚未来临，而当死亡来临时，我们已经不在了。"为此而担心毫无意义。"正确地认识到死亡对我们来说无关紧要，我们便可以享受生命之必死性。但这并不是通过给生命增加无穷的时间，而是通过摆脱对于不朽的渴望。"不巧的渴望之于人，只是存在想望。存在想望可能是真实的，也可能不是真实的，它之于价值始终是或然。想望变成生命存在的事实，必产生价值。想望始终停留于想望状态，可能会产生价值，也可能消解价值。关键看其想望是否超乎人性的限度、生命的限度和存在世界的边界。但遵循人性法则和存在世界的边界，经由想象、历史和现实三者铸造出来的生命存在本身构成最坚实的事实，却可突破生命的限度而打开无限可能性。伊壁鸠鲁对生与死的看待，体现出他对生命存在事实的尊重和敬畏，正是这种尊重和敬畏，才打开存在敞开生存的想象空间，创造出人的有限生命的最大存在价值。这是因为，生，是一生命存在事实，也是一种生命存在价值。无所畏惧地面对艰难之生，这是价值的价值，是对价值的加持。基于生本身而无所畏惧地看待死，也是一种价值，因为"死"对于"正活着"来讲，它只是一种推测，或者说它是一种提前被预想到的存在事实，但这一存在事实对提前推测者的当下言，是预想着的而不是实际存在的，当你死了，这对作为死者你本人来讲，生已成为过去，将这生与死联系起来构成一种当下的实际存在之事实者，却是你之外的正活着的人。正是因为他们，将与自己一样活过的死者赋予了无限可能性，这种无限可能使死者享有活着的价值，而且往往比活着更有存在的价值。

价值本身蕴含的无限可能性，使生存价值和生存价值上手现在的形式使用价值也可基于此地此时的场景、语境和情境的激发而释放出无限张力。

一般而言，生存价值蕴含无限可能性张力，这是因为生存价值是存在价值的存在敞开。但生存价值接受此地此时的要求并接受存在来到现在和（即具体的内容、细节、方法）上手现在的规范，就形成使用价值，由此两个方面的要求和规范，使使用价值的功能释放绝对有限。若要使绝对有限的使用价值释放出无限可能的张力，主要源于两个情况。第一种情况，是此一绝对有限的使用价值物被置于最需要的地方，它的价值有限性就会因此地此时的存在来到现在和上手现在而被放大功能。第二种情况是绝对有限的存在物释放出来的价值影响产生巨大的边际效应，因为它对人的影响和人对它的超强记忆而发生超越时间和空间的局限而释放无限可能性。

价值的生成、建构和运用，从存在价值指向使用价值，必要经历生存价值。生存价值既是可存在价值之存在敞开的形态学形态，也可能是人或群基于特殊的想望和需要而抛开存在价值，且意志地构造出一种与存在价值无关联的生存价值。由此观之，生存价值蕴含两种性质取向，对存在价值之存在敞开的生存价值，通常情况下呈纯粹共性和普适性，并因此而体现无限可能的张力。只有当它被此地此时的存在来到现在和上手现在所全面的扭曲和彻底的异化之后，其纯粹共性和普适性才可被解构而沦为特殊的价值或个别的价值。与此不同，抛开存在价值的指涉和规范而另自创造出来的生存价值，只能是一种特殊的生存价值或个别的生存价值，它虽然也可能通过意志的强力和威权的发挥而获得无限可能的张力，但它始终不可能具备纯粹的共性品质和普适功能。

综上，生存价值要生成性敞开无限可能性张力，必须内具纯粹共性品质和可普适功能。这要求生存必须具备三个基本条件，一是生存价值是存在价值的存在敞开，而存在价值本身是普适的。在自然状况下，生存价值是对存在价值的敞开，它必须呈纯粹共性和普适性，只有当生存的场域异化为被特殊价值把持时，生存价值才可能被迫解构价值的纯粹共性品质和普适功能。二是生存价值需要接受共生存在的激发和约束。三是生存价值需接受普遍规则系统的牵引或规训。同时，生存价值生成无限张力，需要人为的努力。这种人为努力从个人和群化社会两个方面推展开来。个人和社会都保持一种共

识，遵从自然法则、人性法则和普遍的规则法则，在此地此时的存在来到现在和上手现在中保持存在价值的纯粹共性和普适功能，这是生存价值生成无限张力的基本社会方式。这种社会方式的展开需要个人与社会之间的利害协调来共运法则，共建此地此时的存在上手现在的场域化和语境化的使用价值，使使用价值共性化和普适化。促进并尽可能保障生存价值生成张力的基本社会方法，就是政治、教育、社会市场三者形成合力，共同促进不同场景、不同语境的此地此时的存在上手现在的社会行为所创造的使用价值呈共性的和普适的生存价值，这需要政体、制度、法律、道德的价值共性化和价值普适性。政治、教育、社会市场三者共生价值的生成，是促进生存价值始终生成无限张力的基本社会方法；政体、制度、法律、道德以价值共性化和价值普适化为准则不断完善自身，是保障生存价值生成无限张力的根本社会方法。

二　价值域度敞开之维

价值属人，是属人的存在和发展。以存在世界为源泉、以自然法则、人性法则和普遍的规则法则为三维指南的价值选择、创构和确信，既要服务人的存在来到现在和上手现在的生活，以引导和矫正其存在发展，又要以未来为方向、以返本开新为根本方法去构建价值理想，以牵引此地此时的人和社会超越上手的现在之域，自我升华和弘大。如此两个方面都必须在价值自身的域度中敞开、推展、向前，并需要是非（真假）、利义、善恶、美丑、己群等方面的限度引导和边界约束。

1. 是非之域

价值实践的敞开和价值理想的预期，都需要相应的限度引导和边界约束，以保持自身域度。价值实践敞开和价值理想预期的限度引导和边界约束的首先问题，是价值的是非问题。价值的是非问题即价值的是非取向问题：凡价值，均有其自身域度的是非取向；价值的是非取向，形成价值的是非之域。客观而言，价值的是非的实质，是价值的真假，价值的真假问题构建起价值的真假之域。所以，价值的是非之域，实是价值的真假之域，二者是同一个问题的两个面：价值的是非之域，体现价值的**实操**面向，属实践的、功能的、效能的范畴；价值的真假之域，体现价值的**认知**面向，属形而上学的、认识论的方法论的范畴。

何为价值的是非之域　“域”这个词，呈**空间性**状态。但实际上是以**场**为地标。所谓域，意指**场化的**状态，这种场化状态是空间性的，所以人们以为域乃空间状态。但以场为地标的域，其空间性敞开却实实在在、不动声色地发动了对时间的渗进，所以，域作为场化状态，其本质呈现是空间化的时间进程。合言之，**域乃时空化的进程状态**，这种状态与其他状态相遇时所形成的边界，就是度。这是“域”“度”连用成“域度”的词义根源，它表示时间与空间相推展形成的场化的边界状态。

以此看是非之域，就字面语义，是指是与非**相向构成**的边界状态。在这一边界状态内，是与非之间可构成相互容忍、相互融通、相互转化的场域。这就是说，在由是与非构成的场域内，是与非之间可形成矛盾关系、冲突关系、对立关系，但所有这些关系都没有使“是”与“非”突破“不是你死，就是我活”的度，是与非之间都可以相互化解，或互为解构，或相互退让。因为在是非之域内，其“是”与“非”之间所生成的矛盾关系、冲突关系、对立关系之始终保持在其域内而未突破，这是生成其域内的矛盾、冲突、对立的本质性原因是二者之间的过犹不及，其可内在地互为化解的本质性动力是过者减“犹”，不及者增“犹”。然而，在是非之域这一边界状态外的是非，却是是即是，非即非，是非两清，不可容忍、不可融通、不可转换，由此使是与非之间形成生死相搏的敌对关系，需要一种根本性解决的方案，就是“有你无我”或“有我无你”的行动方案。

亚里士多德在《优台谟伦理学》中指出：“奴隶依照主人的原则，每个人依照适于每个人的原则生活。既然人在本性上都由支配性的和被支配的因素构成，那么，每个人就应当依照自身的支配因素生活（但这里有两种含义，因为在一种意义上，医学是支配性的，在另一种意义上，健康是支配性的，前者为了后者）。这样，就要有理论方面的思考的能力。因为神不是命令式的统治者，而是明智有所为地发出命令（‘所为’这个词有两层意义，我们已在其他地方区分过了），既然神根本无所需求。所以，自然善（无论是身体的、财富的、朋友的，还是其他的善）的选择和获得最能引起对神的深思，这种选择和获得是最高尚的，那个标准也是最高尚的，如果某人由于**不及或过度**

而妨碍了对神的侍奉和深思，那就是坏的选择。灵魂中具有的这种标准就是如此，它也是灵魂最好的标准，作为这样的标准，尽可能地不受灵魂的无理性部分的影响。”[①]（笔者加粗）亚里士多德的这段文字或许是对是非之域的本质内涵的清晰阐释。在价值导向生活的世界里，是与非构成的场域，实际上包含了两种关系，即**是非场域**的域内关系和域外关系。相对是非场域言，其域内关系中的是与非，是可以相互化解的；其域外关系中的是与非，是不可相互化解，只可相互克胜。场域之外的是与非之间，或是克胜非，或非克胜是，但无论以哪种方式展开，最终都是推动“是非关系”的真正解构。

是非之域的价值实质　以是非之域为边界构成的价值，只是价值的基本形式。就价值本身言，价值既是一种精神存在、精神事实，更是一种精神状态。这种精神状态可以在己群身上产生、彰显，却不属于某个人或某个群体。当价值这种精神实体或精神状态被具体的己或群所生产、所把持时，它就沦为特殊价值、个别价值，一切形态的特殊价值和个别价值都是价值的异化事实和价值的异化状态。所以，价值之为价值，首先是纯粹共性的，即不掺杂任何个性、个别、特殊等因素。价值的纯粹共性呈现的逻辑，是质朴而简单的存在逻辑，没有辩证因素，也不需要任何形式和修饰的辩证内容。直言之，价值的纯粹共性逻辑，不需要辩证法，不需要任何形式和性质的辩证逻辑。因为价值的纯粹共性，才形成价值的共生和普遍，才有价值的普适功能和普适诉求而普及世界和每个人的生活。

不仅如此，价值作为一种精神存在和精神事实，总是呈现为时间与空间相向推展的进程状态，这即**价值状态**。价值作为一种时间与空间相互涵纳和互为推展的状态，始终是有域度的，由此形成价值域度。价值域度就是域度化的价值。域度化的价值实际地蕴含两种取值，即价值之是的取值和价值之非的取舍。价值就是价值，当价值获得是或非的取值，意味着存在论意义的价值被生存化，即存在价值被纳入生存场域之中，获得此地此时的存在来到现在的语境中并上手了现在，当价值获得存在来到现在的语境之中并**上手了**现在时，价值就获得是或非的取值。因此，对价值之是或价值之非的判断，

---

① 苗力田主编：《亚里士多德全集》，中国人民大学出版社 1990 年版，第 454 页。

必须以价值本身为依据与参照系。按照价值本身的纯粹共性品质和普适功能，所谓价值之是，是指价值在其存在敞开生存的进程获得此地此时的场态和语境的规定而上手现在时仍然保持其纯粹共性品质和普适功能，价值在进入此地此时场态和语境规定的上手现在的状态中焕发出纯粹共性和普适功能，就是价值之是。反之，当价值在进入此地此时场态和语境规定的上手现在的状态中丧失其纯粹共性和普适功能而呈现特殊的或个别的意志或观念的张狂，就是价值之非，价值之非是价值进入生存指涉上手过程中丧失了价值的共性品质和普适功能的异化行为和异化现象。

价值之是与价值之非这两种场态化和语境化的价值状态，揭示了价值的本真事实的两种情况：第一种，纯粹共性和普适价值，是共生价值，它就是价值本身，根本不存在“非”的问题。第二种，价值之非也源于纯粹共性和普适价值，在其具体场态和语境中其上手现在的价值行为人为地解构、扭曲、变形、夸张了价值本身，使价值在场态化和语境化的上手状态中丧失自身的纯粹共性和普适能力，也由此丧失了价值共生的社会能力。在后世界风险社会的当世进程中，经过各种利益团体或政治团体包装了的各种形式的极端爱国主义、极端民族主义以及民粹主义和历史虚无主义等，就是这种性质的混淆和解构价值之是而喧哗价值之非的价值倒卖现象。比如极端爱国主义就是对普适的爱国主义价值的夸张方式，并通过极端化的夸张方式来扭曲和变形真实的爱国价值观，然后又通过这种扭曲和变形的方法来解构真正的爱国价值观。道德主义也是如此，即道德主义采取极端的方式将道德推向极端，推向无所不包的领域、对象和人，然后用抽象的观念化的道德来对具体的对象、具体的人、具体的行为进行普遍主义的道德审判，由此形成对真实地体现共性品质和普适功能的道德价值予以夸张、扭曲、变形的解构。因为道德始终是有条件要求的，它是人基于与人生活在一起而求**共生之利**的**有节制**的行为，这种有节制的行为的实质性呈现，是与此一求利行为相关联的个人、事物、他人、群体、环境之间形成实际的利益相关者，并最终实现了平等的互利或共害。道德主义将有条件要求的道德推向无条件的行为强制，最后是从根本上解构了道德，道德主义的社会化盛行带来的必然结果是致使整个社会的道德解构，并与此同时带动了美德的社会化消隐。

如何使是非之域不逾度与界 价值域度即价值域度化，域度化的价值真实地规定了价值达于生存之域的边界，也使价值发挥使用价值功能的行为约束。所以，被域度化的价值，就是价值获得存在敞开的功能边界，并在发挥使用价值的过程中实现行为约束。或曰，价值域度即价值自为边界和价值自为约束。价值自为边界和自为约束，就是使价值的是非之域不逾度。

价值通过存在敞开生存达于实践之域，形成是非之域，使其价值之是或价值之非均在其域内不逾度或界。具体地讲，价值之是不逾度，是指使价值之是在价值的是非之域内不逾其“是”之度；价值之非不逾界，是指使价值之非在价值的是非之域内不逾其“非”之界。无论是价值之是，还是价值之非，都是相对价值之是非之域内言，是指在价值的是非之域中，价值之是成为价值之是，价值之非虽可呈现形态上的价值之非，但最终会自转或内转为价值之是，在价值的是非之域中，价值之非仅是价值之是的偶发状态，它最终不会停留于价值之非的状态而自我转化为价值之是状态。在价值的是非之域中，其价值之是不逾度和价值之非不逾界，具有三个方面的主客观条件：一是其是与非均以纯粹共性和普适功能的价值为依据、为准则、为尺度。二是共性和普适价值对特殊价值或个别价值保持自身域度，不被特殊价值、个别价值所浸润和腐蚀。共性和普适价值始终保持对特殊价值、个别价值的鲜明抵制，并不遗余力地以纯粹共性和普适功能去解构特殊价值或个别价值的行为方式。三是场态化和语境化的此地此时的上手现在的价值行为主体具有极强的是非判断能力，包括其理性的是非认知能力、综合信息的能力、鲜明的是非辨别能力、价值观念的澄清能力和果断地斩断利害得失之患的能力。

2. 利义之域

构成价值域度的第二个方面，是价值的利义之域。理解价值的利义之域，需要明晰利和义。利，相对生言，是由生所诱发。没有生的诱发和牵引，根本不可能有利。生，相对人的生命言，表面看，生，就是人的生命自我维持或继续存活。但人的生命本能地自我维护或继续存活，却需要物质资源的滋养，但这些滋养人的生命的物质资源却没有现成，这种状况使人的生命要生，必然地诱发出利并总是牵引着利生机勃勃地敞开。简言之，利，就是人的生命实现其生的方式和方法，落到实处就是解决存在安全和物质生活保障。以解决存在安全和物质生活保障之利，构成人人的存在之事、人人的生活要务。在由血肉之躯组成的人的世界里，没有人可以无利，也没有人不需要利。从古至今，那种喧嚣无私贡献、自我牺牲或解放世界的先进阶级的理念、主张、主义，其实只是愚弄无知的草民的骗术，所达到的目的是使草民更愚昧以实现其不劳而获的更大利益。

利是人人必需的东西，自然是人人天天与之交道的东西，也是可能时时生产和制造出人间矛盾、冲突或者你死我活斗争的发酵剂。所以，利，既是人之日常内容，也是不高雅，甚至在某些特定场景和语境中还显庸俗或丑恶。但如此之“利”却与“义”扯在了一起，而且往往难分难解。这确实不是利对义的拉扯，而是义与利的**同构性**。这种同构性的根本方面，表现为义也是人人需要的东西，也是人人天天与之交道的东西，这就是子张所讲的“见利思义”。因为人不仅是一个物质性的人，不仅是物质主义者，还是精神的人，也是精神主义者。人的精神主义气质和精神主义诉求体现在许多方面，也体现出对义的诉求。利，是谋求，目的是使自己或人们相互之间能够存有安全，物质生活有保障。与此相反，义，是舍弃，目的是通过弃利的方式实现人对人行仁，人对人行照顾、照看，人对人行同情、慷慨或怜悯、慈悲之爱。

利义对立论的传统　利是义的基础、前提、条件；义是从利起步达于人的精神存在构建，但没有利的奠基，义不可能产生，也不可能持续地以建构精神的方式存在。然而，吊诡的是，人们却因为义而轻慢利，甚至极端地否定利。历史地审视这种**以义否利**的情况，更多地产生于知识阶层、统治阶层，在民间，也就是在大众生活世界里，这种以义否利的情况却鲜见。这或许可以从中发现端倪，那就是统治者以这种方式宣扬无私奉献，为可任意地剥夺众民的利益提供合法理由。知识阶层叫嚣以义舍利或以义否利，是心甘情愿地成为统治者的鹰犬，然后以得分羹。

以义否利和以义代利的观念，在当世生活中普遍盛行，并得到伦理理论和政治理论的强有力支撑。由此形成从理论喧哗到实操生活中道德美德化和美德道德化满天飞，它源于根深蒂固的以义否利和以义代利的传统的滋养。

以义否利和以义代利的观念之所以构成强大的传统，在于儒家不遗余力地制造、生产和鼓吹。客观地看，秦以降，在汉代兴起的儒生们自命儒家，

主动为汉代统治者出谋划策，创建王权神授所需要的统治意识形态，具体地讲，儒生们为汉统治者的王权神授提供以血缘为基石、以宗法为土壤的专制主义政治所需要的统治意识形态，而以义否利和以义代利则构成其统治意识形态的基本内容，它假借孔子之名并通过虚构“孔颜人格”来实现。

汉代以来的儒生所全力塑造并予以历史地纵深沉浸的“孔颜人格”，有两个方面，一是穷其学而忘其利，这就是颜回的为学之贤；二是献身其义而舍其利，这是颜回的为人之贤。但《论语》收录记载颜回或与颜回相关的内容共24章，论及颜回舍利取义的内容没有丝毫，涉及颜回“好学”的内容有7章，其中只有：“子曰：‘贤哉回也！一箪食，一瓢饮，在陋巷，人不堪其忧，回也不改其乐。贤哉回也！’”（《论语·雍也》）一章，孔子赞赏颜回“穷学忘利”的为学精神。但结合孔子曰“回也其庶乎。屡空。赐不受命，而货殖焉，亿则屡中”（《论语·先进》）观，孔子以颜回和子贡对比，批评颜回只是死读书而穷，并不是值得赞扬。而且孔子还以“回也，非助我者也。于吾言无所不说”（《论语·先进》）方式表达对颜回的死记硬背的学习方式的间接批评。

孔子之所以并不赞同颜回的死读书而穷困的态度、方式和人生，是因为孔子并不赞成以义取利荒谬观念，更是反对利义对立。利义对立论，是秦以降的儒生所竭力宣扬的。儒家们宣扬利义对立论、利义敌对论的实质，是为王权行绝对统治提供思想武器，即人不能求利，不仅君子不能求利，民也不能求利，君子求利就是小人，民求利就是乱民。

自汉代始不断成批生产出来的儒家不遗余力地宣扬利义对立，其直接的思想资源是《孟子》，在《梁惠王上》篇中，孟子与梁惠王关于利义的对话，实是孟子本人在利义认知上的思维混乱所形成的观念混淆：

> 孟子见梁惠王。王曰：“叟！不远千里而来，亦将有以利吾国乎？”
>
> 孟子对曰：“王！何必曰利？亦有仁义而已矣。王曰：‘何以利吾国？’大夫曰：‘何以利吾家？’士庶人曰：‘何以利吾身？’上下交征利而国危矣。万乘之国，弑其君者，必千乘之家；千乘之国，弑其君者，必百乘之家。万取千焉，千取百焉，不为不多矣。苟为后义而先利，不夺不餍。未有仁而遗其亲者也，未有义而后其君者也。王亦曰仁义而已

> 矣，何必曰利?”（《孟子·梁惠王上》）
>
> 不违农时，谷不可胜食也；数罟不入洿池，鱼鳖不可胜食也；斧斤以时入山林，材木不可胜用也。谷与鱼鳖不可胜食，林木不可胜用，是使民养生丧死无憾也。养生丧死无憾，王道之始也。五亩之宅，树之以桑，五十者可以衣帛矣。鸡豚狗彘之畜，无失其时，七十者可以食肉矣。百亩之田，勿夺其时，数口之家可以无饥矣。谨庠序之教，申之以孝悌之义，颁白者不负戴于道路矣。七十者衣帛食肉，黎民不饥不寒，然而不王者，未之有也。（《孟子·梁惠王上》）

孟子一方面批评梁惠王为邦谋利是错误的，认为王只能为邦谋仁义，这是孟子将梁惠王为邦谋利与为己谋利混为一谈；另一方面又主张王应该为民谋利。客观地讲，邦国之君不能为自己谋私利，但必须为邦国之民谋利益，这是邦之君的基本责任。并且，邦国之君为本邦之民谋利益，就是在行仁政、行仁义。读《孟子》，孟子的逻辑是混账逻辑。这种混淆黑白的混账逻辑在本质上与赵高的“指鹿为马”没有区别，这是孟子的逻辑很为汉以来的统治者特别青睐的秘密。充满混账逻辑的《孟子》，自然成为汉代儒家为统治者们打造统治意识形态的难得思想资源。

自秦以降，由于历代儒生们的叫嚣，不仅生产出“孔颜人格”，而且将孔孟并举，认为只有孟子才是孔子思想学说的正宗传人。其实这是历史的荒谬。孔子的基本思想和学说与孟子根本不同，而且孔子的逻辑是清晰的事理逻辑和学理逻辑。以利义为例，秦以降的儒生们认为利义对立论或者以义否利的思想直接源于孔子，所以有深厚的学理依据，但事实上并非如此。

首先，孔子认为，利是人之存在的必须，人人必须求利，人人求利是正当的：

> 子张学干禄。子曰：“多闻阙疑，慎言其余，则寡尤。多见阙殆，慎行其余，则寡悔。言寡尤，行寡悔，禄在其中矣。”（《论语·为政》）
>
> 子贡曰：“贫而无谄，富而无骄。何如?”子曰：“可也。未若贫而乐，富而好礼者也。”（《论语·学而》）

当子张向他请教如何从政当官以获得稳定的生活资源时，孔子告诉他，只从“多闻阙疑，慎言其余，则寡尤”；“多见阙殆，慎行其余，则寡悔”和“言寡尤，行寡悔”这三个方面下功夫学，学好，就能当好官，俸禄也自在其中。孔子不仅认为学习就是要当官，当好官以获得俸禄，是**应该的当得**。不仅如此，孔子更是直言不讳地说，求利是正大光明的行为。孔子反对贫困，也不主张贫困而乐。在孔子看来，“贫而乐”是指人在没有真正改变贫困之前，应该承认贫困，正确地看待贫困，这样就可以从贫困中得到改变贫困的动力和努力的快乐。所以，孔子更是坚决主张，贫穷不是道德，固守贫困是不道德。求利之于任何人之所以是正当的，是因为只有求利才可消灭贫困，而且求利也是使自己富裕。在孔子看来，富裕不是罪恶；相反，富裕可以培育人的德性，这就是富裕可以牵引人踏上“富而无骄”至于“富而好礼”的德性阶梯。

认同利，承认利，鼓励求利。因为求利是人之正当行为，也是人之正当生存所需。不仅如此，孔子还强调：第一，民之生，就是求利，并主张“民可，使由之。不可，使知之”（《论语·泰伯》）。当民懂得礼仪文明，能够自觉遵守道德法令时，官府应该任其自由求利并自由生活；只有当民在自由求利和自由生活过程中违背或不遵守道德法令时，才去教化引导他们。第二，君与官治邦安国的基本责任，就是“因民之所利而利之”（《论语·尧曰》）。55 岁的孔子带着弟子去鲁游国以为干政，第一站是邻邦卫国，初入卫境，见人口众多，呈现生机勃勃的可发展景象，因而推阐出自己的“庶之”“富之”和“教之”的富民治邦的施政纲领：

> 子适卫，冉有仆，子曰：“庶矣哉。”冉有曰：“既庶矣，又何加焉？”曰：“富之。”曰：“既富矣，又何加焉？”曰：“教之。”（《论语·子路》）
>
> 子曰：“富而可求也，虽执鞭之士，吾亦为之，如不可求，从吾所好。”（《论语·述而》）

孔子发扬管仲的民生思想，进一步发挥管仲“先富民，后富国”的思想（汉以来的儒家为帝王专制宣扬的是“富国富民”——即先富国，后富民——的思想），这是因为在孔子看来，求利是人的本性，也是社会的本性、邦国的本性。所以，孔子自己也是乐意求利。但孔子认为，人求利有准则，这就是“君子喻于义，小人喻于利”（《论语·里仁》）。简单地讲，就是应该**求利有道**。无道之利，不求；违道或反道之利，不求。这就是孔子所讲的：“富与贵，是人之所欲也，不以其道得之，不处也。贫与贱，是人之所恶也，不以其道得之，不去也。君子去仁，恶乎成名？君子无终食之间违仁，造次必于是，颠沛必于是。”（《论语·里仁》）

由此可从整体上呈现孔子的利义与秦以降儒家鼓吹的利义对立没有任何关联，只是儒家们利用了孔子之名来构造利义对立论之实。秦以降的儒家和统治者合谋制造出利义对立论传统，这一传统发扬于当世，其宏观呈现是资本罪恶、私有财产非法和公有化及社会共产，其微观表达即特殊材料制造出来的特殊个人、特殊利益团体生来就是无条件地无私奉献和自我牺牲。由此，利义对立社会化，社会鼓励所有人生而不能有求利之欲，而只能有献义之志，人也由此进入了工具主义的社会轨道。

利义的限度与边界：利义之域 利义对立，是一种由特殊的文化所构筑起来的一段特殊的将人工具主义化的历史，在这一历史进程中，义成为一个神话，一个通过义替代利的方式来役使人的神话。一方面，人的主体地位因为不能求利而被解构；另一方面，人只能通过求义并献身于义来呈现自己的存在，义构成人的目的，人成为生产义的工具。一旦破除这个神话，就会发现利与义构成一对价值范畴，这对价值范畴向生存方向敞开则呈现**互为边界**的域，这就是利义之域。

首先，利义之域内生一种利义结构，这种利义结构敞开内外之域，形成利义之域的双重关系，即利义之**域中关系**和利义之**域外关系**。在利义之域中关系中，利义的结构是一种相互依赖和互为生成的阶梯结构，形成利是义的奠基、基石，义是利的攀越、超拔。在利义之域中关系里，没有利为义奠定基础，不可能产生义。没有利的自为充实、充足，义不可持存。反之，利一旦相对充足，义就会在具体的境遇中产生；利一旦获得相对稳定的保障或持

续稳定的增长，义就会持续地推展。因为利象征着的物质存在和生物性生存，但人从自然人类学进入文化人类学之后，就是不断地超越物质存在和生物性需求而探索性地予以自为的精神创造，使自己成为精神存在和价值增值的生存者。这是人的利义之域中的结构关系构成一种阶梯式结构关系的根本原因，也是人在利义之域中的结构关系里，始终是从利走向义并再以义来牵引利，而又以利来激发义并以此循环往复的动力机制。然而，人的存在，无论是物质存在还是诉求精神存在，都是在社会的大舞台上进行。社会的正常或非正常，以及正常或非正常的程度，往往使利义之域发生着形塑。在正常的社会之场中，价值的存在敞开所形成的利义之域，总是呈现其域中关系的健康发展，形成利义之域中关系社会化程度伴随社会健康发展而越发高，最后形成整个社会都变成阶梯性结构关系的利义之域。反之，在非正常的社会之场中，利义之域外关系发展更为明显地朝向普遍社会化。利义之域外关系恰恰构成一种利义分离或利义对立的结构关系。这种结构关系呈两种不同的性质取向，一种是见利忘义，由此形成操作上的**求利弃义**。这种性质取向的利义结构关系是实际的，而非形式的。一种是否利扬义，即否定求利的合本性和正当性，单向地张扬义。这种性质取向往往是形式的而非实际的。要言之，求利弃义是人们实际追逐的，而且是人们普遍追逐的；否利扬义，是统治需要的，具有不切实际性，所以往往只在形式上做足文章，在实际上人们都单纯地追求利益更大化。所以，当利义对立的结构关系在利义之域外构建起来而形成一种普遍的社会结构关系时，物质主义成为价值的实质内涵。价值的异化成为普遍，特殊价值或个别价值构成社会的价值引导的主体形式。

其次，客观地看，在本原意义上，利义之域呈现价值的实质是纯粹共性和普适，所铺展开来的是**利义共生**，利义共生的实质是**道德与美德共生**：利成为义的基石，标明利构筑起基本的道德；义实现利的超越，标明义在道德的基石上构筑起美德。所以，利义之域揭示利义的互存和共生。这是利义的正常状态，也是社会的正常状态，更是人的正常状态。利义突破自身之域而形成利义对立、利义敌对，并生发出利义分离和利义对立的两种结构关系，只产生于两种情况。一种情况是私欲主义，即己或群的私利膨胀超过互为涵纳的限度而无止境、无限度，这就生成出利义分离、利义对立甚至利义敌对与互为仇视。另一种情况是威权主义作为一种利义之外的强暴力量，不准利在而只要义存，并欲望用义的观念和语言这种暴力来占领利的空间，以至全面推行威权使之无任何阻碍之目的。因为当意志强制地取消了人们求利的权利，社会求利的机制以及保障利的制度和法律，当然包括一切的求利行为都被判为非法而被全面取缔、解构或消灭。在这种场化的生存境况中，人天生是需要物质资源来滋养的生命，身体的需要挡不住不对利的诉求和渴望，于是，食物以及其他必需的物质资源成为威权主义全面彻底地掌控人、支配人、驯养人为工具和鹰犬的最佳方法。

最后，在自然存在和自然铺开的意义上，结构呈现的不是等序的差异，而是功能的差异。等序的差异的实质是尊卑的差异、优劣的差异、贵贱的差异。所以，等序及其所形成的差异，具有内在的否定性，并由此形成等序之间的互为否定。反之，功能的差异，是功能内容、功能范围、功能效力等方面的差异，功能构成的要素之间是相互认同、相互涵纳、相互支撑并互为生成和互为推展的。结构所呈现出来的差异，就是这种性质的。以此来看利义之域所形成的阶梯结构，就体现这种性质：在利义之域的结构关系中，利处于此一结构的底层，它象征基础，所负载的价值功能，是使人成为有限度、有节制地求利的人，体现了“人不仅是为自己而活”；义却处于此利义之域结构的顶层，它象征着提升、超越，所负载的价值功能，是使人成为大人，即成为“见利思义”并因“义而舍利”的生活者，存在者，体现了“人与己都应该更好而活”。

3. 善恶判断

价值存在的善恶取向　价值的善恶取向，形成价值的善恶之域。因为价值的存在敞开，必然构成场态化和语境化的生存判断行为，以及判断方式和判断尺度。价值作为一种判断，并非中立而形成善恶取向。但价值的善恶，不是存在论的，而是在生存和生存铺展开来的行为层面论的。在存在论层面，价值就是价值，它是**存在之全**，没有善恶的区分，这是因为存在论意义的价值，是纯粹共性和普适的，其纯粹共性和普适的敞开是共生取向，它自身就是自身，没有裂缝，自然没有分裂；没有分裂，自然是全，没有局限，更没残缺，所以纯粹、普适和共生。价值的善恶问题只出现在存在价值敞开为生存价值的

场域中并获得地此时的存在来到和上手现在的行为中。所以，价值的善恶，是价值存在敞开进程中承受生存和行为的双重影响而发生自身裂痕的体现。

价值的存在敞开为场化生存和上手行为的过程所生成的善恶倾向，也自有其依据，这即是人性存在和权利与责任。仅前者言，人性是天赋的，它的本原语义是生、利、爱、群，即生己与爱己、利己与利他、爱己与爱他、群己与群他的统一。但在实际上，因为人生而求利需要付出特别的辛苦甚至危险性，由此形成生己、利己、爱己、群己的倾向重于生他、利他、爱他、群他，这就是孔子所讲的“性相近”而“习相远”的人性状况，即只专注于生己、利己、爱己、群己，甚至无限度无边界地生己、利己、爱己、群己，同时又绝对抛弃生他、利他、爱他、群他甚至无止境无限度地掠夺他者的生、利、爱、群的资源。这种畸形的情况必然制造出存在价值的分裂并源源不断地生产出恶来。就后者论，当人们执念于单一地追逐生、利、爱、群自己并与此时同时有意地剥夺他者生、利、爱、群的权利，而且这种执念由个体变成一种社会风气和一种追求时尚并得到市场、体制甚至制度和法律的护卫，或体制与制度主动为其做开路先锋时，那么普遍的权利和平等的责任就被特殊的、个别的人或利益团体剥夺和解构，并以威权和强暴的方式将普遍的权利变成特殊的和个别的权力，将平等的责任抛弃给没有权力的众民。这样一来，社会的任何行为都会沦为**恶制胜善**的行为。包括人类对自然、对环境生态的权利和责任的处理方式，也是对人的权利和责任的处理方式，所以才有了“目前的当务之急是在整个行星环境中——包括人类和非人类成员在内的完整的地球共同体——开始思考。在讨论伦理的时候，我们必须懂得，它意味着掌管综合性共同体的那些原则和价值。人类伦理所关注的是我们在理性层面上表达更大共同体秩序原则的方式”①。

善恶的所属范围　摩尔在《伦理学原理》中提出一种非自然主义伦理学主张，认为：“不可能给出一个真正符合情况的‘善’的定义。善是一种无法定义的东西，因为它是一种简单的、不可定义的品质。”② 摩尔用“善是不能

① ［美］托马斯·贝里：《伟大的事业：人类未来之路》曹静译，生活·读书·新知三联书店2005年版，第122页。

② Moore, G. E., *Principia Ethica*, Cambridge: Cambridge University Press, 1903, p. 59.

被定义”的方式来定义了“善”，并以此定义了恶。然后通过对善恶的定义来定义善恶的范围，最后定义什么是伦理学。实际上，善恶涉及伦理问题，并在基本方面呈现为伦理学的内容，但善恶并不仅限于伦理，因为伦理总是因为人而产生，但善恶总是超越伦理而**先在**。反之，伦理也并非仅限于善恶，因为善恶只是伦理学关注的一个方面，并且还不是根本的方面。因为，伦理的根本问题是利益问题，伦理的基本问题是因为利益而展开的权利、责任、义务和人道、平等、自由、公正、正义等问题。由此，考量善恶的范围，须正视两个基本事实。其一，伦理学不能涵盖善恶，因为善恶比伦理学涉及的面更宽广，比如，宗教、神学、信仰，是伦理学不能涵盖的，但它们却与善恶直接关联，并形成宗教、神学、信仰必须关注善恶问题。其二，善恶也不能涵盖伦理学，因为伦理学涉及领域比善恶更宽广。这种在范围上既小于伦理学又大于伦理学的善恶，它本身是一个独立的领域。善恶本身形成的这一独立领域，由源于善与恶乃**本己**本身。

首先，善恶不仅关涉人，却因为人而得以突显。

其次，善恶并不根源于人，而是根源于造物主的创世行为本身，是造物主创世界遗留的非完美性，这种非完美性敞开为造物主对所创世界的未完成、待完成和需要其后去不断地去完成的这样一种期待或吁求状态，善恶生发于这种期待与吁求状态之中。这体现在造物主创世界的行为赐予其创造物（宇宙自然和万物生命）以生之本性和生生生机，以及继创生的空间和简单创造复杂与复杂创造简单互为催发的创造原则。具体地讲，就是耶和华经历五天时间完成创世界的整体工作之后，按自己的肖像创造了亚当和夏娃，使亚当和夏娃享有众世界和众物所不拥有的特别恩惠和特殊待遇，这就是不劳而得食和永生的特权。这不仅是耶和华遗留的非完美性，而且从另一个方面体现出另一种性质的不慎和疏忽，它根源于上帝之私，即上帝“按自己的肖像创造亚当和夏娃”。上帝之私带动了上帝不慎，也带动了众物的怨恨，这种怨恨最初通过蛇发泄出来。

> 同快乐与痛苦一样，善与恶也是有限自我的冒险，所不同的是，它们包含着对自我的这样一种态度，即把自我看作一个渴望满足的整体。

善就是向着能**真正满足自我**的东西迈进；而恶在特定条件下则**与此相悖**。在把“善”看作我们应当追求的目标时，我们倾向于把“德性”（goodness）或美德（virtue）视为唯一的善（good）。但这使美德看起来太宽泛了，或者使善看起来太狭隘了；真实情况似乎是这样：公认的美德或义务处理的是**中心的善**（central goods），例如对生命和社会的维持，所以被归为最高的品德（morality par excellence）；但自我中其他种类的成员（order），例如知识和艺术能力也是品德，尽管没有作为品德引起人们的注意，因为它们对生命多少有些不是那么重要（没有我们认为的那样重要）。鉴于如此理解的品德在很大程度上基于“天赋”，我们看到，尽管个体是负有责任的，但它依然**依赖于宇宙**——这是宗教中一个公认的事实。道德善——即**有限存在者向着完善的冒险**——包含着有待加以克服的恶。理由是：任何有限的善都不能满足一个**造物**（creature）的整体需求，因此人就从未被满足的需求造出了一个**第二自我**，跟与人类和社会相一致的**中心自我**处于敌对状态。这个第二自我或恶的自我之所以是恶的，只是因为它与善的自我、从而也与它自己的自我相冲突。仿佛它的欲求对象是**错位的善**——就是说，它的目标非但与中心的、善的自我毫无共同之处，而且与之相反，但就自身而言，它们并非本来就是坏的（bad）。因此，我们可以设想，如果在一个完善的经验中得到重新调整，它们就可能不再与善相冲突，因而可能不再是恶。可见，**善与恶展现了有限精神的冒险**：努力跨越自身的界限而趋于完善。①（笔者加粗）

再次，造物主耶和华以如此方式创造世界和人，不过是描述善恶如何产生的来源，抛开造物主和人，善恶本是一种存在。从存在观，存在存在的本体是以生之本性和生生之生机为本质内涵的生境逻辑，而生之本性和生生之生机的本体却是善恶：生即是善，生生亦是善；然而，生之不及或生生之不及，或生之过度或生生之过度，抑或生发出来恶。所以，善恶乃本己，即是指**善乃恶的本己，恶乃善的本己**，善恶之间并不存在“中心自我”或“非中

① ［英］鲍桑葵：《个体的价值与命运》，第11—12页。

心自我”，而是本己的**一体两面**。本己本是有限，善恶生发于这有限。有限的天命，是不完善、非完满，当本己突破天赋的有限而行完善或完满之求时，必然生发恶。对恶的抑制，就有了善。

鲍桑葵认为：“我们强烈地感觉到：人类在科学地和实际地支配自然方面所取得的进展本身，但没有阻止苦恼的意识，而且，就其自身而言，不过是一个新的矛盾根源，在已经在事物的迷宫中丧失自身的个体心灵的困惑中，各种新形式的恶必定从这一根基中产生出来。”① 人类支配自然的过程，为何不能消除苦恼，却反而不断地滋生苦恼？苦恼为何为成为滋生恶的方式？或者，恶为何总是在苦恼中滋生？根源只有一个，这就是**有限性**。罗素在讨论“自由人的崇拜”问题时指出，自由人崇拜的当然是自由，但自由本身是有限的。自由人崇拜自由，是希望自由始终是自由的，但始终是自由的自由只在拟想中，自由人所崇拜的自由最终只是想象中的自由，当这种崇拜落实在现在中，践履于此地此时的此在里的自由实际上始终有限，这就是关于自由崇拜的人自由的苦恼，解决这一苦恼的方式有两种，一是智明自由有限且不可强行逆转，它是存在本身，即自由构成自由的域度，泰然承认，泰然尊重，泰然适应；二以己之强力行突破自由自身的域限之能，自由的边界当然可以被扩大，但自由的限度最终未消解，继而扩张，或直至自己竭力而止，或直接遭遇阻止、阻遏为止，但无论出于哪种情况，都是过。过者，均是逾越自身之域而入侵他者之域，善的结构框架由此失衡，恶必然生发。

最后，善恶虽是本己的有限，但善恶的根源却是本己的**限度**，本己的有限源于本己的限度，其中蕴含三个基本认知。第一，本己的有限何为源于本己的限度？这是因为有了限度，才生发出有限。所以，有限的本质是限度，有限的根源也是限度。善恶也是如是。第二，本己存在为何要自设限度？限度构成存在，没有限度的存在是不存在，没有限度的事物也无存在的可能性，没有限度的生命同样不可能诞生。试想，哪有不死的生命？如果真有不死的生命，就不会有生命的繁衍，不会有物种基因，更不会有生物进化，因为不死的生命已经解决了所有的这一切，更不会有造物主耶和华的创世界。其实，

① ［英］鲍桑葵：《个体的价值与命运》，第304页。

造物主耶和华就是不死的生命，但祂为什么要创世界呢？并且为何要创一个需要继创生的世界呢？因为只有造物主的世界不是世界，造物主自己也不会存在。一次完成的世界，是没有限度的世界。所以，本己没有限度，本己就不会存在。限度构成本己成为本己的先决条件，没有本己的限度，则无本己的存在。生命，无论微生物生命，还是植物生命或动物生命，以及人这一从自然人类学走来而成为文化人类学的生命，如若本己没有限度，它也不能产生。所以，本己为确立本己的存在，必须为其设置限度：限度构成了本己存在存在的方式。第三，善恶作为本己本身，因为善恶作为本己的两个方面为自己设置了互为限度，**即善是恶的限度，恶是善的限度**。

善恶之域释义 清理善恶的范围，为要理解善恶之域明晰了外围障碍。但要真正理解善恶之域，须先意识善恶能否被定义。对于这个问题，似乎摩尔早为其预告了答案：善恶不能定义。确实，在一定的范围内，善恶不能被定义。比如，善恶不能被语言定义。元伦理学致力于研究伦理语言的模糊问题，努力去清理和澄清伦理语言的语义内涵，以使伦理语言语义明晰。这种努力的最终结果是语言的语义表达始终是一个不能被真正地和彻底地明晰的问题。这在于语言不仅是一种思维－认知的方式，也不仅因为语言是一种观念的存在，语言更是一种存在本身，其作为一种存在**被用来**指涉另外的存在的这种方式本身就在存在之间形成隔膜不能达及语义呈现的完整、清晰、明白而无任何的歧义。这种情况出现的根本之因却是**存在不能进入存在**，当存在不能进入存在时，任何有关于存在的思考、描述都体现拟想性质。由此形成善恶不仅不能被语言定义，也不能被语言化的观念定义，更不能被具体的现象定义。

然而，善恶不能定义只是善恶呈现的一个面向，在另一方面向，善恶又可能定义。这就是可以从善恶本己来定义善恶，即从善恶作为一种本己存在的有限和限度来定义，形成善能够被恶定义，恶能够被善定义。具体地讲，善恶乃本己的有限蕴含自定义善恶的方法，这种方法即是用恶来定义善。善之不及，是恶，以恶定义之，凡事不及者乃非善。同时，善之过度，亦为恶，以此为尺度，凡事善之过度，亦为恶。反之，恶之不及，可为善。孔子之论讲“君子贞而不谅”（《论语·卫灵公》），主张只要君子持守正道崇大节，并以此来处理此地此时的上手存在的行为化的具体事物时，是完全可以不固守小信。弟子仲弓为季氏宰，临行前问政于孔子。孔子告诉他三个必为的方法，这就是“先有司，赦小过，举贤才”（《论语·子路》），其中“赦小过”的思想，是指当一种过错没有触及善恶的边界，没有突破善恶之域本身的度，它就仅仅是一种“小过”而不是恶。而小过，只是不完善、不完美的或者说有些残缺的善。反之，以完美苛刻来要求人或事，在许多时候就沦为了恶，这就是善之过度，乃恶的原因。在日常生活中，人们习惯的求全责备，就是以一种拟想化的过度之善来苛求人，所以，求全责备实际上是一种恶。

善恶的互为定义，将善恶之域的问题呈现了出来。善恶之域，就是善恶相互定义。这种相互定义突显出善恶之域，同时也将善恶域的结构关系彰显出了出来。要言之，善恶之域亦自生双重结构关系：善恶之域内的结构关系和善恶之域外的结构关系。在善恶之域内，善是中正之善。何为中正之善，即是既不过犹也不无及之善。反之，善恶之域内的恶，只是非完善非完美的恶，这种性质的恶是未中正之恶。何为未中正之恶？即是近善而无及之恶，它被孔子用“小过”、“贞而不谅”的“小信”等话语来表述。由于善恶之域内的善恶之间的关系性质是善与非完善的关系性质，所以，善恶之域内的恶是既可以被善涵纳，又可以向善方向转化。与此相反，在善恶之域外，则体现界线分明的、不可逾越的善是善，恶是恶。这种界线分明意味着：在善恶之域外，不是以恶制善，就是以善制恶。二者之间无或然性。所以，当恶横行时，不是善自为启动自我强化来克制恶，消灭恶，就是恶对善的克制或消灭。

以善制恶的可能性 在善恶之域外，善恶决然对峙、对立、敌对。在任何场态和语境下，双方都不会放过对方。比如，道德主义，是以一种观念的和语言的甚至是体制化的暴力方式将有条件的和有范围限度的道德强行变成一种无条件的和无范围限度的道德，所以道德主义是一种恶，而且是一种普遍的恶，它一旦产生并流行，必然形成对社会道德的全面封杀，最后使道德彻底解构，社会沦为非德的社会。道德美德化和美德道德化是另外两种形态的恶，它们一旦得逞，同样会成为两种普遍的恶。这是因为道德美德化和美德道德化都以将自己让渡给对方的方式解构了自己：道德美德化将道德美德

化，是使道德成为美德，结果人们很自然地放弃了道德，同时也放弃了美德；同样，美德道德化，是使美德成为道德，结果人们也很自然地抛弃了美德，同时也抛弃了道德。为什么呢？伦理是社会的，是对利害关系的构建；道德和美德是个人的，是抽象的社会伦理关系的此地此时的存在来到现在并上手现在的**两种**具体利害关系的行为展开及达及的实际结果。道德是一种**有限度求利**的行为方式及其结果；美德是一种**可无限度舍利**的行为方式及结果。人来到世界上面对两个终身相伴的生存问题，一是存在安全和生活保障的问题，为解决这两个问题而使自己成为终身劳作的生存资源的需要者和创造者。但存在安全和生活保障的问题并不是个人的智－力所能解决的，为此，人与人必须相互走近结成群体，互借智－力共谋生存。这是：第一，凡人必须求利，不求人利，人无法保持生存，所以，求利是保持生存的根本方式。第二，当人以相互走近结成生存群体互借智－力同谋生存之利时，其求利的行为和方式只能是有限度地展开，人若要无限度地求利，就会损害到他人的利益，这样就会自断求利之道，最后是自断生存之路。道德，就是人与人之间保证相互有限度地求利的行为规范，它不是可有可无的，是**必须之为**，并且是**无条件**的必须之为，即只要你进入了群，成为社会的一员，你的任何公共行为一旦涉及实际的利害时，你就必须遵从“有限度求利”这一普遍的行为规则，否则，你就会遭受到来自社会各方面的谴责、制裁、抛弃。与此不同，人们在求利生存的同时，还本能性地求情感和爱、求尊严和个性的生活，因而，在有限度求利的基本努力中，还自发地或自觉地去有个性地舍利，有个性地将自己的将得或已得的合法（法则、法律）合德（道德）利益让渡给他人（群体、社会），以帮助他人（群体或社会）渡过境遇性的生存难关，这就是美德。美德之于个人，是可行也可不行的**应当之为**，并且是**有条件要求**的个性之为。当你有相应的经济条件、环境条件以及其他条件时，并主动行美德时，是能得到社会的赞赏和赞美的，但既使你有充分的条件帮助他人或社会，但你不愿意为此而为，在正常的社会和道德的生活环境里，谁也不会强迫你，谁也不会责备你。这就是美德。要言之，道德之于人，是一种责任，**责任是必尽**，不尽，就违背社会的基本规则；美德之于人，是一种义务，**义务乃可尽或不可尽**，尽与不尽，全在于人自己。所以，当将必尽之责的道德升格为美德，事实上大多数人都做不到，因为美德的基本方式是“无私奉献”和“自我牺牲”，任何人都不可能无条件地行美德。当人们普遍做不到时，也就只能穷于形式的应付而实际上是远离美德厌恶美德，这就是道德美德化带来的恶果。反之，当将可尽之义务的美德降格为道德，使义务变成无条件的责任时，人们一方面因没有能力来行为美德，所以被降格为道德的美德不仅让畏惧，而且更如瘟疫般躲避。另一方面，既然将美德降格为道德，那么道德也可以不遵守了，因为人们知道，美德是义务，道德是责任，当社会以某种方式将原本义务的美德变成道德时，原本责任的道德也成了义务，所以，人们也可因此而不行道德了，这就是美德道德化带来的恶果。

概言之，道德与美德之间本有分明的边界，这种边界构成了道德与美德之间的域度，突破这种互为规定的域度，原本属于善的道德和美德，都将可能滑向恶。社会上盛行的道德美德化和美德道德化，就是社会以某种观念、语言或机制的方式推动或促使道德、美德逾越自身的域度而由善沦陷于恶域，形成互为恶的两种社会形式。要消解道德美德化和美德道德化这两种恶，确实可能，这就是放弃道德美德化和美德道德的社会宣传甚至所谓的伦理理论的铺张，进行有限度求利的道德必须责任论和有个性舍利的美德应该义务论的社会认知重建，在此认知重建基础上重建规范社会道德和鼓励社会美德的机制。

由此表明：以善制恶具有可能性。以善制恶，即基于善的基本社会认知而去以善抑制恶的方式来重建社会之善，这种可能性主要源于三个方面：一是人的存在和生活，本能地向往善而厌恶、远离恶。二是造物主创世界以及存在世界的继创生方向，人从动物存在变成人文成存在所展开的致力于人的社会和人的精神宇宙的创造的不可逆进程，为以善制恶提供了依据、律法、原则、方法、智慧。三是人具有善于学习、理解和掌握不仅为以善制恶提供了依据、律法、原则、方法、智慧，而且也愿意运用这些能够掌握的东西在行为上、在生活中去做以善制恶的努力。不仅如此，以善制恶是人类存在和文明前进途中必须不断解决的根本价值问题，解决这一根本价值问题的最终依据是宗教。或可说，宗教为人间社会解决以善制恶的善恶价值问题提供了最终的意识的和力量的源泉。“宗教意识中，有限的**造物**通过信仰、意志和忍

让而达到完善。这种意识是最高哲学的内容，但哲学却不是这种意识所必需的。这种意识也不意味着肯定这样的事实或学说：它们指向现世或来世的一个将来，或者指向流俗意义上的‘超自然’之物。**有限自我的稳定**与**安全**就存在于对其**自己真正本性**的这一认识之中，这一认识贯穿生命的整个冒险历程并为这一历程所强化。”① 这是因为宗教意识的本质内涵有三：信仰、意志、忍让。在此三者中，意志构筑以善制恶的根基，也是为人类提供以善制恶的原发机制。信仰确定以善制恶的方向，因为意志的催发而坚守不移，敞开不可逆的坚守和持存，生发不熄的希望。忍让是以善制恶的行动方法，通常将易折之刚性予以柔化，使本原的有限敞开无限的峰回路转，生发出爱。爱是使一切不可能性都变得可能，更是融化恶之私欲、恶之个性、恶之特殊和个别，重新纯化共性、普适、共生的力量。

意志是根基，信仰呈方向，忍让创方法。此三者合生，生成出希望和爱：希望在前牵引，形成不可阻竭的牵引力；爱随其后推动，形成始终如一的推动力。由此，意志、信仰、忍让、希望、爱，此五者合运，成为抑恶成善的根本社会方式。

意志、信仰、忍让、希望、爱此五者之能使**善恶互域**，因为恶是善的根源，亦是善的边界；善是善恶互域的疆界，亦构成善恶互域的本性，它源发于宇宙的本性。“通过宇宙的本性并在这种本性中，保护我们真正在乎的东西。”② 宇宙的本性即是生，生的本质是生生，即互为生生。生是无疆界的，生生却是疆界，即生是生的疆界。因而，基于宇宙的本性，恶向善生，善因恶生：恶是善的疆界，善亦是恶的疆界。没有恶，无所谓善；因为恶，必需善的抑制和惩罚。完善的存在、完善的社会、完善的世界，必是理想；全恶的存在、全恶的社会、全恶的世界，虽可随时呈现，却不久长，而必歼灭之。所以，颂扬恶，无论出于怎样的短视、迎合、盘算，最终会昙花一现。将人或者世界想象得必须完美，也是一种极端，极端总是造就专制、独裁，或如情感的、认知的、观念的，以及主张等，都只能一时得逞而不可久持。久持的始终是善恶互域。这是造物主创世界的本原设计，也是存在存在继创生的

① ［英］鲍桑葵：《个体的价值与命运》，第12—13页。

② ［英］鲍桑葵：《个体的价值与命运》，第14页。

生生方式，更是自然人类学之物开出为文化人类学的人的永恒道路，这条道路就是由善恶互域铺开来的，在这条道路上，以善制恶既可能，更可行；但以善灭恶，很难可能，这是因为文化人类学的人虽然创造人的世界和人的精神宇宙的能力越发强大，却始终不能彻底割除自然人类学的尾巴，由此使人类在善恶相斗的过程虽然可以善制恶，却始终难以真正找到恶不再滋生的方法，也缺乏人的本性的决心。所以，恶对善的腐蚀和侵吞，成为人类不自觉堕落的方式，以善制恶成为人类不断摆脱其堕落的永恒战斗，在这场持续开进的战斗中，能够不断取胜于善，需要个人与社会的密切配合。对个人而言，以善制恶的根本方法，是不断学习，始终精进于理性，提升如亚里士多德所说的理智的德性和伦理的德性，使之作为日常生活的内容。对社会而言，以善制恶的根本方法，是必须消灭专制，消灭集权，消灭任何形式的华美修饰的威权。为此，其基本努力是重建真正解构谎言、解构历史虚无主义和现实虚无主义的政体、制度、法和社会运行机制，但人人的理智的德性和伦理的德性的社会化精进则构成真实的原动力量。

4. 美丑之域

美丑的一般问题　真假、善恶、美丑，是哲学对现实存在关注的三个基本问题，这三个问题被称为真、善、美，以为假、恶、丑是从真、善、美派生出来的，或可说是真、善、美全部地或部分地丧失自身的异化。如以相反的方式对待，或因为假，才突显出真，由于恶，才引发出善，基于丑，才呈现出美。真正说来，真假、善恶、美丑，其实都是相互揭发、相互推展，并且也是相互依存、又相互消长的。

从形态呈现或现象言，真假、善恶、美丑各属一域，真假，构成是非之域；善恶，构成伦理之域，美丑，构成心智之域。但透过形态或现象，此各属其域的三者又实一体存在。这种一体存在的既是存在本身，也是对存在的判断。它以分殊的方式敞开，实是呈现从客观朝主观的方向生成，最终又回归客观存在，或存在存在，或判断存在。具体地讲，真假相对存在、相对存在物、相对事物言，即存在、存在物、事物自身之实或虚、在或非在，成为真假判断的依据。善恶也是如此，但却有变化，这种变化呈现为善恶所判断的，表面看还是存在、存在物或事物，但实际上已是存在、存在物或事物铺

开自身的限度或边界，所以，善恶判断的不是存在、存在物或事物，而是存在、存在物或事物铺开自身是否逾越自身与他者之间的疆界，未逾越，即善；逾越，乃恶。所以，从真假判断到善恶判断，其客观性程度呈现出差异来。进而，美丑也是一种判断，虽然也涉及存在、存在物或事物和存在、存在物、事物铺开自身的限度或边界，但它们却不是美丑判断的对象，美丑所判断的是存在、存在物或事物铺开自身的限度或边界引发判断主体的心志或情感勃发所生成的那种直观状态。所以，美丑所呈现出来的东西是更加主观化了，其判断对象从存在客体的状态变成了实质性的存在主体的状态。以此观之，美丑的问题，更加难以把握，更加难以描述，因为它更加主体化，个性化、更加语境和情境化。若以概念理性的方式界定何为美何为丑，实难呈现多少实质性的意义。

以真假、善恶为参照，美丑有无客观性的问题被突显了出来。真正说来，美丑实无**客观**可言，却又实实在在地体现其**客观性**。客观一词，是对存在的描述，所以，客观指涉的是存在，而非存在性。由此或可以大划而之地说客观是一种存在，这种存在并不因为的人存在或不存在而存在或不存在，也不因为人是否参与其中而存在或不存在，客观作为一种存在，实与人分而在，人是否参与其中，均不影响它本身存在，或者说不影响它本身客观存在和存在客观。与此不同，客观性一语，是对一种状态的描述，这种被描述的状态，可能是存在、存在物、事物，也可能是人、更可是一种存在进程，一种存在物的自为铺展行为，一种事物以自身方式静持或动变的运动，也可是某种方式、方法的运用过程或状态，总之，客观性是以某种实存为前提，是这种实存以它自身方式敞开自身的状态所呈现出来不以他者意愿为转移的倾向、态势或可能性。美丑之无客观可言，是因为它不是存在客体；美丑之具有客观性，是因为它总是因为存在、存在物或事物的激发性生成的那种主体化的行为状态所呈现出来的倾向、态势或可能性具有不以他者意志为转移的自为个性，这种自为个性之于主体言，就是他之为他的客观性。这是从具体论，从整体言，美丑之蕴含或敞开客观性，首先是美丑均在存在世界中找到原型，找到激发，找到可能性。仅此而言，美丑均蕴含某种客观性。其次是美丑均是人的存在感兴、体验、领悟、觉解之行为、方式、方法，就此而论，美丑是主观的。并且，美丑只能是主观的，是主观之于客观的触发的主体性状态、倾向、态势。

美丑之客观性，内在地规定了美丑作为一种价值存在的自身性质。美丑作为一种价值存在，是一种对存在价值的判断方式。美丑作为一种存在价值判断，是一种美学判断。美丑作为一种美学判断，与真假判断、善恶判断不同：在哲学意义上，真假判断，是一种认识论判断，是体现形而上学性质的认知论判断，因而也可将其看成是形而上学判断。善恶判断，既是一种伦理判断，也是一种神学判断，可看成是伦理和神学的综合判断；并且，善恶作为伦理判断或神学判断，都蕴含形而上学气质和持征，或可说，善恶之伦理判断和神学都有通向形而上学的可能性，并在事实上能通向形而上学。真假判断和善恶判断的这种内在关联性生成的一种重要因素，是真假判断和善恶判断都基于存在的客观，而非客观性。与此有异，美丑判断却基于存在的客观性，属于存在的**心智**判断。拆开来讲，美丑判断既是一种心灵判断，其基本方式是心灵直观，简称直觉；同时，美丑判断也是一种情感判断，更是一种意志判断。美丑判断作为一种心灵判断，属心灵学范畴，或（传统的）灵魂学范畴；美丑判断作为一种情感判断，属于（现代）心理学范畴；美丑判断作为一种意志判断，属于神学范畴。合言之，只有美丑判断才是真正意义的先验综合判断。这是美学探讨其实比伦理学、知识论、形而上学更难的根源所在。

美丑作为美学判断本身蕴含的如上丰富复杂的内涵，完全是因为既正相反对又互为激发、既互为遮蔽又互相推展的美丑本身：与丑相反对的美，引发心灵愉悦的美学。心灵愉悦的美学判断，既是通向存在境界（如天籁之音、地籁之音、人籁之音相合乐）论的美学判断，也是通向无蔽的神思神韵神在的神美世界。与此不同，与美相反对的丑，引发心灵厌恶或心灵警觉的美学判断，心灵的厌恶或心灵警觉，带动心灵紧张，即或是当今所盛行的审丑，既是以丑为美的审美行为，也是以激发心灵紧张的方式来满足灵魂层面的扭曲的美的欣赏。

美丑之域　作为一种美学判断的美丑所自具的如上内涵与取向，使它本身比真假、善恶、利义等问题更为难以清晰地把握和理解，这是因为美丑所

铺展开来的主体因素、主观性、境遇性色彩更浓。因而，美丑之域的问题也更具域度的可形塑性和边界约束的模糊性。尽管如此，美丑之域的问题也大致呈现宏观与具体两个层面，在宏观层面，美丑之域的问题实际地呈现为美丑与真假、善恶、利义、己群的关系构成和关系状态。

在人们的常识观念或感觉判断里，美丑与真假、善恶、利义、己群没有关联，美丑作为美学问题，是纯粹的超功利判断。但实际情况并非如此。要理解美丑与真假、善恶、利义、己群之间具有或这或那的存在关联性，需先对美学和审美学有个大致的轮廓澄清。要言之，美学是关于美的存在论、本体论和本质论的学问。审美学是关于艺术的美学鉴赏或批评，它面对的存在背景是人的生存，具体地讲，是人的生存的近镜头，是充斥真假、善恶、利义、己群的生活行为，生活内容（甚至只是生活细节），生活方式或方法。抽象而言，必是人的此地此时的存在来到现在和上手现在所生成的具体内容、具体细节、具体环境和语境等生活内容，构成了审美学关注的对象性内容。所以，审美学意义的美丑——无论是艺术（比如文学、绘画、音乐、戏剧、影响）呈现出来的内容，还是直接地由生活本身呈现出来的内容——都是**生活化的**美丑。所谓生活化，即真假、善恶、利义、己群通过个人或群的此地此时的存在来到现在并上手现在的方式混合搅拌而生成最具体最实在最真实的生活内容。这种性质和内涵的生活内容呈现出来的美丑，就是被生活化的美丑，审美学所关注、表达和呈现的美丑，就具有这样的内涵气质和性质特征。要言之，审美学意义的美丑，即是审美的美丑。审美的美丑是生存论的美丑。生存论的美丑，与真假、善恶、利义、己群之间始终是剪不断、理还乱。

与审美学既相关联又相区别的美学，是存在论意义的。所以美学意义上的美丑，是存在论意义的美丑。存在论意义的美丑有两个层面的语义取向。第一个层面的语义取向：美，是完善、完美；丑，是非完善、非完美、残缺。第二个层面的语义取向：美，是确定性，线性、秩序，规整，比如海岸线，呈现线性的美，一望无际的平原，铺展开规整的美，巍峨的山脉和群峰，体现确定性的美等，都在人面前铺展开来。丑，却是非确定性，非线性、无序，混沌，比如突变的气候，浮动的云彩，湍流，暴雨、海啸、巨震等，都可能给予人的存在以丑的强烈激发。甚而至于，昨天还在掷地有声地做重要讲话的威权者，今天却突然进了特等的殡仪馆供络绎不绝的队伍悼念和告别，等等，都体现出不同程度的非确定性、混沌性。这些非确定性、混沌性之于传统的美学观来讲，无疑是丑的存在，但对于当代美学观而言，或可是美的存在。

在此宏观框架下，存在论意义的美丑之域，实存在着世界存在论与人的存在论的区别。在世界存在论意义上，美丑之域不关涉真假、善恶、利义、己群，它给人心灵愉悦的散漫或紧张，成为人的心智开合、铺洒或拓展的个性存在方式。在人的存在论意义上，美丑之域的生成，总是以生存论的方式铺展开来。由此使生存论意义的美丑之域敞开一般生存论与具体生存论两个维度。一般生存论即是在存在敞开的意义上讲的，它实质上是指存在论意义的美丑的存在敞开形成生存论的美丑，其存在论意义的完善、完美与非完善、非完美，甚至整全与残缺等，如何可能在生存展开的进程获得相互的涵纳与转化，在其相互的涵纳与转化中，化丑为美或由美而丑的可能性。一般生存论是在抽象的意义论生存，因而也是在抽象的意义上论生存铺开的美丑将怎样伴随，它不涉及具体场域和语境，更不涉及此地此时的存在来到现在并如何使现在上手，即如何使上手的现在生成具体的生活内容、具体的生活细节和具体的生活情景条件怎样通过人的或群的行为铺开，美丑如何在行为的铺开中相互涵纳或转化。具体生存论的美丑就是这种性质和内容的美丑，它必须是人的生存的场态化和语境化，必须在实际的场态和语境中进入此在此时的存在，并使此地此时的存在来到现在生成铺开上手现在的行为，因而，具体生存论意义上的美丑，始终因为个体的人或具体的群体的存在来到现在和上手现在的行为铺开而与己群、真假、利义、善恶相纠缠，形成美不掩丑，丑不生美。所以，具体生存论的美丑，既不可互为涵纳，也不可互为转化。即既不能化美为丑，也不能化丑为美，美是美，丑是丑，不能含混，不能互置，更不能互为解释和修饰。其前提条件是：个体生存论意义的美丑始终或与真假、善恶、利义、己群相牵涉、相干涉。

5. 己群之域

价值虽然有存在的来源，有事实的负载，但它最初只是人为。人的心灵、

情感、生命激情、具身化的心智以及行为和行为化的智－力，从不同方面或直接或间接形塑了价值。因而，价值的生产、制作、传播或影响以及由此产生边际效应等都将己群**关联了起来**，并且，唯有己群才把真假、善恶、利义、美丑等基本价值判断连接成一个存在整体，包括存在的价值生产、制作、传播的整体和功能发挥的整体。具体而言，真假（是非）、利义、善恶、美丑，都是价值概念；己群，却不是价值概念，而是生产、制作、传播价值的主体概念，是价值主体概念，真假（是非）、利义、善恶、美丑等都因为己群而生发并通过己群发挥其价值功能。

己群，是己与群的简便称谓。己，指不定的自己，本人。任何具体的意识，任何问题针对性的事物、针对性的思维，任何此地此时的来到现在并上手现在的行为，都是从人发出，[1] 这个人若是张三，张三则为己，如果是王二，则己乃王二。群，在自然存在意义上，三人以上者相聚为一体，则是群。但在社会学意义上，指以共同意愿的众多个体形成有组织的存在形式，即是群。己群之群，即可是自己之外的他人，因为相对自己而言的任何他人，都不是孤立的他这个人，而是由他关联起来其他他者；或可是简单的群体，也可指较为复杂的领域性、行业性、职能性的社会组织，更可指以民族或国家为基本单位的社会。在人是他者性的存在者和世界性的存在者之双重意义上，己群乃人关联存在的社会方式，也是人关联存在的日常方法。

价值的范畴内的己群，是指价值主体。当将价值与己群关联起来，意在于揭明一个基本事实，即价值主体并不是个体，也不是说还包括群体，真正的价值主体始终是己群的。无论在存在意义上，还是在生存意义上，价值主体都不是抽象的个人或抽象的群体，而是具体的己群。因为，就人的世界言，人是他者性的存在者；仅存在世界言，人是世界性的存在者。这两个方面规

① 当然，在今天的生物工艺学化的基因技术和人工智能技术条件下，许多直接行为已不从人发出，而是从技术发出，虽然最终是由人设定。只不过有能力尤其是有权发出这种操控行为的人，不是众人，而是寡人。这意味着人类作为一类物种的存在危险，也意味人的世界中普通的众人的存在危险，即丧失人的基本权利，其实已随生物工艺学的基因技术和人工智能技术而日趋压缩、扭曲而至于最终完全丧失，人成为非人的下贱之物或废料之物的日子正在逼近，尤其在威权社会里则来得更猛烈、更快速、更普遍，无所不在天网和监控、无孔不入的数字集权工具、遍布每个角落的人脸识别和各种形式赋码管理，已把人逼到了非人的死角，没有例外，也不可例外。

定了人作为真实的存在价值主体只是己群的。在存在敞开的生存论意义上，其真实的价值主体必须是场态化和语境化的，必须是此地此时的存在来到现在和上手现在的，必须是行为铺开的。由此三者，真实的价值主体是己与群的合璧：生存论的真正价值主体是己群。所以，凡价值，皆是己群性的。

价值的己群性，为是非（真假）、利义、善恶、美丑之价值生成自身之域提供了可能性，也为价值的己群之域的生成铺就了道路。

价值的己群之域，是指价值的生成或建构，更具体地讲，所有形式或一切性质的价值——比如是非价值、利义价值、善恶价值、美丑价值——的生产、制作、传播，都有自身的域度，呈现这个域度的是具体的互域性的价值，比如是非价值、利义价值、善恶价值、美丑价值等，但规定其价值域度的根本因素却是己群，这就是说，任何形式和性质的价值之域的形成和运作，都源于己群的互为域度。所以，无论是价值的是非之域或利义之域，还是价值的善恶之域或美丑之域，它们背后都伫立着一个实实在在的己群之域。

价值的己群之域，是指价值的构成或运作由己与群互为限度、互为边界。己与群互为限度互为边界，才构成价值的真实边界和最终域度。己与群之构成任何价值的真实域度，是因为己与群是一种关系，既是一种真实的存在关系，也是一种真实的生存关系，这种关系的存在本质，是**关联存在**，或者说**共在**；这种关系的生存本质，是**共生**，完整地表述是共利害地生成。将二者合起来，己群关系的价值本质，是**权益**，即权利和利益的简称。以是观之，无论是非价值，或是利义价值，还是善恶价值或美丑价值，都是把关联存在和共生生成紧密联系在一起，形成一个血肉化的整体。所以，真假或是非的价值本质是权益，利义的价值本质是权益，善恶的价值本质是权益、美丑的价值本质仍然是权益。

不仅于此，己群之域呈现的权益本质，并不是己与群之间的权益分割，而是指构建己群之域的本质关系的权益，是依据己－群逻辑而定位。构建己群之域的己－群逻辑，即是由己而群再由群而己的逻辑。在构建己群之域的己－群逻辑结构中，己乃本体，群为实用。己乃本体，群为实用，这是一切形式和所有性质的价值建构的根本原则，也是其价值运作的基本方法。它的基本依据是生利爱群的人性法则和自然的生生法则。

基于如上内在规定，价值的己群之域也敞开域内和域外两种性质取向的结构关系。整体而言，价值的己群之域内关系，是己群**互涵化**。己群之域内的价值内容互涵从两个层面敞开。在本质层面是己群之间的权益互涵，其基本准则是平等框架下的合法合度，即合法则和合法度。功利主义者边沁以“最大多数人最大幸福”和“一个人只能做一个人计算”这两个功利论原则为准则，来处理个人利益与社会公共福利之间的冲突关系，提出一个基本方案：那就是当个人利益与社会公共福利发生冲突时，个人利益必须服从社会公共福利。但其后继者穆勒却修正了边沁这一方案，它同样以功利主义的两个基本原则为依据和准则，提出不同于边沁的处理个人利益与公共福利相冲突的方案，他认为，当个人利益与公共福利发生冲突不能两全时，应该看哪方的利益合法合度，应该保证合法合度的利益；如果个人利益和公共福利呈现合法合度，就应该优先保证最合法合度的利益，哪怕这一利益属于个人利益，也应该牺牲公共福利来保证这最合法最合度的个人利益不遭受损失。穆勒的权益择优方案体现了四个要点：第一，己乃本体，群乃实用；第二，在此基础上尊重普遍平等；第三，在普遍平等框架下尊重法则和法度；第四，依据法则和法度进行最优选择的目的是回归本体。这四个要点合起来构成己群之域内己群权益互涵的基本准则。在功能层面是价值的互涵。己群之域内的价值互涵，是要遵从其本质层面的基本准则而予以“己－群”化的价值的持守、强化、推展、提升。这涉及三个方面：第一个方面是己群互涵的道德化，即有限度求权益的责任化，即己向群（他人、群体社会，以及生物、环境）行权责对等的责任，即己向群实现其**责任价值**。第二个方面是己群互涵的美德化，即在己群之域内，己向群行合法权益的无私奉献或自我牺牲，即己向群实现其**义务价值**。三是己群互涵的信仰化，其行为推展的基本方式是己向群行博爱与慈悲，即己向群实现其**神性价值**。

价值的己群之域外的己群关系，往往是一种异化关系。换言之，正常的环境状态下，己群之域没有内外。但存在环境的正常并非绝对的静止，它始终是静持与动变相生。所以，正常的概念，也只是相对的概念。人的存在环境，要么是在相对正常的状态不时出现异常，或者偶发的异常往往相当一段时间取代了正常而使异常成为主导形态。由此两个方面的可能性，己群之域也就自然地生成出内外。己群之域内，属于正常关系态；己群之域外，属异常关系态。

己群之域外的异常关系状态往往千姿百态，但概括其要，有三个方面各具个性和特色。第一个方面是其己群关系呈现分裂性状态，这种分裂性状态是以在此地此时的存在来到现在和存在上手现在的行为突显出一种己与群或人人互为防范的假想敌关系。官民，民民，家家以及师生、上下属等之间无不处于紧张防范状态。在这样一种环境整体异常的生存场域中，己群之间的分裂性关系往往是普遍的，这种普遍性质的分裂性状况和态势，实实在在地突出了己群突破自身域度的价值对立、价值分裂，价值异化，在这种对立、分裂和异化中，人们为其自保而日渐陷入不相信任何方式的倡导、鼓动、推崇的价值，甚至是倡导、鼓动的己或群本身也不相信。所以，价值否定，是必然的，也是普遍的。第二个方面是己群之间实际的构成存在上手行为中的敌对性关系，形成己以为是者群以为非，己以为善者群以恶，己以为美者群以丑；反之，亦然。第三个方面是在场态化和语境化的此地此时进程中，无论是以存在来到现在和上手现在的方式敞开，还是以存在隐逸存在或逃避现在的方式遮蔽，都呈现己不是己则群非群的状态和取势。这种状态和取势既是分裂性质的，也是敌对性质的，而且是己群之分裂和敌对的立体敞开，是价值分裂、价值对立、价值异化的纵深推展，即向历史与未来之域纵深推展并生成价值全面分裂、全面对立和全面异化的历史定格，这种历史定格蕴含并孕育反者道之动的消息。

参考文献

一　外文文献

Giddens, *A Contemporary Critique of Historical Materialism vol. I*: *Power*, *Property and the State*, London: The Macmillan Press Ltd. 1981.

Albert Camus, *The Myth of Sisyphus*, trans., Justin O'Brien, London: Ha-mish Hamilton, 1955.

Bertrand Russell, *Human Knowledge*, New York: Rourledge, 2009.

Bryan Wilsons: *Values Humanities* Press International, Inc., Atlantic Highlands, 1988.

Descartes, *Discours de la methode*, Paris: Flammarion, 1992.

Ellul, J., *The Technological Society*, Vintage Books, 1964.

Ernesr Becker, *The Denial of Death*, New York: Free Press, 1973.

F. W. Nietzsche. *Thus Spake Zarathustra*, Trans., by Thomas Common, New York: Boni and Liveright, Inc., 1917.

Friedrich Nietzsche, *On the Uses and Ahuses of History to Life*, in Untimely Meditations, trans., R J. Hollingdale, Cambridge: Cambridge University Press, 1997.

Gibert Simondon, *Two Lessons on Animal and Marr*, trans., Drew S. Burk Minneapolis: Univocal Publishing, 2011.

Heidegger, M., *Being and Time*, J. Stambaugh, Trans., Albany: State University of New York Press, 1962.

Jean-Paul Sartre, *Being and Nothingness*, trans., H. E. Barnes, New York: Philosophical library, 1956.

John Rawls, *A Theory of Justice*, revised edition, The Belknap Press of Harvard University Press, 2000.

Louis P. Pojman, *Ethical Theory: Classical and Contemporary Readings*, Wadsworth Publishing Company, 1995.

Ludwig Wittgenstein, *Philosophical Investigations*, translated by G. E. M. Anscombe, The Macmillan Company, 1964.

M. Foucault. *Power Knowledge*, Colin Gordon ed. , New York: Pantheon Books, 1980.

M. Foucault, *Discipline and Punish*, Trans. , by Alan Sheridan, New York: Random House, Inc. , 1957.

M. Merleau-Ponty, *Phenomenology of Perception*, Trans. , by Colin Smith, London and New York: Routledge, 2002, p. 446.

Martin Heidegger, *The Fundamental Concepts of Metaphysics: World, Finitude, Solitude*, trans. , William McNeill and Nicholas Walker, Bloomington: Indiana University Press, 1995.

Moore, G. E. , *Principia Ethica*, Cambridge: Cambridge University Press, 1903.

Oswald Spengler, *Decline of the West*, New York: Alfred A. Knopf, 1986.

P. Bourdieu, P. , *Outline of A Theory of Practice*, Trans. , by Richard Nice. Cambridge: Cambridge

P. Bourdieu, *Pascalian Meditations*, Trans. , by Richard Nice, Cambridge: Polity Press, 2000.

P. Bourdieu, *Practical Reason: On the Theory of Action*, Cambridge: Polity Press, 1998.

P. Taylor, *Respect for Nature: A Theory of Environmental Ethics*, Princeton: Princeton University Press, 1986.

Pascal Boycr, *Religion Explained: Thc Evolutionary Origins of Religious Though*, New York: Basic Books, 2007.

Paul W. Taylor, *Respect For Nature: A Theory of Environmental Ethcs*, Princeton University Press Prceton, New Jersey, 1986.

Ralph Waldo Emerson, *The Conduct of Life*, Boston and New York: Houghton Mifflin Company, 1922.

Rawls, J. , *A Theory of Justice*, Harvard University Press, 1971.

Rilke, *The Duino Elegies and Sonnets to Orpheus*, trans. , Stephen Mitchell. New York: Vintage, 2009.

Veblen, T. , *The Engineers and the Price System*, B. W. Huebsch, 1919.

二 中文译著

［爱尔兰］理查德·柯尔内:《20 世纪大陆哲学》, 鲍建竹、李婉莉等译, 中国人民大学出版社 2016 年版。

［奥］阿尔弗雷德·舒茨:《世界社会的意义构成》, 游淙祺译, 商务印书馆 2022 年版。

［奥］埃尔温·薛定谔:《生命是什么》, 罗来欧、罗辽复译, 湖南科学技术出版社 2005 年版。

［德］R. 奥伊肯:《人生之意义与价值》, 张蕾译, 北京联合出版有限责任公司 2015 年版。

［德］海德格尔:《存在与时间》, 陈嘉映、王庆节译, 生活·读书·新知三联书店 1987 年版。

［德］西美尔:《现代人与宗教》, 曹卫东等译, 中国人民大学出版社 2003 年版。

［德］尤利安·尼达－鲁莫林:《哲学与生活形式》, 沈国琴、王鹭嘉译, 商务印书馆 2019 年版。

［法］布尔迪厄:《男性统治》, 刘晖译, 海天出版社 2002 年版。

［法］吉尔·德勒兹、费利克斯·加塔利:《资本主义与精神分裂（卷 2）: 千高原》, 姜宇辉译, 上海书店出版社 2010 年版。

［法］梅洛－庞蒂:《知觉的首要地位及其哲学结论》, 王东亮译, 生活·读书·新知三联书店 2002 年版。

［法］梅洛－庞蒂:《哲学赞词》, 杨大春译, 商务印书馆 2000 年版。

［法］梅洛－庞蒂《梅洛－庞蒂文集（第 4 卷）: 意义与无意义》, 张颖译, 商

务印书馆 2018 年版。
[法] 乔治·维加埃罗主编：《身体的历史：从文艺复兴到启蒙运动》，张竝、赵济鸿译，华东师范大学出版社 2013 年版。
[法] 塞尔日·莫斯科维奇：《还自然之魅：对生态运动的思考》，庄晨燕、邱寅晨译，生活·读书·新知三联书店 2007 年版。
[法] 爱弥尔·涂尔干：《教育思想的演进》，李康译，上海人民出版社 2003 年版。
[法] 伊壁鸠鲁：《论法的精神》，张雁深译，商务印书馆 2004 年版。
[古希腊] 柏拉图：《理想国》，郭斌和、张竹明译，商务印书馆 1986 年版。
[古希腊] 亚里士多德：《尼各马科伦理学》，苗力田译，社会科学出版社 1999 年版。
[古希腊] 亚里士多德：《政治学》，吴寿彭译，商务印书馆 1983 年版。
[加] 查尔斯·泰勒《本真性的伦理》，程炼译，上海三联书店 2012 年版。
[美] E. 拉兹洛：《用系统论的观点看世界》，闵家胤译，中国社会科学出版社 1985 年版。
[美] 布莱恩·格林：《直到时间的尽头：追寻宇宙、生命和意识的最终意义》，舍其译，海南出版社 2003 年版。
[美] 弗雷德·考夫曼：《意义革命》，刘洋译，中信出版集团 2020 年版。
[美] 汉娜·阿伦特：《康德政治哲学讲稿》，曹明、苏婉儿译，上海人民出版社 2013 年版。
[美] 杰里米·里夫金、特德·霍华德：《熵：一种新的世界观》，吕明、袁舟译，上海译文出版社 1987 年版。
[美] 米尔恰·伊利亚德：《探寻宗教的历史和意义》，晏可佳译，上海书店出版社 2022 年版。
[美] 弗雷泽·纳什：《大自然的权利：环境伦理学史》，杨通进译，青岛出版社 1999 年版。
[美] 托马斯·贝里：《伟大的事业：人类未来之路》曹静译，生活·读书·新知三联书店 2005 年版。
[美] 肖恩·卡罗尔：《大图景：论生命的起源、意义和宇宙本身》，方弦译，

湖南科学技术出版社 2019 年版。
［美］罗洛·梅：《焦虑的意义》，朱侃如译，广西师范大学出版社 2010 年版。
［日］鹤间和幸：《始皇帝的遗产：秦汉帝国》，马彪译，广西师范大学出版社 2014 年版。
［日］岩佐茂：《环境的思想》，韩立新等译，中央编译出版社 1997 年版。
［意］吉奥乔·阿甘本：《敞开：人与动物》，蓝江译，南京大学出版社 2021 年版。
［英］鲍桑葵：《个体的价值与命运》，李超杰、朱锐译，商务印书馆 2015 年版。
［英］崔瑞德、鲁惟一编：《剑桥中国秦汉史》，杨品泉等译，中国社会科学出版社 1992 年版。
［英］安东尼·吉登斯：《社会的构成：结构化理论大纲》，李康、李猛译，生活·读书·新知三联书店 1998 年版。
［英］安东尼·吉登斯：《民族—国家与暴力》，胡宗泽、赵力涛译，生活·读书·新知三联书店 1998 年版。
［英］罗杰·彭罗斯：《宇宙的轮回》，李泳译，湖南科学技术出版社 2015 年版。
［英］尼古拉斯·布宁：《西方哲学英汉对照辞典》，余纪元译，人民出版社 2001 年版。
［英］约翰·穆勒：《功利主义》（英文对照），叶建新译，九洲出版社 2017 年版。
［英］约翰·密尔：《论自由》，许宝骙译，商务印书馆 2005 年版。
［英］约翰·穆勒：《群己权界论》，严复译，上海三联书店 2009 年版。
［英］约瑟夫·拉兹：《价值、尊重和依系》，蔡蓁译，商务印书馆 2016 年版。
［英］本杰明·伯根：《我们赖以生存的意义》，宋睿华译，天津科学技术出版社 2021 年版。
［英］特里·伊格尔顿：《人生的意义》，朱新伟译，译林出版社 2012 年版。

三　中文著作

《马克思恩格斯选集》第 3 卷，人民出版社 1975 年版。

李连科:《哲学价值论》，中国人民大学出版社 1991 年版。

苗力田主编:《亚里士多德全集》，中国人民大学出版社 1990 年版。

胡适 :《人生有何意义》，民主与建设出版社 2015 年版。

佘正荣:《生态智慧论》，中国社会科学出版社 1996 年版。

童世骏:《论规则》，上海人民出版社 2015 年版。

王海明:《新伦理学学》，商务印书馆 2008 年版。

王玉梁主编:《价值和价值观》，陕西师范大学出版社 1988 年版。

严明贵:《帝国的归宿：秦朝卷》，中国华侨出版社 2018 年版。

易小明:《文化差异与社会和谐》，湖南师范大学出版社 2008 年版。

袁贵仁:《价值学引论》，北京师范大学出版社 1991 年版。

张岱年:《文化论》，河北教育出版社 1996 年版。

周辅成:《西方伦理学名著选辑》（上下册），商务印书馆 1996 年版。

索　引

后　记

意义与价值有两套逻辑，一套是意义和价值本身的逻辑，即意义与价值的存在逻辑。这套逻辑表述为：价值以存在事实为依据，以意义为来源；意义以存在为源泉，以存在的创世法则为依据。在这套逻辑系统中，价值逻辑的灵魂是**客观**；意义逻辑的灵魂是**普遍**，将价值逻辑的客观和意义逻辑的普遍贯通起来形成一个整体的存在法则，却是一个体系，即是由自然律法、人文律法和社会律法构成的法则体系。另一套逻辑是异化意义和价值的逻辑，即主观化意义和价值的意志逻辑。在这套逻辑体系中，其价值逻辑的灵魂是**有用**，其意义逻辑的灵魂是**为我**。并且，在其异化的意义和价值逻辑体系中，意义与价值的形态学呈现是：价值生成意义，意义呈现价值；意义与价值的本质规定是：价值是意义的来源，意义以价值为归宿。

意义和价值的逻辑异化，实际上是对意义与价值的逻辑颠倒。颠倒意义与价值的逻辑的根本力量，不是个体，而是社会的组织结构和秩序系统，更具体地讲是政体、制度和法律合生的力量。这种力量一旦被强权掌控，就必然要颠倒意义与价值的逻辑，这是强权者面向社会推行以自己为准则的价值标准和为我化的意义的工具武装。具体地讲，只有当强权者具备颠倒意义与价值的自身逻辑，并得心应手地运用这一颠倒的逻辑工具时，才可畅行地构建和运用以自己为准则的价值标准和为我化的意义体系。而这种颠倒意义与价值的逻辑体系，必然全面地解构价值的客观诉求，否定存在价值，并在此基础上全面解构意义的普遍诉求，否定普适的和普世的意义存在和价值功能。但这种对意义与价值的任性自由，最终不能消灭意义和价值的本原逻辑和人

本功能，意义的存在论源泉和普遍主义与价值的存在论与客观主义，总是通过存在的反思之问而复活。

借此感谢中国社会科学出版社热忱地提供出版，更感恩刘亚楠编辑为此小册子能更少错误所付出的辛劳、卓识和智慧。

二零二三年九月三十日

书写于狮山之巅